臺灣歷史與文化 研究輯刊

五 編

第 12 冊

日治時期臺灣醫事作家及其作品研究——
以蔣渭水、賴和、吳新榮、王昶雄、詹冰爲主（上）

林 秀 蓉 著

花木蘭文化出版社

國家圖書館出版品預行編目資料

日治時期臺灣醫事作家及其作品研究——以蔣渭水、賴和、
吳新榮、王昶雄、詹冰為主（上）／林秀蓉 著—初版—新
北市：花木蘭文化出版社，2014〔民103〕
目 4+180 面；19×26 公分
（臺灣歷史與文化研究輯刊 五編：第 12 冊）
ISBN：978-986-322-644-4（精裝）
1. 臺灣文學　2. 日據時期　3. 文學評論
733.08　　　　　　　　　　　　　　　　　103001766

ISBN-978-986-322-644-4

臺灣歷史與文化研究輯刊
五　編　第十二冊　　　　　　　ISBN：978-986-322-644-4

日治時期臺灣醫事作家及其作品研究——
以蔣渭水、賴和、吳新榮、王昶雄、詹冰爲主（上）

作　　者　林秀蓉
總 編 輯　杜潔祥
副總編輯　楊嘉樂
編　　輯　許郁翎
出　　版　花木蘭文化出版社
社　　長　高小娟
聯絡地址　235 新北市中和區中安街七二號十三樓
　　　　　電話：02-2923-1455／傳眞：02-2923-1452
網　　址　http://www.huamulan.tw 信箱 hml 810518@gmail.com
印　　刷　普羅文化出版廣告事業
初　　版　2014 年 3 月
定　　價　五編 24 冊（精裝）新台幣 48,000 元

日治時期臺灣醫事作家及其作品研究——
以蔣渭水、賴和、吳新榮、王昶雄、詹冰爲主（上）

林秀蓉　著

作者簡介

　　林秀蓉,國立高雄師範大學國文研究所文學博士。現任國立屏東教育大學中文系副教授,講授臺灣文學、現代詩、小說研究、女性文學等課程。

　　學術著作:《從蔣渭水到侯文詠——臺灣醫事作家的現實關懷》、《眾身顯影:臺灣小說疾病敘事意涵之探究(1929～2000)》等。

　　主編教材:《應用國文》、《文學與人生——文學心靈的生命地圖》。

　　獲獎紀錄:趙廷箴研究成果獎、私立輔英科技大學服務績優教師、國立屏東教育大學教學績優教師與通識教育績優教師。

提　　要

　　論文研究重點擬針對日治時期蔣渭水、賴和、吳新榮、王昶雄、詹冰五位臺灣醫事作家,就其醫學教育、社會參與、文學歷程以及作品主題與藝術成就來論述,並且勾勒日治時期以來臺灣醫事作家的社會關懷與文學面貌。各章要旨如下:

　　第一章:從古今中外醫事作家寫作概況、醫學與文學的關係,說明本文研究動機,並兼論研究範圍、目的與方法。

　　第二章:探析日治時期醫事作家的醫學教育,以及反殖民運動、新文學運動的社會參與,以見其人格養成、政治思想型塑以及新文學蘊育的背景。

　　第三章:分別就五位醫事作家的文學歷程,各論並比較文學的成就與特色。

　　第四章:綜論日治時期臺灣醫事作家的抗日主題,以見其樹立臺灣文學反抗、批判的精神。

　　第五章:綜論日治時期臺灣醫事作家的醫事主題,以見其寫作與醫學密切的關係。

　　第六章:就醫學專業與精神分析學的視角,析論日治時期醫事作家的藝術成就。

　　第七章:研析日治時期以來,臺灣醫事作家一脈相承的社會參與精神以及文學主題表現。

　　第八章:總結全文,歸納日治時期以來臺灣醫事作家的社會意義,以及作品在臺灣文學史上的定位與價值。

目

次

第一章 緒 論

　　當我們仔細探尋古往今來世界各地的文學史，不但歷歷可見醫事作家的寫作成果，同時在文學史上的地位也具有相當影響力。就臺灣而言，醫事作家的寫作殿堂著實引人刮目相看，二〇〇〇年元月的《文訊》雜誌，特闢〈文學與醫學的交會〉專題，其中〈飛行在文壇領空的靈魂──臺灣醫生作家作品觀察〉〔註1〕一文，曾就臺灣醫師、牙醫師、藥劑師等醫事作家創作的文類、取材內容及出版現象作一粗略的觀察。透過這篇文章，我們可以窺探日治時期以來臺灣醫事人員寫作的共通形貌；醫學殿堂外纍纍可觀的作品，亟待我們彙集整理，掘發探討。緣此，引發筆者選定「臺灣醫事作家」作為研究的對象。

第一節　國內外醫事作家及其作品觀察

一、歐、美、亞

　　目前在臺灣文獻資料中，最早關注國外醫事人員參與文學活動者，應當是《當代醫學》雜誌，在一九七三年十二月刊登廖運範醫師翻譯的〈醫學與文學〉，以及一九七四年十一月與隔年二月登載鄭泰安醫師翻譯的〈詩與醫學〉〔註2〕，二文內容呈現古往今來國外醫事人員的寫作成就，雖未臻完整，然已

〔註1〕　陳宛蓉，〈飛行在文壇領空的靈魂──臺灣醫生作家作品觀察〉，《文訊》171
　　　　期，頁34～37，2000.1。
〔註2〕　參廖運範譯〈醫學與文學〉，譯自1968.1《M D Pacific》，1968.7.4～7.6發表
　　　　於中央副刊，復經譯者潤飾修改後，轉載於《當代醫學》1卷2期，頁99～

足以一窺作品的豐盛多采，以下列舉幾位歐、美、亞的醫事作家見證之。

　　歐洲方面：西元前三世紀的古希臘詩人尼西亞（Nicias），堪稱是醫事作家最古老的淵源。蘇格蘭的柯南・道爾（Arthur Conan Doyle，一八五九～一九三〇），經過十年的行醫生涯之後，棄醫從文，全心致力於偵探小說以及歷史小說的創作，筆下塑造的謝洛克・福爾摩斯（Sherlock Holmes），使他成爲不朽的偵探小說家。英國的毛姆（William Somerset Maugham，一八七四～一九六五），從醫歲月短暫，在九十一高齡去世之前寫過小說、戲劇，是一位多產的醫事作家。都柏林首屈一指的耳鼻喉科醫生聖約翰（Oliver St. John），善寫抒情詩和幽默詩，在愛爾蘭的文學復興運動中頗具影響力。除此，倫敦的名醫湯瑪斯・康庇恩（Thomas Campion）、持有藥劑師執照的約翰・蒂慈（John Deats）、牛津大學醫學士羅伯特・布里吉（Robert Bridges，一八四四～一九三〇），都是英國詩史上的詩人。

　　法國史懷哲（Albert Schweitzer，一八七五～一九六五），三十八歲獲醫學博士學位後，毅然拋棄歐洲文明，遠赴非洲密林從事醫療工作，寫下散文《非洲行醫記》（From My African Notebook）。另外斯哥・雷第（Francesco Redi）、查理・奧古斯汀（Charles Augustin Sainte Beuve，一六二六～一六九七），二位都是法蘭西有名的詩人。十八世紀的瑞士，被稱爲「最具文藝復興時期風格特色的天才」哈勒（Albrecht Von Haller，一六八五～一七五九），除了在醫學研究上擁有耀眼的成績，另一方面他也是德國詩壇上的巨擘。精神分析大師佛洛伊德（Sigmund Freud，一八五六～一九三九），是德國散文的能手，曾獲頒歌德獎，獎勵他對德國文學的貢獻。西班牙最重要的現代作家之一巴羅哈（Pio Baroja），他是一位醫生、詩人兼小說家，在他的著作中以殘酷的寫實筆觸，描繪了農人和貧民的生活，同時也記述了一些醫生的事蹟。瑞典的精神病學家阿克西・馬塞（Axel Munthe），以一本英文小說《山・密凱的故事》引起全世界的注意。

　　俄國著名的小說家契訶夫（Anton P. Chekhov，一八六〇～一九〇四），他雖然得到醫科文憑，可是始終沒有成爲一名職業醫生，文學對他而言有莫大的誘惑，他曾經說過：「醫學是妻子，文學是情婦。」〔註3〕這句話後來成爲

104，1973.12。鄭泰安譯〈詩與醫學〉（一）（二），譯自1971.7《M D Pacific》，刊登於《當代醫學》1卷13期、2卷2期，頁93～96、74～79，1974.11、1975.2。二文收錄於鄭泰安編譯《藝術・人生・醫學》，臺北：當代醫學雜誌社，1975.8。
〔註3〕契訶夫著、鄭清文譯，《可愛的女人》，頁4，臺北：志文，1976.4。

許多醫事作家奉守的信念；契訶夫開始寫作大概是在一八八〇年，最善長以幽默諷刺的筆調來鞭撻社會的各種畸形病狀。

美洲方面：哈佛醫學院院長兼教授霍爾姆斯（O. W. Holmes，一八〇九～一八九四），是美國文學史上重要的詩人，被認爲是「世界有史以來，最了不起、最成功的一位醫生與文學家的綜合」〔註4〕，他以詩篇〈老鬥士〉（Old Ironsides）以及散文集《早餐桌上的獨裁者》（The Autocrat of the Breakfast Table），名聞遐邇。另一位美國醫生威廉斯（W. C. Williams，一九〇九～一九九〇），他的詩膾炙人口，贏得無數的獎賞，其中內容大多描述病人從生到死的生命歷程。還有麻州的柏利思（S. B. Parris，一八〇六～一八二七），是詩人兼散文家。第一次世界大戰前後，加拿大醫生約翰‧麥克格列（J. McCrae）、諾曼‧貝舒（Norman Bethune），他們的詩都顯露出對人類苦難的強烈認同。第二次世界大戰期間，波士頓執精神科牛耳的摩爾（Merrill Moore），在醫學和詩的表現都能嶄露頭角。除此，馬丁尼斯（Enrique Gonzalez Martinez）、史昆那（Manuel Scuna）、卡佛瑞比斯（Juan Diaz Coverrubias），都是墨西哥傑出的醫生詩人。

亞洲方面：印度瘧疾寄生菌的發現者羅納‧羅斯爵士（Sir Ronald Ross），是一九〇一年的諾貝爾獎得主，他寫作的詩曾贏得桂冠詩人「馬塞菲爾（John Masefield）」的稱譽。菲律賓的國父約瑟‧黎刹（Jose Rizal），三十五歲因身爲祖國獨立運動的領袖而遭槍決，這位烈士型的醫生是小說家也是詩人。日本小說家北杜夫（一九二七～），畢業自東北大學醫學部，一九六〇年以〈夜和霧之隅〉獲芥川賞；一九六四年又以〈楡家的人們〉獲每日出版社文化賞。另一位日本軍醫署的署長森鷗外（一八六二～一九六二），在日本近代文學史上佔有極重要的地位。而畢業於東京大學醫學部的安部公房（一九三五～一九八三），不只在日本響有盛名，同時在全世界的自由主義社會和共產主義社會裡，都是備受歡迎的作家。除此，以《化身》這部小說，列名爲全日本最暢銷作品的渡邊淳一（一九三三～），也是畢業自北海道大學的醫學生〔註5〕。

再觀中國：清代葉燮弟子薛雪，是著有《一瓢詩話》的詩論家，也身兼懸壺濟世，在袁枚〈與薛壽魚書〉一文，即高度肯定薛雪的精湛醫技，並讚

〔註4〕　廖運範譯，〈醫學與文學〉，《當代醫學》1卷2期，頁103，1973.12。
〔註5〕　日本醫事作家資料，參沙白《沙白散文集》〈日本醫生文人——北杜夫〉，頁174～175，臺北：林白，1988.9。

揚他是「醫之不朽者」〔註6〕。民國初年文學和醫術齊名的惲鐵樵，擔任上海商務印書館《小說月報》主編十年，在當時文壇享有聲譽；比較特別的是，後來由於三子先後因患傷寒而夭折，因此決心轉攻醫學，專心行醫〔註7〕。另一位「中國現代新文學導師」魯迅（一八八一～一九三六），他為了改造國民靈魂而棄醫從文，其小說向來以洞察人性深層的意蘊，挖掘中國舊社會的痼疾，揭露民族的禮教弊害著稱。而畢業自日本九州帝國大學醫學部的郭沫若（一八九二～一九七八），是中國現代史上一位傑出的詩人，對民族、社會、政治、文人病症的諸種觀察，含蘊洞見，啓人思考。

在世界各國文學的發展脈絡中，這一群懸壺濟世的醫者各在文學創作的領域耕耘播種，自成一格；他們根據醫學治病的邏輯，去探求更細微的人與人、自然、社會、國家的關係，對生命有更澄澈的思考、對時代有更微密的觀照。

二、臺　灣

根據「文訊雜誌社」編印《中華民國作家作品目錄 1999》，蒐集日治時期以來至一九九八年底的臺灣現代文學作家，凡一千八百位，作家的身分是「以長期生活在臺灣且從事現代文學活動之作家為主。除此之外，也包括在臺灣出生、成長，或曾在此地受教育、工作與生活，而其作品曾在臺灣出版的現居海外之作家。其入選的基本條件是需有一本以上的個人作品集。」〔註8〕筆者統計這些作家的出身，其中來自人文科系者（包括中文、外文、哲學、史地、藝術等）約佔三分之一；其餘三分之二，皆來自非人文科系。這現象說明了臺灣文壇的趨勢，寫作並非人文學科的專利；余光中一九八九年在《中華現代文學大系（臺灣一九七〇～一九八九）》總序文中，已經注意到七、八〇年代以來臺灣作家的科系出身，有二大特殊現象，第一、就人文科系而言，中文系作家有比外文系遞增的趨勢：

> 以往是外文系多出作家，中文系多出學者。二十年後，這情形似乎
> 已倒了過來。在巨人版大系眾多外文系出身的作家之間，要找中文

〔註6〕　參段逸山主編《醫古文1》，頁150，臺北：知音，1998.5。
〔註7〕　參《中國醫藥學家史話——中國歷代名醫小傳》，頁183，臺北：明文，1984.12。
〔註8〕　李瑞騰總策劃、封德屏主編，《中華民國作家作品目錄1999》編例，臺北：行政院文化建設委員會，1999.6。

系的作家，除了前輩琦君之外，在臺灣畢業的，就只有張健、張曉風、陳曉薔、吳宏一、黑野、洪素麗等寥寥幾位。但是二十年後，中文系的豐收至少包括林文月、陳冠學、方瑜、王璇、莊因、王拓、蕭蕭、渡也、苦苓、阿盛、廖輝英、陳幸蕙、曾麗華、鄭明娳、高大鵬、李瑞騰、張大春、鍾延豪、陳義芝、沙究、凌拂、簡媜，真是令人刮目相看。〔註9〕

第二、就非人文科系而言，理工、醫學科系作家日漸崛起：

在日漸開放的多元社會中，作家也不一定來自人文科系。相反地，新人的湧現在在證明，來自理工科系的作家也能活躍於文壇：張系國（電機）、非馬（核工）、白靈（化工）、黃凡（工業工程）、保眞（森林）、平路（數理統計）、顧肇森（生物）等等都是顯赫的例子。醫科的學生裏常出詩人，尤以北醫、高醫爲盛，陳克華乃其代表。

〔註10〕

從第二個現象可知，由於知識分子的興趣日見多元，來自理工、醫學科系作家在文壇上的活躍，成爲七、八〇年代文學發展的特色之一，曾任《藍星詩刊》主編向明也察覺到這樣的現象，他說：

臺灣的新詩自從接受過五、六〇年代現代的洗禮。七〇年代鄉土的回歸，以及八〇年代社會的轉型之後，其歷練出來最大的成就就是詩已不再是文人的專利，哲思者的附庸，詩已走入各行各業，成了公眾的享受。詩人也從其他行業，包括理工商農醫各科系，不用召喚，自己就冒了出來，並不單單是靠文學院的培植。……臺灣從這種非文學系統出身的詩人越來越多，其中又以從醫科出來的詩人最眾。年紀最大的有剛過世的醫生詩人耿殿棟。早年也是現代派一員的民間醫生邱平。中年的有尚在南部行醫的牙醫沙白，精神科醫師楊寬弘，臺中榮總的江自得。臺北醫學院是個出生詩人的搖籃，一九七八年的時候，同時有五位北極星詩社的準醫生出版了五本詩集，他們的名字是舒笛、崇漢、林野、南方雁和陳耀炳。再以後，北醫又出了陳克華和謝昭華，還有中國醫藥學院出身的莊裕安。他

〔註9〕 余光中總編輯，《中華現代文學大系（臺灣一九七〇～一九八九）》總序，頁8，臺北：九歌，1989.5。
〔註10〕 同前註，頁9。

們透過醫學的洗禮，用詩來剖析人在肉體之外，內心深處的更多創傷。〔註11〕

由以上七、八○年代以來的文壇現象，顯然可見醫學生在新詩方面的優異表現，不能不引人注意。

畢業自國內外醫學院校的臺灣作家（包括醫學系、牙醫系、藥學系），自日治時期至目前爲止，計有三十位，若加上《中華民國作家作品目錄 1999》未選入者，包括日治時期的蔣渭水，九○年代的王智宏、林立銘，則有三十三位。這其中以高雄醫學院的「阿米巴詩社」，以及臺北醫學院的「天狼星詩社」、「北極星詩社」，蘊育最多醫事作家。如高雄醫學院有呂幸治、沙白、曾貴海、江自得、陳永興、王湘琦、王浩威、田雅各、陳豐偉、林立銘等十位；臺北醫學院有許茂昌、陳克華、謝昭華、侯文詠、林峰丕等五位；另外，臺大醫學院畢業者也不少，有王尙義、王溢嘉、小赫、歐陽林等四位。以下列表觀覽日治時期以來臺灣醫事作家的寫作成果，再就日治時期至九○年代臺灣醫事作家的崛起概況與作品特色逐一說明。

臺灣醫事作家作品一覽表

作　者	畢業學校	作　品	出版社	出版日期
1. 蔣渭水（1891～1931）宜蘭縣人	臺灣總督府醫學校	散文 蔣渭水遺集（白成枝編） 蔣渭水全集（上・下）（王曉波編）	文化 海峽學術	1950.7 1998.10
2. 賴和（1894～1943）彰化縣人	臺灣總督府醫學校	詩 賴和漢詩初編（瑞明編） 賴和手稿影像集（上・下）（林瑞明編） 小說 賴和集（短篇） 賴和小說集（短篇）（施淑編） 一桿稱仔	彰化縣立文化中心 臺灣省文獻會財團法人賴和文教基金會 前衛 洪範 洪範	1994.6 2000.5 1991.2 1994.10 1996.9

〔註11〕 向明，〈即興曲沿唇角輕唱——讀謝昭華的「伏案精靈」〉，謝昭華《伏案精靈》序文，臺北：詩之華，1995.6。

		合集		
		賴和先生全集（李南衡編）	明潭	1979.3
		賴和全集（林瑞明編）	前衛	2000.6
		一.小說卷		
		二.新詩散文卷		
		三.雜卷		
		四.漢詩卷（上）		
		五.漢詩卷（下）		
		六.附卷		
3. 吳新榮（1907〜1967）臺南州北門郡將軍庄人	東京醫學專門學校	小說		
		吳新榮回憶錄	前衛	1989.7
		合集		
		吳新榮全集（張良澤編）	遠景	1981.10
		一.亡妻記		
		二.珀琅山房隨筆		
		三.此時此地		
		四.南臺灣采風錄		
		五.震瀛採訪記		
		六.吳新榮日記（戰前）		
		七.吳新榮日記（戰後）		
		八.吳新榮書簡		
		吳新榮選集	臺南縣立文化中心	1997.3
		一.詩、隨筆（呂興昌編訂）		
		二.隨筆（呂興昌編訂）		
		三.震瀛回憶錄（黃勁連編訂）		
4. 王昶雄（1916〜2000）臺北縣人	日本大學齒學系	散文		
		阮若打開心內的門窗	前衛	1998.4
		小說		
		王昶雄集（與翁鬧、巫永福合集）	前衛	1991.2
		海鳴集（短篇）（與吳希賢、吳漫沙、張我軍合集）	臺北縣立文化中心	1995.6
		合集		
		驛站風情（論述、散文）	臺北縣立文化中心	1993.6
5. 紀剛（趙岳山）（1920〜）遼寧省遼陽縣人	遼寧醫學院醫學系	散文		
		諸神退位	允晨文化	1990.3
		做一個完整的人－從人格的七個格談群的文化觀	文建會	1996.10
		小說		
		滾滾遼河（長篇）	純文學	1970.5

6. 詹冰（詹益川）（1921～）苗栗縣人	日本明治藥專	**詩**		
		綠血球	笠詩刊社	1965.10
		實驗室	笠詩刊社	1986.2
		詹冰詩選集	笠詩刊社	1993.6
		詹冰詩全集－新詩	苗栗縣文化局	2001.12
		兒童文學		
		太陽・蝴蝶・花（童詩）	成文	1981.3
		詹冰詩全集－兒童詩	苗栗縣文化局	2001.12
		合集		
		變（詩、小說）	臺中市立文化中心	1993.6
		銀髮與童心	臺中市立文化中心	1998.5
7. 雪飛（孫健吾）（1927～）四川省酆都縣人	國家醫師考試及格	**詩**		
		山	詩藝文	1996.7
		大時代交響曲	詩藝文	1997.7
8. 孫宗良（魯松）（1930～）山東省即墨縣人	國防醫學院醫學系	**詩**		
		蒼頭與煙斗	采風	1988.1
9. 邱平（盧克其）（1931～）江蘇省鎮江市人	國防醫學院醫學系	**詩**		
		密碼燈語	詩之華	1994.10
		落花時節	詩之華	1997.10
10. 王尚義（1936～1963)河南省汜水縣人	臺灣大學醫學院醫學系	**小說**		
		狂流	自由太平洋叢書	1965
		野鴿子的黃昏	水牛	1966
		從異鄉人到失落的一代	文星	1963
		深谷足音	水牛	1967
		野百合花	水牛	1967
		荒野流泉	水牛	1967
		落霞與孤鶩	水牛	1966
11. 呂幸治（1938～）臺中縣人	高雄醫學院醫學系	**小說**		
		這一代（長、短篇）	臺中縣立文化中心	1991.12

12. 沙白（涂秀田） （1944～)屏東 縣人	高雄醫學 院牙醫系	**詩**		
		河品	現代詩社	1966.3
		太陽的流聲	笠詩刊社	1986.2
		靈海	臺一社	1990.9
		空洞的貝殼（中、英文詩集）	臺一社	1990.9
		散文		
		不死鳥田中角榮（傳記）	西北	1984
		沙白散文集	林白	1988.9
		兒童文學		
		星星亮晶晶（童詩）	愛智	1986.8
		星星愛童詩（童詩）	臺一社	1987.8
		唱歌的河流（童詩）	臺一社	1990.9
13. 曾貴海（1946 ～）屏東縣人	高雄醫學 院醫學系	**詩**		
		鯨魚的祭典	春暉	1983.5
		高雄詩抄	笠詩刊社	1986.2
14. 江自得（1948 ～）臺中市人	高雄醫學 院醫學系	**詩**		
		那天，我輕輕觸著了妳的傷口	笠詩刊社	1990.3
		故鄉的太陽	臺中縣立文 化中心	1992.6
		從聽診器的那端	書林	1996.2
15. 鄭炯明（1948 ～）臺南縣人	中山醫學 院醫學系	**詩**		
		歸途	笠詩刊社	1971.5
		悲劇的想像	笠詩刊社	1976.3
		蕃薯之歌	春暉	1981.3
		最後的戀歌	笠詩刊社	1986.2
16. 王溢嘉（1950 ～）臺中市人	臺大醫學 院醫學系	**論述**		
		精神分析與文學	野鵝	1979
		IQ 與創造力	自立晚報	1988.11
		人性剖析	自立晚報	1988.11
		聊齋搜鬼	野鵝	1989.9
		古典今看——從孔明到潘金蓮	野鵝	1989.9
		夜間風景	野鵝	1991
		賽琪小姐體內的魔鬼	野鵝	1992
		不安的魂魄	野鵝	1993
		命運的奧義	野鵝	1994
		前世今生的謎與惑	野鵝	1995
		情色的圖譜	野鵝	1995

		散文		
		實習醫師手記	自印	1978
		悲劇的誘惑	野鵝	1982
		失去的暴龍與青蛙	野鵝	1989.6
		性‧文明與荒謬	野鵝	1990.4
		世說心語－100 個生命的啟示	野鵝	1990.4
		動物啟示錄	野鵝	1991.1
		說女人	野鵝	1991.1
		蟲洞書簡	野鵝	1997.2
		一隻暗光鳥的人生備忘錄	野鵝	1998.2
17. 陳永興（1950 ～）高雄市人	高雄醫學院醫學系 美國加州柏克萊大學公共衛生行為科學碩士	散文		
		新生命	新生	1973.10
		醫學與生活	志文	1975.5
		天公疼憨人	新風	1975
		醫生的話	自印	1981.5
		飛入杜鵑窩	自印	1981.6
		生命‧醫學‧愛	新地	1985.5
		醫療‧人權‧社會	新地	1985.7
		柏克萊沈思	自立報系	1986.12
		拯救臺灣人的心靈	前衛	1988.9
		診斷臺灣	自立報系	1989.6
		一個理想主義者的臺灣之愛	自立報系	1991
		醫學的愛（上‧下）－陳永興醫師文選	望春風	2002.3
18. 許茂昌（1951 ～）彰化市人	臺北醫學院醫藥系	散文 少尉的最後一吻	水芙蓉	1982.1
19. 顧肇森（1954 ～1998)浙江省諸暨縣人	紐約大學醫學院理學博士	散文		
		從善如流民(1989 年 8 月易名《驚艷》)	九歌	1987
		感傷的價值	漢藝色研	1990.9
		槍為他說了一切（報導文學）	東潤	1993.4
		小說		
		拆船（短篇）	聯經	1979.4
		貓臉的歲月（短篇）	九歌	1986.3
		月升的聲音（短篇）	圓神	1989.2
		季節的容顏（短篇）	東潤	1991.4
		多日之旅（短篇）	洪範	1994.2

20. 小赫（楊宏義）（1955～）臺南縣人	臺灣大學醫學院醫學系	**小說** 祈教授（中、短篇） 趙榮班長（中、短篇）	林白 晨星	1978.10 1989.4
21. 王湘琦（1957～）浙江省杭州市人	高雄醫學院學士後醫學系	**小說** 沒卵頭家（短篇）	聯合文學	1990.1
22. 莊裕安（1959～）彰化縣人	中國醫藥學院醫學系	**散文** 音樂狂歡節 跟春天接吻的一些方法 一隻叫浮士德的魚 寄居在莫札特的壁爐 我和我倒立的村子 巴爾札克在家嗎？ 嚼士樂 天方樂譚 會唱歌的螺旋槳 蜜漬拍子 雲想衣裳，我想 CD 曉夢迷碟	大呂 大呂 大呂 大呂 大呂 大呂 大呂 大呂 大呂 大呂 大呂 大呂	1990.1 1990.6 1991.1 1991.2 1992.1 1993.3 1994.3 1994.2 1994.2 1995.7 1996.9 1998.2
23. 王浩威（1960～）南投縣人	高雄醫學院醫學系	**論述** 一場論述的狂歡宴 臺灣文化的邊緣戰鬥 **詩** 獻給雨季的歌 **散文** 在自戀和憂鬱之間飛行 海岸浮現 臺灣少年紀事 臺灣查甫人 打開情緒 Window 憂鬱的醫生，想飛……	九歌 聯合文學 書林 皇冠 平氏 幼獅 聯合文學 張老師 張老師	1994.8 1995.10 1993.7 1994.9 1995.9 1998.2 1998.3 1998.9 1998.9
24. 田雅各（1960～）南投縣人	高雄醫學院醫學系	**散文** 從聖經看聖靈工作 蘭嶼行醫記 **小說** 最後的獵人 情人與妓女	愛修祈禱團 晨星 晨星 晨星	 1998.6 1987 1992

25. 陳克華（1961～）山東省汶上縣人	臺北醫學院醫學系	**詩**		
		騎鯨少年	蘭亭	1986.7
		星球紀事	時報	1987.9
		我撿到一顆頭顱	漢光	1988.9
		與孤獨的無盡遊戲	皇冠	1993.8
		我在生命轉彎的地方	圓神	1993.10
		欠砍頭詩	九歌	1995.1
		美麗深邃的亞細亞	書林	1997.4
		別愛陌生人	元尊	1997.6
		新詩心經	歡熹	1997.8
		看不見自己的時候－陳克華作品集（歌詞）	探索	1997.12
		因爲死亡而經營的繁複詩篇	探索	1998.8
		散文		
		愛人	漢光	1986.7
		給從前的愛	圓神	1989.3
		無醫村手記	圓神	1993.4
		惡聲（電影筆記，含劇本《毛髮》）	皇冠	1994.12
		在城市中迷失的地圖	元尊	1998.8
		顛覆之煙	九歌	1998.8
		小說		
		陳克華極短篇（極短篇）	爾雅	1989.1
		愛上一朵薔薇男人（短篇）	遠流	1997
		劇本		
		毛髮（舞臺劇）	文建會	1981
26. 謝昭華（謝春福）（1962～）福建省長樂縣人	臺北醫學院醫學系	**詩**		
		伏案精靈	詩之華	1995.6
27. 侯文詠（1962～）嘉義縣人	臺北醫學院醫學系 臺大醫學院醫學博士	**散文**		
		親愛的老婆	皇冠	1991
		點滴城市	圓神	1991.7
		大醫院小醫師	皇冠	1992.6
		烏魯木齊大夫說	皇冠	1992.12
		離島醫生	皇冠	1993.12
		親愛的老婆 2	皇冠	1996.3

		小說		
		七年之愛（短篇）	希代	1988.1
		誰在遠方哭泣（短篇）	希代	1989.1
		侯文詠短篇小說集	皇冠	1996.10
		白色巨塔	皇冠	1999.4
		兒童文學		
		頑皮故事集	九歌	1990
		淘氣故事集	皇冠	1992.1
28. 林峰丕（1969～）臺北市人	臺北醫學院牙醫系臺北醫學院口腔復健研究所碩士	散文		
		20歲的地圖	晨星	1992.9
		和自己說說話	圓神	1994.1
		心情快遞	圓神	1995.1
		戀戀愛與愁	圓神	1996.3
		寂寞快樂私生活	圓神	1997.5
		給我一個愛你的理由	晨星	1998.2
		小說		
		愛情的節奏藍調（短篇）	圓神	1998.10
29. 歐陽林（1969～）臺北市人	臺大醫學院醫學系	散文		
		蟲中情	希代	1993
		醫科學生的愛情故事	希代	1994
		病人不要睡	希代	1996.1
		歡喜冤家	希代	1996
		醫院X檔案	麥田	1997.9
		愛一次怎麼夠	希代	1997
		帥哥不裝酷	麥田	1999.11
		愛，到不能愛為止	大田	1998
		少年醫生天才事件簿	麥田	1998.11
		醫院哈燒站	麥田	1999.3
		臺北醫生故事——醫生護士跳起來	麥田	1997.1
		臺北醫生故事2	麥田	1997.7
		臺北醫生故事3——雞婆醫生	麥田	1998.1
		臺北醫生故事4——醫生也瘋狂	麥田	1998.7
		狗咬歐陽林	麥田	1999
30. 莊毓民（1971～）南投縣人	陽明醫學院醫學系	散文		
		露水主義	希代	1997.3
		失落的心靈	希代	1997.8
		體檢合格不當兵	希代	1997.8

31. 陳豐偉（1971 ～）高雄縣人	高雄醫學 院醫學系	論述		
		網路不斷革命論	商周	2000
		散文		
		南方醫院小醫生	商周	2000.11
		小說		
		不做愛的男人（短篇）	新新聞	1998.1
32. 王智弘（1971 ～）高雄市人	美國哈佛 醫學院博 士	散文		
		一個臺灣小留學生到哈佛之路	健行	1995.1
		菜鳥醫生上前線	健行	1999.10
33. 林立銘	高雄醫學 院醫學系	散文		
		瘋狂急診室	新島	1999.2
		搞怪醫學生	新島	1999.4
		小醫生的麻辣格言	新島	1999.7
		生命中的感動	新島	1999.11

參考資料：李瑞騰總策劃、封德屏主編，《中華民國作家作品目錄 1999》，臺北：行政院文化建設委員會，1999.6。

從以上表列可見隨著臺灣文學的發展，醫界寫作人才輩出。這三十三位作家，在散文、新詩、小說的創作園地中，各擅勝場。散文方面的代表，如蔣渭水、陳永興、許茂昌、王溢嘉、莊裕安、王浩威、林峰丕、歐陽林、莊毓民、王智宏、林立銘等；新詩方面的代表，如吳新榮、詹冰、雪飛、孫宗良、邱平、曾貴海、江自得、鄭炯明、陳克華、謝昭華、沙白等。小說方面的代表，如賴和、王昶雄、紀剛、王尚義、呂幸治、侯文詠、顧肇森、小赫、王湘琦、田雅各、陳豐偉等。明顯可見三種文類的寫作人數比例相當。

（一）日治時期

在臺灣醫界，由於日治時期實施精英教育的結果，臺灣醫生成為領導階層中舉足輕重的一群，不只在政經地位上，在文壇上亦然。彭瑞金說：「臺灣作家的不務正業，從賴和開始已經頗有傳統，賴和是醫生，也是小說家和詩人，更是反抗運動的先驅。」〔註12〕事實上，在賴和之前，蔣渭水也曾有寫作的意圖，唯因大家往往把焦點放在他對政治、社會運動的貢獻，因此留下的監獄隨筆以及散文〈臨床講義〉，早已被忽略而鮮為人知；然無論就臺灣文

〔註12〕彭瑞金，〈冷的火——以詩跨越歷史深谷的鄭炯明〉，《文訊》革新 19 期，1990.8。

學的發展，抑或臺灣醫生寫作的淵源，蔣渭水少量的寫作仍具價值。至於賴和，他是臺灣新文學史上的小說家、散文家，新詩創作也成就卓著，被稱爲「臺灣新文學之父」、「臺灣的魯迅」。

接著是跨語一代的醫事作家吳新榮、王昶雄、詹冰。吳新榮是「鹽分地帶詩人群落的領袖與靈魂」〔註13〕，既寫詩，也寫文學評論以及隨筆，留下最多作品。王昶雄戰前以小說崛起文壇，詹冰是臺灣早期的圖象詩人；他們同吳新榮一樣，都是文壇的長青樹，從戰前寫到戰後，雖然歷經政治的轉折、創作環境的改變，然而對文學的熱誠有增無減。

（二）五〇年代〔註14〕

在臺灣文學史上，五〇年代被定位爲政治意涵濃厚的「反共文學」、「戰鬥文學」的年代，主題大都圍繞在：「對共匪的陰謀詭計，有深刻的剖析；對共匪的暴行苛政，有詳實的描寫；對共匪獸性的殘酷，有詳細的刻劃。」〔註15〕作家的創作環境與創作取向，或受限於政治體制與意識型態、或面臨跨語的艱辛，文壇再現皇民化階段的黑暗期，就醫事作家而言，亦少有作品問世。

（三）六〇年代

六〇年代當西方現代文學思潮湧進臺灣之際，改變了臺灣文學被「反共八股」窒息的局面。一九六四年牙醫沙白（涂秀田），開始發表作品於《現代文學》，創作以詩和散文爲主，內容具有強烈的時代感。而王尚義則是位英才早逝的小說家，主題指出時代青年逃避心理與意志薄弱的共同病症，塑造了六〇年代臺灣青年的苦難形象。

（四）七〇年代

七〇年代伴隨著現代文學思潮的老化乏力，臺灣民族意識的覺醒，使得臺灣文學走向民族、鄉土的回歸。在這樣的文學環境下，醫界出現了兩位優秀的散文家：一位是目前擔任高雄市衛生局局長的陳永興，曾獲第八屆賴和獎，其散文內容以診斷社會、拯救日愈墮落的人類心靈爲主。另一位是棄醫從文的王溢嘉，現專事寫作暨文化事業工作，王浩威說他「比賴和更毅然決然的，他全然擺脫了醫生這個頭銜，走上一條『路上有風有雨，路的盡頭在雲深不

〔註13〕古繼堂，《臺灣新詩發展史》，頁 43，臺北：文史哲，1989。
〔註14〕本文戰後醫事作家年代劃分，乃以出版第一本著作時間爲基準。
〔註15〕張道藩，〈論文藝作戰與反攻〉，《文藝創作》25 期，頁 8，1953.5。

知處』的不可預測之路。」〔註16〕一九七九年以《實習醫師手記》步上文壇，其著作最大的特色，在於能以醫學訓練爲基礎，整合文學、心理學、精神分析學、民俗學等學科的方式，從事文學的批評與研究，尤其對中國古典小說，採取精神分析、心理分析的方法解讀，爲文學批評另闢一番新視野。

新詩方面，「笠」詩社的佼佼者鄭炯明，現主持內科診所，一九六四年開始發表作品，詩作深受《笠》詩刊的總編輯桓夫的賞識，曾獲全國優秀青年詩人獎、笠詩獎及吳濁流新詩獎。從一九七一年第一本詩集《歸途》起，即表現社會性與時代感，具有濃厚現實批判精神。

小說方面，曾在臺南行醫二十餘年、現居美國的紀剛，一九七〇年以長篇小說《滾滾遼河》著名，這是一部出生入死抗戰救國的眞實體驗紀錄；其寫作主題與風格，側重歷史的記錄與文化思想的闡述，一九九〇年的《諸神退位》，是研究中國文化心得的總報告。曾任職紐約醫院神經科、現已去逝的顧肇森，小說特別關注不同階層、不同國籍、不同種族之間的文化差異和價值衝突，從中抒發人性的光輝。另一位自開診所的小赫（楊宏義），小說大都是以個人生活爲背景，具有濃厚的人道色彩，以挽救人類沉淪爲最高理想，也透露出對精神患者的關切。

（五）八〇年代

經過七〇年代中、後期「鄉土文學論戰」的洗禮，八〇年代的臺灣文壇，呈現多元化的發展局面，其中之一便是原住民作家的崛起。布農族的田雅各，是臺灣目前唯一的原住民醫事作家，服務於臺東縣長濱鄉公所，曾獲賴和文學獎的肯定。高醫時代，與王浩威同時加入「阿米巴詩社」（一九六四年創立），一九八一年發表第一篇小說〈拓拔斯‧搭瑪匹瑪〉，即蒙獲臺灣文學界的前輩葉石濤、李喬、吳錦發等人的大力推薦激賞〔註17〕。一九九八年出版散文《蘭嶼行醫記》，不只爲九〇年代的原住民文學注入源源不絕的生命力，更是實際關懷蘭嶼原住民醫療、文化、生態的傑作。八〇年代醫事散文作家，尚有醫藥系出身的許茂昌，曾是「詩人季刊社」同仁，創作有詩和散文，詩化的散文是其寫作特色。

〔註16〕 王浩威，《一場論述的狂歡宴》〈文學裡的藥石——醫事寫作在臺灣〉，頁237，臺北：九歌，1994.8。

〔註17〕 參吳錦發〈山靈的歌聲——序田雅各小說集「最後的獵人」〉，收錄於田雅各《最後的獵人》，臺北：晨星，1987。

新詩方面，八○年代出現兩位傑出的醫生詩人。高雄信義基督教醫院醫師曾貴海，高醫時代開始寫詩，曾獲笠詩獎、吳濁流文學獎詩獎、賴和醫療服務獎。作品體現其詩觀：「真正的文學，是人間的文學」，充滿對人間的悲憫與關切，以及對於自然與土地的愛戀與疼惜。另一位榮總眼科醫生陳克華，一九七九年開始寫作生涯，在八○年代新興詩人中出類拔萃，被歸納為臺灣後現代詩潮之一的詩人，「是新世代少數能透過詩的語言表達哲思或對現實感應詩人。他也是能構思長詩，且使語言不淪為散文的少數優秀詩人之一。」〔註18〕除此，八○年代尚有詩人魯松（筆名孫宗良），自四○年代初即有作品散見於國內各報刊，其詩淳樸雅潔，寓意深遠。

侯文詠是八○年代知名度最高、讀者群最多的醫生作家，現已辭去醫職，專事創作和教學，其小說在溫柔浪漫、詼諧幽默的基調中，隱藏有憂鬱嚴肅的風格。

（六）九○年代

九○年代隨著社會風氣日漸開放，政治、都市、自然、海洋、旅遊、情色、網路等多元化文學齊放爭鳴，醫事人員寫作的風氣也蓬勃了起來，是日治時期以來最豐收的階段。這個年代有兩位多產的醫生散文家，一是現任心靈工作室負責人的王浩威，其寫作最明顯的特色，是能結合精神醫學的專業知識、心理分析的臨床經驗，進而以理性、感性兼具的筆觸，寫出對臺灣社會人文的關懷。另一位內科執業醫生莊裕安，其散文最善於引用古典音樂作為譬喻對象，展現城市生活的現實感，這種穿梭於文學與音樂之間的作品，風格獨樹一幟。除此，臺北榮民總醫院神經醫學中心醫師莊毓民，其散文大都描寫絕症病患與病魔搏鬥的故事。九○年代的文壇，也出現了林峰丕、歐陽林、王智弘、林立銘等新生代醫事作家，他們以苦中作樂的瀟灑心境，運用詼諧的手法，真實描繪醫院的人間悲、喜、鬧劇，勾勒出醫院的人生百態，在醫事人員的寫作風格中，另闢通俗消遣的路線。

新詩方面，現任臺中榮民總醫院胸腔科主任江自得，求學時期參加高醫「阿米巴詩社」，便開始創作新詩，現實社會與人類生命始終是其詩作最關注的對象，是九○年代重要的醫生詩人。另一位連江縣立醫院家庭醫學科醫生謝昭華，是截至目前年紀最輕的醫生詩人，比陳克華小一年次，兩人都是北醫「北極星詩社」的成員；詩作主題大半是探索人類生存的情境，或挖掘不安

〔註18〕 簡政珍主編，《新世代詩人精選集》，頁347，臺北：書林，1998。

的靈魂。九○年代尚有兩位軍醫詩人先後出版了詩集，一為雪飛（孫健吾），早於一九四八年即著手創作，詩作主題傾向表現中華文化思想的演變和積累的歷程；至於邱平，則是和辛鬱、商禽、楚戈、張拓蕪，都是同時期「現代派」的同仁。

　　小說方面，在豐原自行開業的呂幸治，代表作《這一代》，以簡潔的筆調描寫光復前後的生活，展現鄉土的現實關懷。《沒卵頭家》的作者王湘琦，熱愛創作，曾有「若是我有魯迅般的勇氣的話，真的會立刻棄醫就文！」〔註19〕的想法；其小說特色，在反應現實的同時融入一些想像與虛構的傳奇色彩，使其作品介於寫實與浪漫之間。高雄長庚醫院精神科醫師陳豐偉，曾創辦「南方社區文化網路」，是九○年代網路文學作家；其代表作《不做愛的男人》，主要描寫改革者精神層面上的磨難，以此來詮釋臺灣學運、社運衰敗的原因。

　　從上可見一個龐大醫事作家群的先後崛起，作品的質量齊觀，他們以醫學院的出身背景為創作原點，手握文學筆來全方位關懷人類，從生老病死的生命哲思，到國族、社會、文化的反省探索。日治時期以來臺灣醫事人員的文學創作精神與活力，不只延續了臺灣文學的命脈，更具有灌溉滋養臺灣文學大樹、使其永遠長青盎然的使命感。

第二節　醫學與文學的交會

　　古今中外醫事人員的作品不勝繁數，不免令人質疑醫學的專業背景或行醫過程到底對文學創作有什麼影響？到底是什麼因子激勵他們內在那股源源不絕的創作動力？牙醫詩人沙白曾就前輩醫生的文學成就，肯定醫職和文學的關係相當微妙：

> 魯迅讀了兩年醫學，就把它踢開，專心搞文學，而成為國際公認的中國第一的文學家。郭沫若九州大學醫學部畢業之後，不當醫生，專門搞文學。日本近代文學的巨匠森鷗外，東京大學醫學部畢業之後，不當醫生，而到德國研究公共衛生，回國當衛生署長，依然能夠產生不朽的巨著。而我們臺灣文學之父賴和，一輩子行醫寫文學搞政治，在臺灣文學史上也佔了極高的地位，可見職業和文學之關係相當微妙。〔註20〕

〔註19〕王湘琦，《沒卵頭家》自序，臺北：聯合文學，1990.1。
〔註20〕沙白，《沙白散文集》〈硬硬的牙齒軟軟的詩路〉，頁291，臺北：林白，1988.9。

醫學與文學到底存在著什麼微妙的關係？沙白並沒有進一步說明。本節試從醫學與文學共同的本質、醫學訓練對作家實際創作的影響，以及精神分析學與文學的相關性，這三個角度切入探析醫學和文學內在的關聯與互動。

一、皆以關懷人類的生命為本質

于飛〈從「無醫村」看日據時代的臺灣醫學〉一文，曾說明醫學與文學的息息相關：第一、醫學與文學在人類進化中扮演著同樣重要的角色，生、老、病、死皆是其共同關懷的對象。第二、醫學的內涵擴展了文學的角度，文學的描述刺激了醫學的進步〔註21〕。就前者而言，擁有豐富創作經驗的醫生侯文詠，也認為醫學與文學皆以回歸人的生命為本質：

> 其實醫學與文學應該是息息相關，密不可分的。大自然從原始到文明，這一連串的文化建構過程，誕生了藝術、文學、道德規範等等，但無論如何的發展，人類的身體、生命的意義、存在的價值都是最根本的基調，不可能跳離開來。西方許多著名的音樂家、畫家創造出如此多撼動人心之作，但從「人」的角度視之，樂聖貝多芬患有耳疾，還有些藝術家身染梅毒的。即便是聖人，仍得回歸「人」的本質，活生生、現實的碰觸真實的人體生理，但這都無礙於藝術之美。所以應該說文學可以關照人類脆弱、孤寂的軀體，醫學中也隨處可見文學的存在。因此，醫學與文學並沒有那麼截然分明。〔註22〕

廖運範翻譯的〈醫學與文學〉，則明白道出醫學與文學共同的本質，不外都是對人類生命的關懷：

> 希伯克拉底（Hippocrates）曾經把醫學喻為一齣有三個角色的戲劇，這三個角色就是病人、醫生、和疾病。由這一點可以解釋何以千百年來，醫學與文學會那樣息息相關，因為二者都關懷著人類的生命與憂患。〔註23〕

〔註21〕于飛〈從「無醫村」看日據時代的臺灣醫學〉：「生、老、病、死為人生四大悲劇，也是醫學與文學所共同努力研究的對象，故千年以來醫學與文學息息相關——醫學的內涵擴展了文學的角度，文學的描述刺激了醫學的進步，此二者都是人類文明的主要基石；醫生兼作家的都德（Ceon Daudet）說的：『引導著觀念、思想改進演化的兩個要素，一個是文學，另一個為醫學。』很能說明醫學與文學在人類進化中所扮的角色。」《夏潮》1卷7期，1976.10.1。

〔註22〕侯文詠，〈巨塔外的傳承與堅持〉，《文訊》171期，頁54，2000.1。

〔註23〕廖運範譯，〈醫學與文學〉，《當代醫學》1卷2期，頁100，1973.12。

誠然，不管是藝術、文學，或者是哲學、宗教，甚至是醫學、科技，終皆回歸「人」的主體生命。就醫學而言，醫學的對象是人，是探討人類本身的學問，因此必須建立於藝術、人文及哲學之上；其他自然科學領域則以客體爲對象來分析、研究，這是醫學與其他自然科學領域的最大差異。因此，我們可以肯定的說：「醫學是一門通往藝術的科學」〔註24〕。

根據謝博生編著《醫學教育理論與實務》一書，論及醫學的定義與醫生的任務時說：「醫學可以定義爲以人類的疾病及健康爲對象的學問，亦即維持及恢復健康的學問，依據世界衛生組織，健康不只是病痛的不存在，而是身體、心理、社會的安寧與福祉，醫學的對象涵蓋了個體健康及公眾健康，範圍極爲廣泛。……醫師的任務在解除病人的病痛及解決病人的醫學問題，應秉持愛心，涵養醫學道德與倫理，以人道立場來診察病人，同時顧及『身體、心理、社會』三個層面，將『疾病及虛弱的不存在』視爲基本任務，然後進一步促進『身體、心理、社會的安寧與福祉』，並由個體及於大眾。」〔註25〕換言之，醫生除了具備應有的專業知識技能之外，還要強調良醫的悲憫胸懷、品格特性、人文涵養、社會關懷；醫生不僅只是治療病人的疾病，而且要提供人性化、全方位的病患照顧，要能從個人的及社會的角度來了解病人。

醫學道德與倫理的基本精神，即以人道立場來診察病人，以人性化的醫療爲任務，就這一點而言，醫學、文學可以說是一致的。大體而言，對人性的體認，關乎作品如何描寫人、如何表現人的心靈、性格、思想，因而，對於一部作品成功與否，意義重大。而對人道主義（對人的尊重與關心）的體認，則關乎作品的主題與命脈，關乎整個文學的本質與靈魂。文學一旦失去人道主義的本質，就會喪失其感人的力量。

就詩與醫學之間的特殊親密關係而言，其中「構成這種關係的骨梗並非醫學的的科學部分，而是醫學的藝術；醫生和他的病人同樣能感受到肉體與心靈最深沉的秘密時，醫生就能在人性上與病人認同。」〔註26〕正如田村隆一所謂的：

詩人、軍人和醫生是世界上最古老的職業，因爲一個人成了這三種

〔註24〕林秋江口述、陳玲芳整理，《拿聽診器的哲學家》，頁21，臺北：圓神，1997.10。
〔註25〕謝博生編著，《醫學教育理論與實務》，頁1，臺北：國立臺灣大學醫學院，1997.11。
〔註26〕鄭泰安譯，〈詩與醫學〉（二），《當代醫學》2卷2期，頁77，1975.2。

人的任何一體，就更能知道人類悲慘的根源。〔註 27〕
醫院彷彿是人生的縮影，無論尊貴卑賤，疾病與死亡在此裸露無遺。就創作原點而言，「醫生」擁有了比一般作家視野更清晰的人生觀察位置，他可以透視生到死的生命歷程，最能瞭解生命的外在現象和內在奧妙，更能激發他對生命本質的了解。所以詩人白萩曾表示羨慕江自得擁有這麼一個「醫生」位置：「更能觀察到不同背景的形形色色的眾生相」〔註 28〕。而江醫師在〈病理學家〉詩，即有「從一個細胞看世界／從一塊組織切片看社會／從一具屍體看人間百態」〔註 29〕這樣的詩句，一個醫生終日所凝視和接觸的是人類肉體的脆弱，以及命運必然的現實；了然於這人生卑微的價值時，必也洞悉了生命存在的不幸和陰暗。如此從醫學工作中觸發反思生命的體驗，透視了人類悲慘的根源，也自然的成為醫生創造力最無窮無盡的來源。

醫生看病、作家創作文學，或許是兩面，卻為一體〔註 30〕。醫生與作家雖各有不同的任務，前者在解除人類肉體的痛苦，後者在拯救人類心靈的墮落，然而二者對人類生命的關懷，是其重疊的焦距，彭瑞金〈冷的火——以詩跨越歷史深谷的鄭炯明〉說：

> 就面對人的痛苦和災難而言，詩人與醫生是同業，不同的是一在心靈的，一在肉體的，像是魯迅和賴和，也許他們認為拯救人心靈的墮落要比解除人肉體的痛苦重要，然而，醫生的眼、詩人的眼，仍然可以調至相同的焦距。〔註 31〕

藥學詩人詹冰也有類似的說法：

> 人類在直接採用野生的草根木皮為藥的時代，詩人也直接歌唱他們的喜怒哀樂為詩。現在的藥品是由草根木皮抽出藥分，再經過提煉，濃縮，結晶而製出的。現代的詩也是由喜怒哀樂抽出詩素，再經過提煉，濃縮，結晶而作出的。要發明一種良藥，藥劑師應不斷地實驗，實驗，實驗……。要創作一首好詩，詩人也應不斷地實驗，實

〔註 27〕 見陳鴻森〈鄭炯明論〉，《笠》54 期，1973。
〔註 28〕 白萩，〈序故鄉的太陽〉，收錄於江自得《故鄉的太陽》，臺中：臺中縣立文化中心，1992.6。
〔註 29〕 江自得，《從聽診器的那端》，頁 107，臺北：書林，1996.2。
〔註 30〕 劉克襄〈最接近我們的一顆星〉：「看病或是創作文學，或許是兩面，卻為一體」，收錄於陳克華《愛人》代序，頁 5，臺北：漢光，1986。
〔註 31〕 彭瑞金，〈冷的火——以詩跨越歷史深谷的鄭炯明〉，《文訊》革新 19 期，1990.8。

驗，實驗……。日新月異，藥是隨時代而進步。日就月將，詩也隨
時代而前進。因此，我們決不能限制藥的界限。同理，我們也不能
界說詩的範圍。藥，可治療人類的身體。詩，可淨化人類的精神。
無藥，人類就滅亡。無詩，亦然！〔註32〕

詹冰以藥物開發與新詩創作的過程，來對應藥物與新詩的關係，以爲「藥」
可以治療人類的身體，誠如「詩」可以淨化人類的精神，強調二者對人類生
命具有同等的重要性。由以上引證，我們可以確認醫學與文學皆以關懷人類
的生命爲本質。

二、醫學訓練對作家的影響

　　一般而言，「醫事人員」代表的形象是客觀的、理性的；而「作家」給
人的感覺則較爲主觀的、情感的；然而，對一位同時擁有這些特點的醫事作
家，想當然必有其獨異於眾的特色。趙天儀談到醫生作品的特色時表示：「醫
生作家受過科學、醫學的訓練，以專業眼光深刻地省思人間生死的問題；由
於醫生每天都得窺覷眞實的人生，相較於一般作家，醫生作家面對世事的態
度與看法變得格外獨特。」〔註33〕又王桂花和陳銘民都以爲：「醫生作家較
其他行業的創作更多了一層人文的關懷、生命的熱度，對人事景物也有更深
刻的描繪、更嚴肅的對待。」〔註34〕另外，鐘麗慧也曾論及鄭炯明行醫經驗
影響了詩作，她說：「基本上，文學是在表現對人性的觀察和思考，如果從
這個角度來說，醫師的職業訓練間接對詩創作有些許的影響，譬如觀察人性
較爲敏銳。」〔註35〕由此可見，行醫生涯是創作背景中很重要的經驗，他們
不但容易看到醫者才可能接觸到的各個層面，在人性與生死之間，更有著入
微、敏銳的觀察和思考。

　　至於醫事作家他們自認爲醫學訓練對其實際創作到底有何影響呢？詩人
兼隨筆家吳新榮，在一九五六年十月十一日寫給兒子的書信中，簡短的敘及
學醫使他對文學或生活皆有科學的見解：

　　如我雖爲文科的人才，但受過醫學的科學教育，後來我對文學對

〔註32〕詹冰，《實驗室》代序〈藥與詩〉，臺中：笠詩刊社，1986.2。
〔註33〕陳宛蓉，〈飛行在文壇領空的靈魂——臺灣醫生作家作品觀察〉，《文訊》171
　　　　期，頁37，2000.1。
〔註34〕同前註。
〔註35〕鐘麗慧，〈詩人醫師——鄭炯明〉，《明道文藝》90期，1983.9。

生活都有科學的見解，而得進步，又有科學的知識能得解決困難。
〔註36〕

棄醫從文的王溢嘉，體驗到醫學帶給他與眾不同的生命觀與價值觀：

> 影響是一定有的。我常用醫學所給我的訓練來思考，如以醫學的角
> 度來分析哲學，往往都能收觸類旁通的效果。我記得有一位諾貝爾
> 醫學獎的得主就曾經說過：「二十一世紀最偉大的哲學家是來自於研
> 究腦神經的專家」就拿結構主義來說，你若能熟悉大腦的結構再來
> 研究結構主義，會容易得多。我必須坦誠的說，對醫學的了解我是
> 大而化之，但醫學所給我的那一套方法及它所給我的生命觀、價值
> 觀是很與眾不同的。〔註37〕

陳永興也同樣提出學醫使他對生命觀、價值觀有不同的看法，這是其他領域
所沒有的特殊體驗：

> 醫學不只是單純的讓我們謀生的專業技術而已，其實醫學要處理的
> 是生命與健康，學醫的人認為生命與健康是最崇高、重要的，沒有
> 什麼其它東西比生命與健康更寶貴，所以一個每天要面對生命處理
> 健康問題的專業工作者，其實從醫學學到的絕不只是一個開刀的方
> 法、診斷或處方、檢驗這些東西而已，其實從醫學學到的是對生命
> 的看法、人生價值的觀念，對健康維護所願意付出的心血，學醫之
> 後，會讓一個人對生命有不同的體驗，這是其它各方面領域所沒有
> 的，這是非常重要的。〔註38〕

小說家侯文詠面對臨床上的疾病與死亡，使他回到生命最深刻的部分：

> 因為我當作家，我就不得不每天在人文中打轉，跟它發生關係；當
> 醫生我就跟死亡、疾病這兩個人類最基本的東西打交道，不管人類
> 社會怎麼進化，人永遠要面對這最基本的東西。它可以讓我回到那
> 個最深刻的部分。我很喜歡這樣子，我在這兩邊（生命和人文）得
> 到互動，在生活裡會得到更大的體會與感觸。〔註39〕

〔註36〕張良澤主編，《吳新榮全集卷8──吳新榮書簡》，頁23～24，臺北：遠景，
　　　　1981.10。
〔註37〕李明華，〈「走索者」的獨白──論王溢嘉「實習醫生手記」〉，輔英技術學院
　　　　醫護文史學術研究成果發表會，2000.10.7。
〔註38〕陳永興，《臺灣醫療發展史》〈作第一流的醫學生〉，頁328，臺北：月旦，1998.1。
〔註39〕《侯文詠短篇小說集》〈陳從耀訪問侯文詠〉，頁315，臺北：皇冠，1996。

詩人陳克華在醫院工作，使他能夠跳脫自我的框架，以更開闊的視野探掘人類生理、心理上的問題：

> 在醫院中，會看到很多生老病死，這些眞實的體驗，使我不會局限
> 在自我的小圈圈中，在試圖了解病人的過程，我發現很多問題不僅
> 是生理上的，也是心理上的。〔註40〕

契訶夫當年也曾道出醫者的獨特創作經驗，他說：

> 醫生確實相當擴展了我的觀察領域，而且使我認清了事物的眞正價
> 值……這種價值只有醫生才能了解。〔註41〕

而毛姆則更肯定的提出其創作觀，認爲每位作家都應該要有充分的生理學和心理學知識，那樣才能了解文學的要素是如何和人類的心靈與肉體相關連的〔註42〕。

　　這些在醫學與文學之間來去自如的作家，他們站在赤裸裸的生命的第一線上，活生生地剖視著生命眞實，無容逃避的面對疾病和死亡，自然會比一般人容易觀察和自覺到人世無常的幻滅與失落；由此觸發反思生命存在的究極性相，先覺地觀察生存環境的隱憂與危機，文學就這樣成爲醫事作家闡釋世界以及與生命對話的最佳方式〔註43〕。所以于飛認爲：醫學的內涵擴展了文學的角度，文學的描述刺激了醫學的進步〔註44〕。由此可見，醫學專業的訓練顯然有助於文學特質的鐫塑。

三、精神分析學與文學的相關性

　　另一個醫學與文學的交會點，我們可以由精神分析學與文學的相關性來探索。隨著二十世紀初精神分析學派的興起，對現代文學產生了不可勝數的影響痕跡，尤其以佛洛伊德的精神分析學說影響最爲顯著。

　　也是醫事作家成員之一的佛洛伊德，無論在醫學、心理學，乃至文藝理論上，都是舉足輕重的人物。他所創立的精神分析學說原是用來診療精神官能症（neurosis）的病人，卻與文學藝術結了不解之緣，尤其自一九〇〇年《夢

〔註40〕楊明，〈以詩駕馭群星〉，《明道文藝》143期，1988。
〔註41〕廖運範譯，〈醫學與文學〉，《當代醫學》1卷2期，頁103，1973.12。
〔註42〕同前註，頁104。
〔註43〕江自得《故鄉的太陽》：「詩，終於成爲我闡釋世界以及與生命對話的最佳形式。」頁150，臺中：臺中縣立文化中心，1992.6。
〔註44〕見于飛前註文。

的解析》一書問世之後，精神分析再也不是純粹屬於醫學領域了。就中國現代文學而言，五四運動前後，佛洛伊德的精神分析學深深影響當代作家，他們運用佛氏理論揭示人物的複雜心理、矛盾衝突及潛意識活動，塑造出眾多的具心理深度和文化價值的現代中國人形象〔註 45〕。王溢嘉在《精神分析與文學》說：「站在『醫師』的立場，自覺精神分析對創造心理、文學批評及『天才或瘋子』等問題的陳述，有其迷人與令人折服之處。」「我們可以斷言，在所有心理學學派中，沒有一個學派能像精神分析學派般對文學藝術造成今日有目共睹的、廣泛而深遠的影響。」〔註 46〕因此，許多文學批評家「專門把文學稱爲心理分析學的潛意識。」以爲「從心理分析學的角度來說，文學就像夢，揭示了深層的潛意識活動。」〔註 47〕由此顯示佛洛伊德精神分析學特別對文學產生了深刻的影響。

　　無論是心理分析學或精神分析學，其研究的主要課題不外是人類的意識及潛意識的活動。在 Frank Lentricchia 和 Thomas McLaughlin 主編的《文學批評術語》，詮釋〈潛意識 Unconscious〉一節，即印證心理分析學根本不在文學研究「之外」的說法。書中非常巧妙的將心理分析的臨床過程比擬於文學的創作過程，以爲「分析」有如「敘述」的動作，「心理分析對象」有如扮演「敘述者」的角色，而「心理分析家」就如同這場敘述的「讀者」或「批評家」的角色：

> 心理分析學實際上是一個臨床過程，不只是理論。這個過程在弗洛伊德的時代被稱作「談話治療」。病人通過自由聯想告訴心理分析學家種種思想問題，其講述轉而爲一故事：病人的故事是他或她童年記憶中片斷的重建。心理分析學的這個過程需要建立流暢的、有說服力的敘述，是對一生片斷的復合和敘述。心理分析的目的是隨著分析的進行使病人「重建」更好的、更爲連貫的故事。分析即敘述，而心理分析對象即敘述者。然後，心理分析家假定成爲這場敘述的讀者的角色，因爲他或她必須負責去解釋所說的一切；去保留敘述中重現的形象和事實，以及去評定其價值與作用；把夢當作文本來「閱讀」：總之，依次去重建生活的「情節」就如同它自身正

〔註 45〕參孫乃修《佛洛伊德與中國現代作家》，臺北：業強，1995.5。
〔註 46〕王溢嘉編譯，《精神分析與文學》，頁 11、15～16，臺北：野鵝，1980.9。
〔註 47〕Frank Lentricchia&Thomas McLaughlin 編、張京媛等譯，《文學批評術語》〈潛意識 Unconscious〉，頁 204，香港：牛津大學，1994。

被重建一樣。除此以外，心理分析學家必須「閱讀」敘述的「次要情節」—潛意識，因爲它可能在病人講述的故事中從其設定的僞裝和替代中自身得到重建。如果我們說分析經歷的目的是創造一個生活之外的連貫的且有邏輯的敘述，那麼我們可以補充說，心理分析學家充當的不僅是讀者也是批評家的作用。因爲心理分析學家首先必須「閱讀」或者解釋敘述。然後他或她必須說服其心理分析對象相信他或她自己經過修正的看法或解釋的準確性。最後，心理分析學家可寫下「病例研究」，重述病人的故事及心理分析學自身的故事。這樣，病例研究一種敘述的敘述，它試圖使讀者（比如，在這個場合，指其他的心理分析學家）信服其讀物的準確性。也許，心理分析學根本不在文學研究「之外」⋯⋯。〔註48〕

如此細密的解析結果，我們不難了解 Frank Lentricchia 和 Thomas McLaughlin 的用意：心理分析學與文學其實都是在尋索探掘人類潛藏思想的活動。更具體的舉例，譬如以心理分析學而言，文學表現手法的「象徵」，即是通往人深層意識活動的密碼，劉昌元《西方美學導論》即說：「心理分析學對藝術品中象徵之創造、辨認、解釋與評價的相關性是間接與輔助性的。」〔註49〕亦即只要具備足夠的心理分析學的知識及經驗，必有助於「象徵」意涵的解讀與詮釋。在此，又見心理分析學與文學的相關性。

從事文學創作，除了寫作的必需條件外，也需按照人物心理活動的規律，直接呈現其心理圖景。受過精神分析學訓練的醫事作家，無疑的更易進入人物的心理角色，體察人物的心靈脈搏。

第三節　研究範圍

一、作家身分與取材

本文探討的對象，身兼二職：「醫事人員」與「作家」，包括「醫師」：蔣渭水、賴和、吳新榮；「牙醫師」：王昶雄；「藥劑師」：詹冰。他們都是接受正規西方醫學教育訓練、並通過政府檢定合格的醫事人員，因此題名爲「醫事作家」。至於本文律定的「作品」取材範圍，是以新詩、小說、散文隨筆等

〔註48〕同前註，頁 209～210。
〔註49〕劉昌元，《西方美學導論》，頁 263，臺北：聯經，1998.9。

新文學為主。

　　臺灣「醫事人員」的名稱，可見於一九四六年一月國民政府的公布資料：「凡臺灣醫事人員，皆須一律重新登記，核發臨時證書，並規定欲開業者，須向該管縣市衛生院領取開業執照，其登記之醫事人員種類，分為醫師、乙種醫師、藥劑師、牙醫師、護士、助產士等六種。」一九四七年五月二十七日，行政院、考試院會同公布「醫事人員甄訓辦法」，全文共十二條，在第二條規定：「本辦法所稱醫事人員如左：（一）醫師、（二）藥劑師、（三）牙醫師、（四）護士、（五）助產士、（六）藥劑生、（七）鑲牙生。」〔註50〕可知醫事人員的指稱對象，不只是「醫師」而已；隨著醫學的益趨發達，除了以上列舉的醫事人員，另外亦包括：護理師、醫檢師、物理治療師、職能治療師、及公共衛生有關的醫療保健專業人員等。

　　在現今出版事業發達的臺灣社會，以寫作為專職者，其例不鮮。然而就日治時期臺灣作家的職業來觀察，幾乎沒有一個是全職者，如醫界的蔣渭水、賴和、吳新榮、王昶雄、詹冰；教育界的吳濁流、張深切、葉石濤；郭秋生擔任江山樓經理；王詩琅經營布莊；張文環任職臺灣映畫會社；蔡秋桐擔任保正兼「製糖會社」原料委員；賴賢穎任職彰化市大新商事會社、龍瑛宗任職臺灣銀行南投分行；另有報界記者：《臺灣新生報》的吳天賞、《臺灣新聞社》的巫永福、《興南新聞》的呂赫若。他們一則執著於對文學的喜好，一則得為現實生活奔波。探討日治時期何以沒有全職作家，這其中最主要的原因是在日本總督府的宰制下，臺灣文化事業難以發展，不但發表園地有限，而且稿費微薄，甚至沒有。一九三一年《臺灣新民報》曾刊登作者 Y 君（楊守愚）的〈啊！稿費？〉〔註51〕，這篇小說內容即在揭露日治下煮字不能療飢的困境。王昶雄在〈過去是一個新的起點〉也曾提及：「有人認為日據下的臺灣沒有職業作家，覺得奇怪，其實，怪是怪在他們沒有摸清昔日的臺灣文壇的行情。當時，職業作家假如有的話，也少得可憐，就稿費的標準來說，無論如何都不能養活一批靠賣文維生的專業作家。」〔註52〕

　　在現實生活與殖民統治的雙重壓迫下，使文學工作者無法長期而持續地

〔註50〕《臺灣史料研究》8 號，頁 45，財團法人吳三連臺灣史料基金會，1996.8。

〔註51〕Y，〈啊！稿費？〉，收錄於葉石濤、鍾肇政主編《光復前臺灣作家全集 2——一群失業的人》，頁 73～84，臺北：遠景，1997.7。

〔註52〕王昶雄，《驛站風情》〈過去是一個新的起點〉，頁 8～9，臺北：臺北縣立文化中心，1993.6。

自由獨立寫作，更難得一見作家有作品集的問世，除了一九二五年張我軍於臺北自費出版臺灣第一本新詩集《亂都之戀》外，文學雜誌成爲作家們發表的園地。本文所謂「作家」的界定，是只要在雜誌刊物發表過新文學作品，不必一定要有出版的作品集。法國學者埃斯卡皮（Robert Escarpit）的《文學社會學》，曾就「作家」的界定提出意見說：

> 凡寫過一本書的人，就算作家——而我們從書籍方面的認知已了解到這種說法並不合時宜，既未能考量作者與讀者的意圖是否協調一致，更連兩者至少要相容並濟都不能顧及。再說，把作家只看成「詞彙製造者」也盡失文學意義。只有經由站在讀者立場上的觀察者之認定，作家才成其爲作家；也就是要透過別人眼中，作家才被定位，成爲名副其實的作家。〔註53〕

若以寫過一本書的人就算「作家」，那麼試問日治時期有幾位寫作者稱得上是夠格的「作家」？葉石濤在〈作家的困境〉一文已明示：「日據時代的新文學作家大多潦倒一生，過著飢寒交迫的生活是普遍的事實，而且發表作品是沒有稿費可領的，結果成書，更是『沒聽說過』。」〔註54〕這樣看來，正如埃斯卡皮（Robert Escarpit）所言：「凡寫過一本書的人，就算作家……這種說法並不合時宜」。蔣渭水、賴和、吳新榮、王昶雄、詹冰在當時雖然沒有成書，卻在各文學雜誌留下中文（含漢詩、文言文、白話文、臺灣話文）以及日文的作品。加上在二○年代至四○年代臺灣新文學發展初期的艱辛歲月，他們熱誠地成爲文學界業餘的「票友」，姑且不論其作品質量的優劣多寡，這一股奉獻於文化播種的精神，誠屬難得，因此筆者稱之爲「作家」。

事實上，日治時期有新文學作品傳世的醫事人員，除了蔣渭水、賴和、吳新榮、王昶雄、詹冰之外，尚有詩人陳遜仁〔註55〕、小說家周金波〔註56〕

〔註53〕Robert Escarpit 著、葉淑燕譯，《文學社會學》，頁 35，臺北：遠流，1990.12。

〔註54〕葉石濤，〈作家的困境〉，收錄於《臺灣文學的悲情》，頁 174，高雄：派色文化，1990.1。

〔註55〕羊子喬、陳千武主編的《光復前臺灣作家全集12——望鄉》詩集記錄陳遜仁的生平如下：「臺中市人，一九一五年生，光復前臺中一中畢業後，赴日本就讀東京醫專，一九三九年畢業返臺，一九四○年九月六日逝世，享年二十六歲。陳遜仁爲吳天賞的胞弟，吳從母姓，陳從父姓。陳遜仁的妻子陳綠桑亦是臺灣光復前的一位詩人，夫妻伉儷，同爲詩人，爲當時臺灣詩壇上一椿美談，可惜美景不常，生死兩別，何嘗不是一齣悲劇。陳遜仁逝世後，由其夫人整理詩作，從他的日記中摘錄二十六首，發表於由張文環主持的《臺灣文學》創刊號，從陳遜仁現存的詩作中，可知大多是在日本求學時寫就的。」頁 213，臺北：遠

等，二者在生平事蹟與作品資料方面，前者甚鮮，後者以日文居多，因此未
將之列為主要探討對象，僅於文中例舉其作輔助引述。

二、時間界定：一八九五～一九四五

　　本文時間界定於日治時期：一八九五年至一九四五年，不過因吳新榮、
王昶雄、詹冰為跨語一代作家，在實際行文論述時，因考量呈現個別文學的
總體面貌，故也有超過斷限的作品引用或時代背景的說明。

　　以「臺灣醫事作家」為研究的對象，時間何以界定於「日治時期」？臺
灣自日治時代起，醫生即具有相當崇高的社會地位，他們不只奠定今日臺灣
醫藥衛生的成就，同時也有不少人參與一九二○年代風起雲湧的反殖民體制
運動與新文學運動，有些更直接加入臺灣新文學筆耕的行列，成為臺灣醫生
寫作的先驅。陳君愷在一九九一年發表碩士論文《日治時期臺灣醫生社會地
位之研究》，內容以日治時期臺灣「西醫」崇高的社會地位為焦點，針對政
治、社會、經濟、教育諸問題加以分析，彰顯醫生社群在臺灣社會近代化過
程中所扮演的角色及其獨特意義。不過，陳文是以當時醫生的「社會地位」
為探討的主題，因而對於醫生在文學上的成就與特色並不深入，僅在「臺灣
醫生的社會參與」一節中，提及「臺灣醫生除了改革傳統的陋習之外，對於
新文化的提倡也不遺餘力，其中尤以新文學運動的推行與發揚，臺灣醫生可

景，1997.7。又 1941.5 出版的《臺灣文學》創刊號，特別刊登「陳遜仁詩抄遺
稿專輯」，紀念這位英年早逝的醫生詩人。另外《光復前臺灣作家全集 12──
望鄉》還收錄於了陳遜仁四首詩：〈橫笛〉（陳千武譯）、〈離別〉（月中泉譯）、
〈在喫茶店〉（月中泉譯）、〈望鄉〉（月中泉譯）。呂赫若曾稱頌陳遜仁：「左手
拿著手術刀，右手拿著鋼筆／你的聽診器在耳朵，你的詩在嘴裡」。

〔註56〕周金波，基隆市人，生於一九二○年，十三歲赴日本留學，歷經日大附屬三中、
　　　　日大齒科，到大學畢業為止，在日本住了九年。日治時代，當過文學座（社
　　　　團）的研究生，也參加了澤田美喜子主辦的「七曜會」。此外還促使日大齒科
　　　　的文藝雜誌《眼鏡》復刊，又寫了小說〈我不是貓〉，同時期就讀於日大齒科
　　　　的王昶雄也寄了一篇影評投稿。周金波親近臺灣文壇，始於將短篇小說〈水
　　　　癌〉投稿在一九四○年三月發行的《文藝臺灣》二號。一九四一年返臺後，加
　　　　入《文藝臺灣》，在西川滿的暗示下執筆寫〈志願兵〉，一躍成名，內容闡揚
　　　　皇民化運動下臺灣人努力成為日本人，以及不惜一切投入戰爭求取榮譽的過
　　　　程。周氏是戰爭期初露頭角的作家，在當時的意識型態薰陶下，選擇以成為
　　　　皇民為傲。這些經歷使他在戰後受到諸如「漢奸」、「不折不扣的皇民作家」
　　　　之類的批評。參垂水千惠著、涂翠花譯，〈戰前「日本語」作家──王昶雄與
　　　　陳水泉、周金波之比較〉，《臺灣文藝》，總號 136 創新 16，1993.5。

謂居功厥偉。」並在結語強調：「當我們欲研究臺灣新文學運動時，決不可忽略臺灣醫生的播種之功。」〔註57〕顯然陳君愷已見日治時期醫生在臺灣新文學發展過程的貢獻。本文的研究重點，擬針對日治時期的臺灣醫事作家，就其醫學教育、社會參與、文學歷程以及作品主題與藝術成就來論述，並且勾勒日治時期以來臺灣醫事作家的社會關懷與文學面貌。

第四節　研究目的與方法

　　本文計分八章，另含附錄及重要參考書目。各章內容主旨如下：

第一章：從古今中外醫事作家寫作概況、醫學與文學的關係，說明本文研究動機，並兼論研究範圍、目的與方法。

第二章：探析日治時期醫事作家的醫學教育，以及反殖民運動、新文學運動的社會參與，以見其人格養成、政治思想型塑以及新文學蘊育的背景。

第三章：分別就蔣渭水、賴和、吳新榮、王昶雄、詹冰的文學歷程，各論並比較文學的成就與特色。

第四章：綜論日治時期臺灣醫事作家的抗日主題，以見其樹立臺灣文學反抗、批判的精神。

第五章：綜論日治時期臺灣醫事作家的醫事主題，以見其寫作與醫學密切的關係。

第六章：就醫學專業與精神分析學的視角，析論日治時期醫事作家的藝術成就。

第七章：研析日治時期以來，臺灣醫事作家一脈相承的社會參與精神以及文學主題表現。

第八章：總結全文，歸納日治時期以來臺灣醫事作家的社會意義，以及作品在臺灣文學史上的定位與價值。

附錄一：「日治時期臺灣醫事作家生平年表與作品繫年」，以作家的求學歷程、政治、社會、文學活動及作品為主軸，並輔之以日本治臺及文壇、醫界紀要，期能將作家們的文學脈動與時代背景相

〔註57〕陳君愷，《日治時期臺灣醫生社會地位之研究》，頁55～58，臺灣師範大學歷史研究所碩士論文，1991.6。

結合。

附錄二：「日治時期臺灣醫事作家之作品評論引得」，將評論其作品的單
　　　　篇論文或著作，依時間順序加以排列，以供有心研究者參考。

至於本文的研究理論基礎，最主要採用文學社會學的方法。文學研究的
困難，誠如埃斯卡皮〈Robert Escarpit〉所說：

> 在環境相銜的交流圈中，創作者透過所探討的問題，現身說法提出
> 個人心理上、道德意識與哲學觀之詮釋；作品則是表現美感、風格、
> 語言、技巧的媒介物；至於大眾集群則以歷史淵源、政治因素、社
> 會情勢甚至經濟狀況所涵蓋的範疇來置身其中。……由於文學同時
> 隸屬於個人心智、抽象形式以及群體結構的各個天地中，這三重屬
> 性使得研究工作難以著手。〔註58〕

基於創作過程以及作品本身，存有這麼多的不確定性，這些難以掌握的變數，
都需要研究者通盤考量作家個人與生存環境互動的細節，方能避免以偏蓋全
的謬誤，進而掌握事實的眞相或意義的感知。文學社會學認爲藝術是時代或
社會的表徵，其主要研究目的便在於釐清社會型態與文學現象間複雜又互相
干涉的問題。姚一葦《藝術的奧秘》說：

> 自十九世紀以降，黑格爾的歷史哲學及新興的社會科學帶給藝術理
> 論與藝術批評以重大的影響。他們認爲藝術是時代、社會的產物。
> 由於人是社會的動物，藝術家自亦不能例外，他不能自他所依存的
> 社會中游離或超越出來，他只能作爲社會的一分子用以表現或解釋
> 所處的社會。所以藝術品的製作自此一角度言，只是一個時代或時
> 代精神的表現，從而藝術的演變只是歷史的演變的一環，社會型態
> 的變革與藝術品的演化息息相關。〔註59〕

這樣的觀點，已成爲近世文學社會學的定論。韋勒克、華倫著的《文學論》，
也強調文學研究領域的大多數問題，其實都與社會密切相關：

> 文學是社會的建構而以社會造成的語言爲手段。那些傳統的文學方
> 法如「象徵」、「韻律」，在本質上都是社會性的。他們只有在社會中
> 才會產生習慣和規範。進一步來說，文學模仿「人」；然而「人生」
> 便是社會的現實，儘管自然界以及個人的內在或主觀世界，同樣是

〔註58〕Robert Escarpit 著、葉淑燕譯，《文學社會學》，頁3～4，臺北：遠流，1990.12。
〔註59〕姚一葦，《藝術的奧秘》，頁359～360，臺北：開明，1973。

文學「模仿」的對象。文學家本身便是社會的一分子，它具有一種
特定的社會地位，那就是說他接受某種程度的社會認許和報酬；它
以一群讀者爲對象，不管那是如何「假定的讀者」。誠然，文學的興
起經常是和特定的社會行爲有密切的關係。……文學同時還有它的
社會功能或「用途」，那是不可能純粹屬於個人的。因此文學研究所
引起的大多數問題，至少在根本或關聯上，都是社會問題。〔註60〕

又何金蘭的《文學社會學》，一再闡述文學現象與社會結構的相互影響：

在所有的文學現象中，社會都佔有一個不可或缺的地位。文學產生
之先，社會早已存在，作家無可避免地要生活在社會裏，爲社會所
制約、限制、影響；作家總是努力反映它、解釋它、表達它，甚至
於設法改變它；社會也存在於文學之中，我們可以在文學作品中看
到它的存在、它的蹤跡、它的描繪、……在社會和科技的發展節奏
都日益加快的今天，我們認爲研究文學社會學是有其必要性的。社
會結構的轉型深深地影響到今日整體的文學現象，而文學也在反映
現實之際以某種程度的力量不斷地改變社會。〔註61〕

綜合以上文學社會學的方法，認定藝術和社會間的關係是有機而且不能
分割的；藝術作品不僅反映所隸屬的社會及歷史環境，同時也是社會和歷史
環境的產物。準此觀點，來分析日治時期醫事作家的文學，時代與社會的特
徵當然是切入作品極其重要的一環，由陳少廷、林亨泰、林瑞明等人所指示
的臺灣文學研究方法，即可獲得例證。陳少廷在〈歷史不容誤解〉說：

凡是研究日據下的臺灣新文學運動史的人，對於那個時代的臺灣
史，尤其是日帝的統治政策、臺灣抗日民族運動及臺灣知識分子的
思想傾向，都要有深切的了解，否則，無法看出該時期文學作品的
主題，以及其所反映的現實社會。如果不具備這些知識，則對當時
的作品不可能作正確的評論。〔註62〕

林亨泰在〈新生代臺灣文學研究的面向論文集編者序〉說：

所謂文學研究，不應該僅僅只是對於作者與作品進行考察或詮釋；
更重要的是，必須結合歷史、文化、語言各方面，甚至包含了政治、

〔註60〕韋勒克、華倫著，王夢鷗、許國衡譯，《文學論》，頁149，臺北；志文，1976。
〔註61〕何金蘭，《文學社會學》，頁1～4，臺北：桂冠，1989。
〔註62〕見王昶雄《驛站風情》，頁16，臺北：臺北縣立文化中心，1993.6。

經濟、社會等諸視野以展開整體、綜合的考察。換言之，文學研究的最終目的，應該是在於嚴格的文明批判之上的。若想瞭解作家及作品的真正意義、觸及文學真髓的話，更不應安易地僅只自我設限狹義的文學領域裡，而必須不斷地擴大並深化研究動向的視野。這也就是說，我們必須從「域內」及「域外」二方夾擊，以複眼般的多角來觀察文學的視象。〔註63〕

林瑞明在《臺灣文學與時代精神——賴和研究論集》曾提及研究賴和文學的重點：

研究日據時代臺灣文學史，必須深入當時展開的文化、社會、政治運動，尤其像賴和這樣的文化人，從一九二一年臺灣文化協會成立，全程參與了文協及新文協的活動，是非常具有代表性的抵抗日本殖民統治的人物，而且對於臺灣新文學運動有極為深遠的影響，必須了解他在文化、社會、政治運動的位置，對他的意識形態部分方能有比較充分的掌握。〔註64〕

為了解析日治時期臺灣文學的複雜性，掌握文學思想意識的全貌，文學作品中特定的時代與社會，是進入事實真相與意義感知的鎖鑰，方能在文字表象的基礎上，去詮釋出作品所蘊涵的奧意，以及作者所透露的時代精神。

其次，特別一提的是本文採用文學社會學中的「作者社會學」（Sociology of the Author）觀點。何謂「作者社會學」？埃斯卡皮（Robert Escarpit）曾作過研究，他說：

在不同的個案裡，大多數傳記作者都已經注意到替一位作家在社會中定位，首先要注意的似乎便是他的出身，然而，對於作家們出身的群體特徵卻鮮少澄清，我們在此要向這個領域的先驅，英國心理學家埃利斯（Henry Havelock Ellis）致敬：早在十九世紀末期，他就應用統計學方法做了所謂的「天才的分析」。埃利斯的研究有兩項主要的考慮：即籍貫——出身的地緣，以及社會專業背景的探究。〔註65〕

〔註63〕林亨泰著、呂興昌編，《林亨泰全集六——文學論述卷3》〈新生代臺灣文學研究的面向論文集編者序〉，頁256，彰化：彰化縣立文化中心，1998.9.30。

〔註64〕林瑞明，《臺灣文學與時代精神——賴和研究論集》，頁437，臺北：允晨，1993.8。

〔註65〕Robert Escarpit 著、葉淑燕譯，《文學社會學》，頁49，臺北：遠流，1990.12。

以「作者社會學」（Sociology of the Author）的角度出發，研析作者的籍貫、教育程度、社會經歷、出身階層、專業背景，以及思想意識等因素，皆可厚實我們對作者背景的了解，以進窺其創作的旨趣與意蘊。本文研究方法，除了微觀作家的時代、社會環境，同時也試圖透過醫學的專業背景，深入分析醫事作家的群體特徵；希望能彰顯其身為知識分子的精神特質，以及展示其作品在臺灣文學史上的獨特風格。

第二章　日治時期臺灣醫事作家的
醫學教育及社會參與

　　日治時代是臺灣醫學教育制度的發軔期，不只開啓臺灣醫學教育史的新紀元，對戰後臺灣醫學教育的發展影響深遠，同時對於改善臺灣醫療衛生的貢獻甚大。一九二○年代之後，接受醫學教育的精英在反殖民運動與新文學運動扮演重要的角色，成為社會領導階層的重心，以及臺灣社會進步與文化向上的主要動力。本章主旨乃在探析蔣渭水、賴和、吳新榮、王昶雄、詹冰的醫學教育，以及反殖民運動、新文學運動的社會參與，以見其人格養成、政治思想型塑以及新文學蘊育的背景。

第一節　日治時期臺灣的醫學教育

　　日人在殖民地臺灣的施政成績單中，應以改善臺灣醫療衛生的貢獻最佳；矢內原忠雄在《日本帝國主義下之臺灣》一書中雖然批評日本殖民政策不遺餘力，但是對總督府改善臺灣的醫療衛生環境，盛讚有加，他說：「這一方面使日本人容易來臺灣居住，同時也大大改善了臺灣人的衛生狀況。其成功是最值得讚賞的。」〔註1〕陳永興在《臺灣醫療發展史》也肯定的說：「在日本統治的五十年間，臺灣總人口由日據初期二百七十餘萬人，至離臺前

〔註1〕 矢內原忠雄著、周憲文譯，《日本帝國主義下之臺灣》，頁185，臺北：海峽學術，1999.10。

1943 年 9 月統計爲 6709645，成長速度驚人，在醫療與公共衛生方面的貢獻實不可忽視。」〔註 2〕至於日本之所以致力於改善臺灣衛生環境以及發展臺灣醫學教育的原因，除了基於臺灣的地理、氣候因素，終歸與其殖民者的目的密切相關。

臺灣因地處亞熱帶，氣候炎熱潮濕，容易滋生細菌且蚊蟲肆虐，素有「瘴癘淵藪」〔註 3〕之稱，然而醫事衛生的嚴重落後，使得人民因疾病而死亡者不勝枚舉。清代康熙至道光年間雖曾設置養濟院、普濟堂、棲流所、留養局，然其目的是在收容鰥寡殘廢貧病無依者；此外，道光年間，又有以收養行旅病人爲主的善養所、回生洞、回春院等，這些都不是正式的醫療機關。後來臺灣首任巡撫劉銘傳於光緒十二年在臺灣實施「新政」時，曾在今臺北市城中區設立官醫局、官藥局及養病院，聘挪威醫師韓先（Dr. A. G. Hunsen）主持，爲民治病並供士兵療養，此乃官設西醫的開始〔註 4〕。可惜的是，翌年在邵友濂接任時，因爲清廷緊縮財政的緣故，遭全部廢除；一般民眾就醫的方式仍多仰賴求神問卜、偏方、巫術等民俗醫療〔註 5〕。直至一八六五年首位英國基督教長老會醫療傳教士馬雅各（James L. Maxwell M. D.）等人，將現代化醫學帶入臺灣，才開啓臺灣醫療現代化之門，結束臺灣醫療混沌期，正式邁入臺灣醫療萌芽期〔註 6〕。

一八九五年，日軍爲了取得臺灣而發動「征臺」之役，卻因傳染病的猖獗，付出了極爲慘痛的代價。總計這次戰役死傷人數，戰死者一六四人，負傷者五一五人，病死者則有四六四二人；至於患者高達二六○九四人之多，其中在臺灣住院者五二四六人，回日本治療者計二一七四八人〔註 7〕。殖民當局有鑒於此，故在翌年三月「軍政」結束、「民政」開始之後，便著手致力於醫藥衛生的改善，創造一個適合溫帶日本民族居住的風土環境，以吸引日本移民，作爲南進的準備。另一方面，根據彭明敏的說法，日本「要殖民成功，

〔註 2〕陳永興，《臺灣醫療發展史》，頁 49，臺北：月旦，1998.1。

〔註 3〕莊永明，《臺灣醫療史》，頁 23，臺北：遠流，1998.6。

〔註 4〕參李騰嶽《臺灣省通志稿——政事志·衛生篇》（卷 3）第 2 冊，頁 3～8，南投：臺灣省文獻委員會，1953。

〔註 5〕參李欣芬《基督教與臺灣醫療衛生的現代化——以彰化基督教醫院爲中心之探討（1896～1936）》，頁 29～31，臺灣師範大學歷史研究所碩士論文，1989。

〔註 6〕參陳永興《臺灣醫療發展史》，頁 55～64，臺北：月旦，1998.1。

〔註 7〕參井出季和太《臺灣治績志》，頁 30，臺北：臺灣日日新報社，1937。

也必須有健康的臺灣勞工」〔註8〕，被殖民者擁有四體勤勞的強健體魄，方足以成為殖民者驅使榨取的工具，於是創設臺灣醫學校，實施獎誘島內青年入學的規則。

蔣渭水、賴和是畢業自臺灣醫學校的菁英分子。自一九一○年代起，留日習醫的風氣逐漸盛行，吳新榮、王昶雄、詹冰乃留日的醫學生。本節內容主要就臺灣醫學校的創設、留日學醫風氣，回顧這五位作家的醫學教育背景。

一、臺灣醫學校的創設

「臺灣總督府醫學校」創校校長山口秀高，在一八九六年十一月蒞臺後，即有儘早在臺灣創辦醫學教育的構想，加上臺灣總督府民政長官後藤新平的指示：「將來的變化，雖然沒有方法預期，但是給土人（臺灣人）簡易醫學教育是必要的。」〔註9〕一八九七年一月，「臺灣土人醫師養成所」開始招生。一八九九年，為了提升在臺醫學教育，特成立臺灣第一所正式醫學教育學校「臺灣總督府醫學校」；同年七月，公布〈臺灣總督府醫學校規則〉，其中第一條規定：「臺灣總督府醫學校為教授本島人醫學之醫師養成所」，並規定修業年限為本科四年、預科一年。一九一九年發布〈臺灣教育令〉，從此臺籍學生與日籍學生可以正式共學，「臺灣總督府醫學校」也正式改制為「臺灣總督府醫學專門學校」，學制上與日本國內高等教育機關地位相當。一九二七年改稱為「臺北醫學專門學校」。一九三六年臺北帝大設置醫學部，「臺北醫學專門學校」被吸收成為「臺北帝大醫學部暨附屬醫學專門部」〔註10〕。從「臺灣總督府醫學校」起，迄「臺北帝大醫學部暨附屬醫學專門部」止，可稱是日人在臺實施正統醫學教育的歷史沿革。

一八九七年一月，「臺灣土人醫師養成所」開始公布招生後，因為當時臺灣幾乎沒有受過普通教育的學子，加上一般民眾對西方醫學以及「西醫」的出路皆茫然無知，因此面臨招生的難題。然而日後何以產生所謂「入學難」的現象，探究原因如下：第一、訂定〈臺灣總督府醫學校規則〉，根據第十三條〈學資給與規則〉，提供伙食費、津貼及被服等，以獎勵青年學醫；這樣的

〔註8〕　彭明敏，《自由的滋味——彭明敏回憶錄》，頁24，臺北：前衛，1989。
〔註9〕　見莊永明《臺灣醫療史》，頁237，臺北：遠流，1998.6。
〔註10〕　參李騰嶽《臺灣省通志稿——政事志‧衛生篇》（卷3）第2冊，頁344～352，南投：臺灣省文獻委員會，1953。

求學環境，自然成爲臺灣貧窮人家子弟最佳的求學場所〔註11〕。第二、各地公學校校長鼓勵品學兼優的學生，投考醫學校〔註12〕。第三、致富的誘因，形成家長望子習醫的風氣；隨著醫學校畢業生獨立開業的成功，累積財富者屢見不鮮，賴和的同班同學杜聰明說：「在日據時代初期，醫學校對臺灣之保健衛生不但有很大的貢獻，而且各人作財產獲得經濟基礎，爲各地方之信用組合長者不鮮矣。」〔註13〕第四、醫生屬於自由業，也是促成臺灣知識分子嚮往行醫的因素之一。雖然臺灣人不乏具有開業能力的資產家，不過以醫生爲自由業，不須仰賴政府機關及資本家的聘僱，尤其是官界及實業界的出路，已完全被日本人所壟斷。

　　以上四個因素形成青年習醫的熱潮，使得醫學校的錄取率逐漸降低，除了前兩年是百分之百外，其後錄取率更驟降至百分之十〔註14〕。就醫學校畢業生人數而言，由於醫學校採行「入學從寬，畢業從嚴」的教育措施，因此醫學校第一屆畢業生只有三個人：黃瑤琨、蔡章勝、蔡章德；第二屆更少，只有陳恩培一人；第三屆十人；第四屆則有九人；第五屆畢業生，開始急增爲二十三人，其後畢業人數，年年增多。醫學校時代，從一八九七年至一九二六年期間，計有二十六屆畢業生，醫學教育的紮根也有了成績〔註15〕。

　　醫學校招生的規定，需年滿十六歲始有報考資格，由於醫學校成了臺灣子弟爭相進入的「窄門」，考試競爭激烈，杜聰明曾言：「全島優秀青年爭先恐後志願醫學校，每年五、六百人，錄取四、五十名，如能及格醫學校，是一件不容易的事，而且最驕傲矣！」初試即錄取者，都是資質優秀努力用功者〔註16〕。一九〇九年五月賴和十六歲，以最低的年齡，考入「臺灣總督府醫學校」十三期，隔年二十歲的蔣渭水成爲賴和低一期的學弟。由於同窗的因緣，日後蔣渭水邀請賴和加入了「臺灣文化協會」爲理事，開始從事非武力

〔註11〕參臺灣教育會編《臺灣教育沿革誌》，頁918～923，臺北：古亭書屋，1973。
〔註12〕參楊肇嘉《楊肇嘉回憶錄》，頁120，臺北：三民，1978。黃武東，《黃武東回憶錄——臺灣長老教會發展史》，頁43～44，臺北：前衛，1990。
〔註13〕杜聰明《杜聰明回憶錄》（上），頁41，臺北：杜聰明博士獎學基金會，1973.8。
〔註14〕莊永明，〈日治時代的醫學教育〉，《臺灣史料研究》8號，頁8～9，財團法人吳三連臺灣史料基金會，1996.8。
〔註15〕參杜聰明《杜聰明回憶錄》（上），頁40～41，臺北：杜聰明博士獎學基金會，1973.8。莊永明《臺灣醫療史》，頁247，臺北：遠流，1998.6。
〔註16〕莊永明，〈日治時代的醫學教育〉，《臺灣史料研究》8號，頁12，財團法人吳三連臺灣史料基金會，1996.8。

的反殖民運動。蔣渭水、賴和是當時臺灣最高學府「臺灣總督府醫學校」的畢業生，是日本教育栽培出來的傑出人才。

　　隨著醫學校逐漸受到肯定，時人將醫學校和國語學校比作英國的劍橋和牛津大學，往往將之並列爲兩所臺灣最高學府，但是因爲醫學校採取精英主義，修業年限長達五年，招生人數長期保持四、五十人左右，質量的掌控，使得醫學校的社會評價比國語學校及其後的師範學校更出色〔註17〕；「當時合格醫學校的學生，就是臺灣島中的秀才，聞名遠近」〔註18〕，而社會上一般人亦「視醫學校畢業生儼若通儒」〔註19〕，醫生社會地位之崇高可想而知。杜聰明說：「嗣後醫學校之聲望逐漸提高，卒業生在全島各地開業，診療成績很好，獲得一般人士之尊敬及信用，優秀青年集中於醫學校，成爲全島最優秀的學府。」他更指出：「當時，在臺灣日本人一般有優越感，輕視本島人，但罹病時，不往日本人開業醫師，反來醫學校卒業生求診，可知醫學校卒業生，如何在本社會獲得信用矣。」〔註20〕蔣渭水、賴和爾後以醫生的身分行醫濟世，使得他們超越了原先的家庭背景〔註21〕，提升了家世的社會地位。

　　醫學校的課程方面，一八九九年五月一日，「臺灣總督府醫學校」正式開始授課，必修課程如下：

　　　　預科：動物學、植物學、物理學、化學、數學、地理、歷史、倫理、
　　　　　　　外國語、體操等。

　　　　本科：解剖學及實習、生理學及實習、物理學及實驗、醫用動物學、
　　　　　　　醫用植物學、胎生學、組織學、皮膚病學、處方學、調劑術
　　　　　　　實習、藥物學、病理學概論、外科學概論、病理解剖、診斷
　　　　　　　學、繃帶學、病理學各論、外科各論、梅毒學、小兒病學、
　　　　　　　醫用機械學、外科手術學、内科學臨床實習、眼科學及實習、

〔註17〕參吳文星《日據時期臺灣社會領導階層之研究》，頁 96～98，臺北：正中，1992.3。

〔註18〕楊金虎，《七十回憶》（上），頁 44，臺北：龍文，1990。

〔註19〕韓石泉，《六十回憶錄》，頁 23，臺南：自印，1956。

〔註20〕杜聰明，《杜聰明回憶錄》（上），頁 41，臺北：杜聰明博士獎學基金會，1973.8。

〔註21〕蔣渭水之父蔣鴻章，根據黃煌雄《蔣渭水傳——臺灣的先知先覺者》記載：「以相命爲業，其相術在宜蘭一帶略享盛名，由於父業的關係，蔣氏幼年一度周旋於廟會之間，並做過類似今天所謂的乩童。」頁15，臺北：前衛，1995.7。又根據林瑞明《臺灣文學與時代精神——賴和研究論集》：「賴和祖父賴知以弄鈸爲生，其父天送以道士爲業。」頁9，臺北：允晨文化，1993.8。

　　　　法醫學、精神病學、婦人病學、衛生學、衛生制度、細菌學、
　　　　醫學歷史、德語、體操等。〔註22〕

醫學校五年的研習，幾乎著重在醫學專業訓練上，可見蔣渭水、賴和的寫作，
顯然並非得自於學校課程或校際社團的指導。其中雖有開設「倫理」一門與
醫德修身的相關課程，但是每周卻只有一堂，並不比強調「師德」的國語學
校或其後的師範學校來得多〔註23〕。然而值得注意的是，當時臺灣醫生的醫
德卻倍受患者的傳頌與稱道，歸究其因，醫學校第二任校長高木友枝與第三
任校長堀內次雄的言教與身教，應當是最有功勞的啟迪者。

　　高木友枝（一八五八～一九四三），一九〇七年至一九一五年擔任醫學校
校長，兼任臺北醫院院長及總督府警務局衛生課長，是當時醫學生十分懷念
的師長。這段期間正是蔣渭水、賴和就讀醫學校的階段，高木對於醫學校學
生極爲愛護，賴和〈高木友枝先生〉一文，曾記錄他對學生的關照：「若我
還在做校長時，於諸君無益的事，斷沒有做，諸君可勿愁。」（2000.二：287）
〔註24〕賴和這一段感念的話語，可由以下事例得到印證。譬如因當時日本患
者輕視臺灣人，不肯給醫學校學生在臺北醫院實習，高木友枝有鑒於此，向
當局極力交涉，於一九〇五年二月爭取到赤十字病院，作爲醫學校學生專屬
的實習場所〔註25〕。同時，他也敦聘優秀的教授來臺任教，並致力造就教學
人才〔註26〕。在他的影響下，入學生雖僅有公學校的程度，但逐漸養成好學
深思的學風。高木友枝自己也擔任生理衛生課程，兼講倫理修身，重視養成
人格，所以在每期畢業典禮的訓話上，總不忘叮嚀學生：「要做醫生之前，
必須做成了人，沒有完成的人格，不能盡醫生的責務。」〔註27〕並且鼓勵學

〔註22〕莊永明，《臺灣醫療史》，頁 244～245，臺北：遠流，1998.6。醫學校的教授
　　　　及課程，詳參杜聰明《杜聰明回憶錄》（上），頁 39～40，臺北：杜聰明博士
　　　　獎學基金會，1973.8。
〔註23〕參吳文星〈日據時期臺灣師範教育之研究〉，頁 116～122，臺灣師範大學歷史
　　　　研究所專刊，1983。
〔註24〕2000（林瑞明編《賴和全集》出版時間）·二（冊數）：287（頁碼）。本文引
　　　　用臺灣醫事作家之作品時，依此體例標註出處。至於該書出版時間，請參第
　　　　一章〈緒論〉「臺灣醫生作家作品一覽表」。
〔註25〕參杜聰明《杜聰明回憶錄》（上），頁 40，臺北：杜聰明博士獎學基金會，1973.8。
〔註26〕同前註，頁 38。
〔註27〕賴和，〈高木友枝先生〉，收錄於林瑞明編《賴和全集二——新詩散文卷》，頁
　　　　290，臺北：前衛，2000.6。

生：「將來的臺灣會成爲醫學校卒業生的臺灣。」〔註 28〕除此，更難能可貴
的是他「認同」臺灣，對於醫學校學生使用臺灣話，也不加干涉，不像「國
語學校」嚴格執行學生必須講日本話，禁止說臺語，杜聰明說：「所謂日本
化濃厚的時代，國語學校禁學生使用臺灣話，必須講日本話，但對醫學校學
生，使他們自由使用，而且批評日雖本校未禁臺灣話，但學生比他校更能講
好的日本話。」〔註 29〕高木友枝一共在臺灣生活了二十七年，在臺灣爲殖民
政府所做的醫療衛生事業，有其不可磨滅的貢獻，難怪杜聰明讚許高木友
枝：「不但是名校長，實可稱爲臺灣醫學衛生之父也。」〔註 30〕

　　一九一五年高木友枝退職後，堀內次雄（一八七三～一九五五）繼其後
任，成爲第三任醫學校校長。在臺四十四年期間，與高木友枝一樣「認同」
臺灣，全力貢獻於臺灣的醫學教育及公共衛生建設，杜聰明讚許堀內次雄
說：「實在堪稱爲醫學界之偉大人物」「臺灣醫事衛生之寶典」。除此，堀內
次雄堅忍不拔、始終一貫的苦學力行，足以作爲青年學生的龜鑑；對本島人
皆一視同仁，而且對於臺灣衛生狀況不佳，惡疫流行，毫不嫌惡，反而鼓勵
醫學生「其環境衛生愈惡，這是我們同仁愈有努力之餘地」，普獲本島人士
異口同聲的稱讚，也深受醫學生的愛戴〔註 31〕。

二、留日學醫的風氣

　　日治時期本島既有醫學校的設置，爲什麼當時會出現一股留日學醫的熱
潮呢？這得究因於日治時期整體教育制度的實施。根據矢內原忠雄在《日本
帝國主義下之臺灣》指出：「日本佔領臺灣的最初二十五年間，統治的權利大
部分放在經濟方面，對於教育並不重視。國語教育與醫學，這是在臺灣統治
的實用上所能容許的全部教育。」〔註 32〕總督府於統治初期只專注於樹立政
權及資本家勢力，並未建立完整的學制，在順應現實的需要下，僅設立初等

〔註28〕 賴和，〈阿四〉，收錄於林瑞明編《賴和全集一——小說卷》，頁 272，臺北：
　　　　前衛，2000.6。
〔註29〕 杜聰明，《杜聰明回憶錄》（上），頁 38，臺北：杜聰明博士獎學基金會，1973.8。
〔註30〕 同前註。
〔註31〕 有關堀內次雄對臺灣醫療的貢獻與醫學生對他的尊敬，參杜聰明《杜聰明言
　　　　論集》第二輯〈追悼堀內次雄先生〉，頁 21，臺北：杜聰明博士獎學基金會，
　　　　1964.6。
〔註32〕 矢內原忠雄著、周憲文譯，《日本帝國主義下之臺灣》，頁 172，臺北：海峽學
　　　　術，1999.10。

教育機關——公學校，以建立新式教育；設立國語（即日語）學校，以培養初等教育師資；醫學校以造就醫事人才；糖業講習所及工業講習所，以訓練低層技術人員。由於教育制度存在著未能普及一般人的缺失，以致中上階層子弟未能接受培養領導人才的教育，故臺灣的士紳常將子弟送往日本接受教育〔註33〕。早在一八九五年即有臺北大稻埕牧師之子周福全赴日留學；翌年臺北富商李春生攜子弟六人赴日求學。初期赴日者以接受初等及中等教育者居多，一次大戰結束後，大專以上的留學生比率遞增。據吳文星的統計，一九二二年留日學生總數已達二四〇〇餘人〔註34〕，至一九四五年為止則激增為二十萬人；其中大專畢業生總數達六萬餘人，以習醫最多，習法、商及經濟者居次，留學教育塑造為數可觀的高級知識分子，彌補了臺灣高等教育的不足〔註35〕。

臺灣青年赴日修習醫學最為踴躍，自一九一〇年代留學之風逐漸興起後，平均佔留日學生總數五分之二以上。最主要的因素，應當是赴日投考醫專反較在臺容易錄取，尤以東京醫專及日本醫專兩校人數最多〔註36〕。留學風氣的興盛，吳新榮在《震瀛回憶錄》曾言他的同學分別遠赴大陸、日本、南洋留學，而他本人「受了環境的刺激，附著他們的驥尾，也走到日本去志望醫學了。」（1997.三：61）吳新榮一九二七年於日本金川中學畢業後，翌年考入東京醫專。另外，王昶雄一九三五年畢業於日本郁文館中學，翌年考入日本大學齒學系。詹冰一九四二年考入日本明治藥專。留日學醫的養成歷程，不只學習專業，更開啟了世界思潮的窗口，吳新榮、王昶雄、詹冰他們各在留日期間開始展開其寫作生涯，並獲得日本文藝雜誌的鼓勵；吳新榮則在文學創作之餘，親沐社會主義思想的洗禮，深入反思臺灣同胞未來的命運，他在〈紀念 國父百壽〉說：「我在留學日本的初期，可說是我的民族主義第一次的高潮。」（1981.二：168）日本留學之行，不只對吳新榮的醫術裨益良多，同時使他成為一位堅定的左翼青年。

〔註33〕參吳文星《日據時期臺灣社會領導階層之研究》，頁131～145，臺北：正中，1992.3。

〔註34〕同前註，頁118～126。

〔註35〕參張勝彥、吳文星、溫振華、戴寶村編著《臺灣開發史》，頁256，臺北：國立空中大學，1996.1。

〔註36〕吳文星《日據時期臺灣社會領導階層之研究》，頁110～113，臺北：正中，1992.3。

第二節　日治時期臺灣醫事作家與反殖民運動

自一九○二年總督府醫學校首度有畢業生以後，臺灣醫生便開始稱職的為醫療工作貢獻。根據《臺灣人士鑑》名人錄中的醫生，高超的醫術與良好的醫德在各地受到病患的信任與好評。另外，醫生嫻熟日語的能力，更使他們駕輕就熟的扮演官民間的溝通橋樑，逐漸的成為政治、社會運動的主導者〔註37〕。

日治時期臺灣知識分子參與反殖民運動，特別引人注意的是醫生人數眾多，杜聰明回憶當時：「本島人醫師界許多人士熱心參加政治運動，贊成臺灣議會請願、入文化協會、入民眾黨等。可算是醫界的特色。」〔註38〕《臺灣民族運動史》亦指出：臺灣議會運動與文化協會有不少出身於臺灣醫學校的醫生〔註39〕，這其中包括了蔣渭水、賴和。以下將自醫學校的「臺灣同化會」、「復元會」起，經「臺灣文化協會」，至「臺灣民眾黨」，探析這兩位醫事作家參與反殖民運動的歷程。

一、臺灣同化會、復元會

（一）臺灣同化會

「臺灣同化會」成立於一九一四年七月，設立旨趣原本是奉戴天皇一視同仁為要旨，欲披德澤於臺人，同時提高臺人地位，成為帝國臣民的一分子。同化會在日本開國元勳板垣伯爵的聲望與臺灣士紳林獻堂的號召下，會員高達三一七八人，日人僅四四人，其餘均為臺人〔註40〕，其中醫校生蔣渭水、杜聰明等一百七十餘人，為了爭取「與日本人同樣的權利待遇」，熱烈響應；然而在臺的日本人，則採取「與日本同樣的化育」為宗旨〔註41〕。由於臺、日彼此對同化會的宗旨有南轅北轍的看法，加上人材薈萃的醫校生紛紛投入，使得總督府大為不快，終於在一九一五年一月依妨害公安而命令解散。當時雖未能確定賴和是否加入同化會，然而他在〈獄中日記〉曾提及同化會

〔註37〕同前註，頁103。
〔註38〕杜聰明，《杜聰明回憶錄》（上），頁172，臺北：龍文，1989。
〔註39〕蔡培火、陳逢源、林柏壽、吳三連、葉榮鐘等著，《臺灣民族運動史》，頁43，臺北：自立晚報社，1993.12。
〔註40〕「臺灣同化會」的創立旨趣及其成立經過，參前註書，頁15～35。
〔註41〕矢內原忠雄著、周憲文譯，《日本帝國主義下之臺灣》，頁213～214，臺北：海峽學術，1999.10。

的本質與結果說：

> 細想臺灣有所謂運動，當以板垣伯爲中心之同化會爲始，當時頗受
> 内地人側（方面）反對，似以爲臺灣人一同化便和内地人同等，有
> 侵犯著内地人的權威，所以沒有成績消散去。（2000.三：17）

「臺灣同化會」這個以溝通臺人與日人感情的親睦性社團，有違日人在臺的
割據意識，雖遭作威作福的日本官吏制止，然而已經刺激臺人的政治意識，
矢内原忠雄即說「臺灣同化會」是「臺灣近代民族運動的端緒」〔註42〕，這
也是蔣渭水投入反殖民體制運動的開始。

（二）復元會

一九一一年成立的「復元會」，乃「中國革命同盟會」在臺灣的外圍組織，
創立的關鍵人物是翁俊明〔註43〕，翁氏與賴和、杜聰明同班，高蔣渭水一班，
奉孫中山先生委派爲臺灣通訊員，隨即在「臺灣總督府醫學校」成立「中國
革命同盟會」臺灣通訊處。「復元」取義於「恢復健康」，乃醫生行醫濟世的
理想所在，亦隱含「光復臺灣」的宗旨，後來擴及國語（日語）學校、農事
試驗場。「復元會」成爲當時臺灣最高學府裡的學子不甘心被日本統治的抗議
組織。

臺灣近代非武裝抗日運動的基調，正如《臺灣民族運動史》所說：「有兩
種欲求最爲熱切，爭取最力，用心最苦。其一是對祖國眷念的心情，其二是
對同胞進步的願望。」〔註44〕就「對祖國眷念的心情」而言，一則是由日本
帝國主義統治的壓制、榨取與歧視所激發的民族意識，一則是對中國的政治、
文化運動的自覺與認同，增強對祖國民族的向心力。值得注意的是蔣渭水、
賴和的祖國意識與傾向，尤其是與「中國國民黨」或中國革命運動的關係。
日治時期，影響臺灣同胞最深遠、最爲臺灣同胞尊敬的中國人士，便是革命
領袖孫中山先生，一九二六年《民報》尊爲「國民之父、弱小民族嚮導者」。
隨著一九二六年國民政府北伐，以及一九二八年的統一中國，臺灣同胞的漢
民族情操被提振到最高點。蔣渭水由於素具祖國思想，對臺灣反殖民體制運
動的貢獻既深且鉅，又與「中國國民黨」保持親善的關係，故被尊爲「臺灣

〔註42〕同前註，頁213。
〔註43〕詳參黃敦涵編著《翁俊明烈士編年傳記》，臺北：正中，1978。
〔註44〕蔡培火、陳逢源、林柏壽、吳三連、葉榮鐘等著，《臺灣民族運動史》序文，
臺北：自立晚報社，1993.12。

孫文」〔註45〕。杜聰明回憶醫學校時代,以蔣渭水爲首,「翁俊明、蘇樵山、黃調清、林錦生、曾慶福、杜聰明等熱心募集資金,託漳州之留學生王兆培君,寄附中國革命黨,喚起啓蒙運動」〔註46〕,甚至在一九一三年二次革命之際,由蔣渭水、翁俊明、杜聰明等擬議霍亂菌毒殺袁世凱的舉動〔註47〕。

　　賴和是否加入「復元會」或「中國革命同盟會」?林瑞明曾在〈民族意識與復元會〉一文中,綜合賴和的詩文及交遊,證明賴氏於醫學校時代,與「復元會」有所關連。詩文方面,林瑞明提出七項證明:一、由〈登樓〉詩,登樓的地點即是「復元會」會員時常聚會的江山樓。二、畢生以漢文創作。三、一九二三年底因治警事件繫獄,在獄中申請看書,亦使用日式漢文,不用假名書寫。四、作品向以傳統干支或西元繫年,絕未署日本年號。提到中國均稱「祖國」,不襲用日本人所稱的「支那」。這與「復元會」或「同盟會」的主張完全符合。又稱臺人爲「漢族的遺民」,自稱「有遺老的氣質」。五、寄情言志的傳統詩具有強烈的民族意識。六、自一九二一年底開始練習新文學寫作,一九二五年正式發表新文學作品,皆使用中國白話文,避開了臺灣話某些有音無字使用上的困難。七、獲悉孫中山先生逝世,曾寫下輓聯輓詞,輓詞的最後進一步強調「我先生」,哀慟之情極爲強烈。交遊方面,林瑞明提出四項證明:一、就讀臺灣總督府醫學校時代,曾與翁俊明等人合照,具有特殊的紀念意義。二、與杜聰明交情至爲深厚。三、或因與翁俊明的關係,於一九一九年七月前往廈門,服務於博愛醫院。四、日警懷疑其與翁俊明的關係,導致一九四一年年底入獄〔註48〕。

　　林瑞明的引證,雖未能直接斷定賴和乃「復元會」或「中國革命同盟會」的成員,然而可以肯定的是賴和具有濃厚的祖國意識以及對孫中山先生的仰慕。一九二五年當賴和獲悉孫中山先生逝世時,曾分別寫下輓聯輓詞,其中輓詞中的最後一句:「使這天宇崩／地軸拆／海橫流／山爆烈／永劫重歸／萬有毀絕／我先生的精神／亦共此世間／永遠永遠的不滅」,林瑞明即探查出賴

〔註45〕同前註,頁282。又「臺灣孫文」一辭,見黃勁連編訂《吳新榮選集三——震瀛回憶錄》,頁104,臺南:臺南縣立文化中心,1997.3。

〔註46〕杜聰明,《杜聰明言論集》〈蔣渭水君之學生時代及臨終病狀〉,頁412,臺北:杜聰明博士還曆紀念獎學基金管理委員會,1955。

〔註47〕詳參〈杜聰明博士筆述翁烈士學生時代生活〉、〈杜氏一夕談〉,收錄於黃敦涵編著《翁俊明烈士編年傳記》,頁131～134,臺北:正中,1978。

〔註48〕參林瑞明《臺灣文學與時代精神——賴和研究論集》,頁11～21,臺北:允晨文化,1993.8。

和以「我先生」尊稱孫中山先生的不凡意義:「賴和在最後不是使用一般的通稱『先生』,而是進一步的強調『我先生』,哀慟之情極爲強烈。如果由賴和曾參與復元會甚或同盟會活動的角度來思索,我們可以得知結論,『先生』和『我先生』的一字之差,當不僅具有修辭作用而已,在日本統治時代,這樣的用法是深具春秋筆意的。」〔註49〕顯然可見賴和深受孫中山先生救國救民的精神所感召。

濃厚的祖國意識以及認同孫中山先生的革命,構成蔣渭水、賴和、吳新榮參與反殖民體制運動的思想特色。吳新榮自從知道與孫中山先生的生辰同日,就在潛意識裡希望能做個醫生,立志成爲醫人醫國的革命家;要效法國父以醫業爲基礎,來拯救臺灣同胞脫離日本的枷鎖〔註50〕。吳新榮立志學醫,成爲 國父忠實的信徒,有《題中山全集》詩云:「保安無邊祖國/擁護四散民族/子孫應當紹志/天下自然光復」(1997.一:4),他痛恨清廷將臺灣割據給異族,致使臺灣人民過著殖民地的生活,藉此詩自勵,切盼臺灣早日光復。日治時期,禁書《三民主義》成爲他的精神糧食〔註51〕。臺灣光復時,他又寫下〈祖國軍歡迎歌〉,其中「自恃黃帝孫/又矜明朝節/我祖國軍來/你來何烈烈」(1981.七:7)四句,表達濃烈的漢民族意識。

二、臺灣文化協會 (一九二一~一九二七)

蔣渭水、賴和無論在「臺灣文化協會」或其他反殖民體制運動中,表現極爲出色。當時與「臺灣文化協會」並肩作戰的,尚有所謂的「臺灣議會設置請願運動」的運動機關——「臺灣議會期成同盟會」,以及「新臺灣聯盟」、「社會問題研究會」、和發行《臺灣》的「臺灣雜誌社」,計五個團體。在這

〔註49〕引自前註書,頁14。
〔註50〕吳新榮1907年(明治40年)陽曆10月12日出生,由於滿月後才登記户口,户籍登記的生日爲陽曆11月12日。這個日子恰巧與孫中山的生日同一天,後來就以11月12日做爲自己的生日。參吳新榮〈紀念 國父百壽〉,收錄於張良澤主編《吳新榮全集卷2——琑琅山房隨筆》,頁166,臺北:遠景,1981.10。
〔註51〕吳新榮〈紀念 國父百壽〉:「三民主義一書在日據時期是禁書,我由日本帶此書回臺,而隱藏在天花板上將近十多年,至光復前二年,我又想起此書。當時我的預定是讀完此上下兩卷時候,差不多戰事也要結束的時候了。自此我再一次由第一頁讀起,每日都在防空壕內偷讀至臺灣光復那一日。」收錄於前註書,頁168。

些團體中蔣渭水幾乎皆有投入，賴和則參與了前三個團體〔註52〕，從這些事
跡可充分印證蔣渭水、賴和自醫學校畢業後，一邊行醫，一邊積極參與社會
運動。

（一）「臺灣文化協會」成立背景與目的

　　「臺灣文化協會」成立前，社會主義革命思潮以及民族自決思潮在世界
各地蓬勃發展，不斷刺激著被帝國主義剝削或殖民的弱小民族。一九一七年
俄國二月革命推翻帝俄統治、同年的十月革命建立蘇維埃政權，鼓舞激勵了
社會主義者。至一九一八年第一次世界大戰結束之後，美國總統威爾遜發表
「十四點和平宣言」，其中「民族自決」的原則與理想，在國際間蔚為風潮。
受這股風潮的鼓動，一九一九年朝鮮的「三一運動」和中國的「五四運動」，
掀起要求國家獨立尊嚴的反帝國熱潮，而這兩個運動所反抗的，正是壓迫臺
灣人民最甚的日本帝國主義者，無疑的對於當時臺灣的知識分子，尤其是留
學中國和東京的臺灣留學生，更是受到空前的鼓舞。另外，日本大正民主時
代的政黨政治、自由民權運動、民本主義思想、社會主義思潮等，也都激盪
著臺灣的知識分子，不只成為新思想積極的傳播者與鼓吹者，並開啓了臺灣
與殖民者關係的思考，進而與殖民者意識型態的對抗，成為爭取臺灣人生存
尊嚴、自由解放的契機。

　　「臺灣文化協會」恰在日本統治臺灣二十五年成立（一九二一），賴和自
傳性小說〈阿四〉敘述這一階段青年學子的社會思潮：

> 時代進行著，不斷地向著善的美的途上，時世的潮流，用牠崩山捲
> 海的勢力，掀動了世界，人類解放的思想，隨著空氣流動，潛入人
> 人的腦中。臺灣雖被隔絕在太平洋的一角，思想的波流，卻不能被
> 海洋所隔斷，大部分的青年，也被時潮所激動，由沉昏的夢裏覺醒
> 起來。又且有海外的留學生，臺灣解放運動的先覺，輸進來世界的
> 思潮，恰應付著社會的需求，迄今平靜沈悶的臺灣海上，便翻動著
> 第一次風波。（2000.一：268-269）

這段話說明了兩項重點：第一、勃興於一九二〇年代的臺灣社會文化運動，是
以世界新思潮、新觀念作為指導運動的精神原則，換言之，臺灣社會文化運
動已然是世界局勢的整體發展。第二、當時臺灣民族解放運動的先驅即是留

〔註52〕參陳君愷《日治時期臺灣醫生社會地位之研究》，頁98，臺灣師範大學歷史研
　　　　究所碩士論文，1991.6。

日的青年學生。這些臺灣留學生親沐鼓盪的世界風潮，從而在二○年代以來的臺灣社會文化運動中，扮演主導者的角色。一九一九年底，臺灣東京留學生、中華青年會幹事馬伯援，以及臺灣的蔡培火等人，以親睦爲號召，成立「聲應會」；同年末，東京臺灣留學生又組成了「啓發會」，至翌年改組爲「新民會」，推舉林獻堂爲會長，該會的行動目標乃站在民族自決的立場，對島民作啓蒙運動，同時合法的圖謀民權之伸張。在「新民會」同仁的努力下，創辦《臺灣青年》雜誌作爲鼓吹時潮的機關刊物，並主張在臺灣設置特別議決機關的「臺灣議會設置請願運動」〔註53〕。「臺灣文化協會」就在世界思潮的喚醒以及東京臺灣留學生的努力下蘊育而生。

賴和的散文〈希望我們的喇叭手吹奏激勵民眾的進行曲〉，提及「臺灣文化協會」成立的原因說：

> 臺灣文化協會成立的原因，到底在那裏呢？歸結起來，不外乎我們民報的前身的《臺灣青年》雜誌的發刊啦。因爲當時《臺灣青年》的誕生，恰似由臺灣上空，投下了一個炸彈，把還在沉迷的民眾叫醒起來。因爲由沉迷的夢中，跑到這個不平等的現實的社會裏頭來，他們平靜的血，那裏不會滾起來呢？於是就發生了臺灣議會請願的運動和打動全臺灣的臺灣治安警察法違反事件啦！（2000.二：254）

賴和這一段話，揭示了臺灣非武力抗日民族運動的三大主力：「臺灣議會請願運動」、《臺灣青年》雜誌，以及「臺灣文化協會」，其先後崛起以及喚醒民眾的作用。隨著海外留學生的自覺，島內的知識青年也共襄盛舉，一九二一年，在臺北醫專學生的推動下，「臺灣文化協會」宣告成立。據蔣渭水〈五個年中的我〉第三項「組織文化協會的動機」敘述，一九二○年末，在臺北大稻埕大安醫院院長蔣渭水，與醫專本科四年級學生李應章、林瑞西、何禮棟、吳海水，及剛畢業的林麗明等人的共同醞釀下，起初由組織啓發臺灣人文化向上的青年會，最後決定創辦「臺灣文化協會」〔註54〕。積極籌備及申請結社的工作，主要以蔣渭水、吳海水、林麗明三人爲核心，利用一九二一年一月第

〔註53〕參蔡培火、陳逢源、林柏壽、吳三連、葉榮鐘等著《臺灣民族運動史》，頁80～82，臺北：自立晚報社，1993.12。又關於「臺灣議會設置請願運動」的緣起，參周婉窈《日據時代臺灣議會設置請願運動》，頁28～56，臺北：自立報系，1989.10。

〔註54〕參蔣渭水〈五個年中的我〉，《臺灣民報》67號，頁44～45，1925.8.26。

一次「臺灣議會請願運動」的時機，透過林獻堂的影響力，結合海內外各種不同的力量，再經蔣渭水的奔走聯絡，終於在同年十月十七日，假臺北市大稻埕靜修女子學校舉行「臺灣文化協會」創立大會。

蔣渭水曾在《臺灣民報》發行五周年特輯中，撰文說明成立文化協會的動機：

> 臺灣人負有做媒介日華親善的使命，日華親善是亞細亞民族聯盟的前提，亞細亞民族聯盟，是世界平和的前提，世界平和是人類的最大幸福，又且是全人類的最大願望，……臺灣人是握著世界平和的第一關門的鍵啦。……我們一旦猛醒了負著這樣重大的使命，那麼就要去遂行這使命才是。本會就是要造就遂行這使命的人才而設的。然而臺灣人現時有病了，這病不癒，是沒有人才可造的，所以本會現今目前，不得不先著手醫治這的病根。我診斷得臺灣人所患的病，是智識的營養不良症，除非服下智識的營養品，是萬萬不能癒的，文化運動是對這病唯一的原因療法，文化協會，就是專門講究並施行原因療法的機關。〔註55〕

由文章的前半段可知「臺灣文化協會」的目標是為了「日華親善」、「亞細亞民族聯盟」以及「世界和平」；後半段則強調「臺灣文化協會」所推展的文化運動，是為了醫治臺灣人所患的「智識的營養不良症」。實際上，前者只不過是虛應日本官方的幌子，後者以啟迪文化為號召才是協會積極落實的重點，而其真正的目的，應當是「與東京的新民會、臺灣青年會、中國大陸的北京、上海、廈門等地各青年會，密切採取連絡提攜，以促進臺灣人的民族覺醒、指導政治自覺，……企圖推進臺灣民族解放運動的發展」〔註56〕。大體而言，「臺灣文化協會」前期雖以文化啟蒙運動為主體，但已蘊含著社會政治運動的色彩；後期則主要著重於社會政治運動。賴和在〈阿四〉中，明示「臺灣文化協會」初期的精神本質說：

> 阿四的朋友，也不少留學生，尤其不是那掛名算額（充數）留學生，多是熱情的、有思想的、進取的，抱有犧牲精神的少年，有的專意來拜訪他，並下遊說，說臺灣議會請願的經過，期成同盟會設立的主旨，阿四到此纔恍然於他前此所不平的原因就在此。因為全民眾

〔註55〕引自前註文，頁45。
〔註56〕王詩琅譯注，《臺灣社會運動史》，頁8，臺北：稻鄉，1988.5。

所須遵守的法律，任一部分人去制定，纔生出這種缺憾來，他以前
不曉得這也是有補救的方法。他的朋友又說，這是屬於政治一方面
的運動，單是政治運動，不能算是完善的方法，因多數的民眾若不
會共鳴是不能成功的。所以一方面須從事民眾的啓蒙運動，臺灣民
眾所受的政治上的壓迫痛苦也已夠了，所受官權的欺凌將到不能再
忍了，吾們向大眾宣傳他們所受痛苦的原因，向他們表示同情，教
他們須求自救，他們一定波湧似的傾向到吾們這邊來，所以文化協
會能當此時機設立，適應著社會的需要。（2000.一：269）

由這段話不難了解「臺灣文化協會」一開始就具有「啓蒙」與「政治」的性
格，透過啓蒙運動，促成權利意識的發達，進而反抗日人的統治，以達成殖
民地臺灣的解放。

文協初期以思想啓蒙爲活動重點，包括發行會報，設立文化書局、讀報
社，在霧峰舉辦「夏季學校」，以影響識字階層；並舉行文化演講會、推行文
化劇運動、組成「美臺團」放映知識性的電影，對一般知識普遍低下、甚至
文盲居多的民眾，產生了甚大的影響效果。在文協的推動下，臺灣社會呈現
了空前活潑的氣象，具有啓發民智、助長臺灣文化發達的意義。這其中以文
化演講會，對青年學生或一般民眾影響最大，如一九二二年吳新榮進入臺灣
總督府商業專門學校時，常在星期日前往臺南關帝廟聆聽文協舉辦的社會問
題講座〔註57〕。文協演講的啓蒙，使他開始深思臺灣的社會問題。

（二）蔣渭水、賴和對「臺灣文化協會」的貢獻

臺灣醫生參與「臺灣文化協會」的人數眾多，其積極的活動力造就了不
少全島性或地方性的領袖，不管從量或質上看，都無法泯滅其在反殖民體制
運動中的貢獻。「臺灣文化協會」創立之初，總督府醫學專校的同學們即加入
四十九人，約佔會員總數的三成，其後增至數倍。協會歷任幹部中的醫生，
據協會各年幹部名單，除了前兩年因資料不全，不予計算外；一九二四至一
九二六年，臺灣醫生約佔負責協會實際活動任務之理事總人數的三〇%，另約
佔負責監督會務工作之評議員總人數的二〇%。由此可以看出臺灣醫生在「臺
灣文化協會」中旺盛的活動力〔註58〕。以下且讓我們來探析蔣渭水、賴和對

〔註57〕參黃勁連編訂《吳新榮選集三—震瀛回憶錄》，頁96，臺南：臺南縣立文化中
　　　心，1997.3。
〔註58〕參陳君愷《日治時期臺灣醫生社會地位之研究》，頁94～95，臺灣師範大學歷

文化協會的重要貢獻。

　　首先論蔣渭水，第一：他是促成「臺灣文化協會」應時而出的靈魂人物。擔任專務理事，負責推動會務不遺餘力。杜聰明稱蔣氏「頭腦明晰、果斷，且有組織的性格」〔註59〕，也是有「政治熱」的人；由於他的勸誘，「臺灣文化協會」獲得總督府醫學專校在校生、畢業生，以及其他知識青年的支持。

　　第二：擔任「通俗講習會」、「文化演講會」的講師或辯士。如自一九二三年十一月二十一日起至十二月五日止的「通俗衛生講習會」，由蔣渭水、石煥長、林野三人主講〔註60〕，宣揚衛生保健知識；另外，一九二三年十二月八日開辦的「通俗學術講座」，至一九二四年九月二十七日止，共舉辦四十四次，講師包括蔣渭水、林野、邱德金、石煥長等醫師〔註61〕。而最令人矚目的是始於一九二三年的文化演講。文化演講會與通俗講習會不同之處，除定期在都市演講以外，也組織演講隊，不定期到全島各地舉行巡迴演講；演講的內容，通俗講習會限於純學術或純文化，文化演講則常介入地方問題或具體糾紛。一九二五年與一九二六年間，協會舉辦的演講，依總督府統計，全年竟有三百一十五次，聽眾達十一萬人以上。文化演講會辯士的派遣，分別由臺北的蔣渭水、臺中的林獻堂，以及臺南的蔡培火負責聯絡，協會從此更直接與大眾接觸。文化演講會大略包含以下四項：一、以文化協會爲主體的文化講演會；二、東京留學生的巡迴講演；三、支持「臺灣議會設置請願運動」的講演；四、各種青年團體的講演〔註62〕。在這四種文化演講裡，均有大批的醫生參與其中，截至一九二七年協會分裂前爲止，至少有五十八位醫生曾在上列四項講演中任何一項擔任辯士或致辭〔註63〕。以蔣渭水爲例，一九二三年同蔡培火、陳逢源赴東京擔任「臺灣議會請願運動」請願委員，進行第三次請願，返臺後到全島各地演說，繼續喚起輿論。由此亦可以看出臺灣醫生在蔣渭水的帶領號召下，不僅積極投入各種啓迪民智的工作，而且能

　　　史研究所碩士論文，1991.6。

〔註59〕杜聰明，〈蔣渭水君之學生時代及臨終病狀〉，收錄於《杜聰明言論集》，頁412，臺北：杜聰明博士還曆紀念獎學基金管理委員會，1955。

〔註60〕參林柏維《臺灣文化協會之研究（1921~1927）》，頁115，中國文化大學歷史研究所碩士論文，1984。

〔註61〕同前註，頁116～118。

〔註62〕同前註，頁129～139。

〔註63〕參陳君愷《日治時期臺灣醫生社會地位之研究》，頁96，臺灣師範大學歷史研究所碩士論文，1991.6。

言善道；既為實踐者，也是宣傳家。

　　第三：成立文化書局。在一九二六年七月十一日一一三號的《臺灣民報》上，蔣渭水以「文化書局總經理」的名義登載了一則啟事，揭示文化書局的兩大方針：即漢文專以介紹「中國名著」，日文專辦「勞農諸書」。陳書掌握時勢脈動，以介紹新文化為使命。文化書局的規模與影響雖不如鹿港莊垂勝所創立的中央書局，然而在普及中文書籍、保存傳統文化，以及導入五四運動以後的新潮流，對臺灣民眾具有思想啟蒙的效果。

　　其次，讓我們來看看賴和在「臺灣文化協會」到底扮演什麼樣的角色，文協成立當天，賴和遠在彰化行醫，並未出席，後經蔣渭水的推薦，以林獻堂總理的名義指定為四十一名理事的其中一人。有政治熱忱，沒有政治慾望的賴和，立即回函向蔣渭水表達婉辭之意，他說：

> 古人云有死天下之心，纔能成天下之事。足下所創事業，是為吾臺
> 三百餘萬蒼生利益打算，僕亦臺人一分子，豈敢自外，但在此時尚
> 非可死之日，願乞把理事取消。（2000.一：270）

書信中誠懇的表明肯定與支持文協的事業，基於臺灣的一分子，賴和願意盡其所能協助提升臺灣文化向上，為臺灣人的政治權利而奮鬥，唯頭銜名位並不在意。此即賴和從事反殖民體制運動的性格。然而蔣渭水並未遵照賴和的致意，前後五次大會，一直邀請賴和身任理事〔註64〕。

　　賴和對「臺灣文化協會」的重要貢獻，第一：參加義診。一九二四年六月十七日文協彰化支部成立於北門，除了附社讀報社，還施行「實費診療」制。所謂「實費診療」，即為貧民義診，以幫助窮苦民眾。義診醫生包括：賴和、陳英方、林篤勳、李君曜、李中慶、王倫魁、楊樹德、楊木、蘇炳垣、謝德斌、吳起材、李俊哲等十二位。以實費來診療病患，提高文化協會在民眾間的影響力〔註65〕。賴和及其他彰化的開業醫對文協的熱心奉獻，由此可見。

　　第二：列席演講。賴和演講的次數雖不多，卻頗具「革新」與「反抗」的意義。根據《臺灣民報》報導的幾次，從地點來看，賴和的演講，不出臺中州的範圍。就時間而言，集中在文化講演的顛峰期一九二五年。就題目而論，大抵是以修德養身為主題，如一九二四年十一月八日，於文化協會彰化

〔註64〕參連溫卿《臺灣政治運動史》，頁55～56，臺北：稻鄉，1988。
〔註65〕參《臺灣民報》2卷19號，頁12，1924.10.1。

支部的通俗學術演講：〈對人的幾個疑問〉。一九二五年五月七日，於文協斗六支部演講：〈長生術〉。同年九月二十三日，於文協大甲支部第八回文化演講會演講：〈修己律〉。其中最值得注意的是，一九二六年四月十三日，於彰化戲園，閩江中學堂校長許紹珊演講：〈中國之現狀〉，痛斥帝國主義殖民政策之鄙劣，許夫人演講：〈男女平等及福州的教育狀況〉，賴和接著演講，場面「各發揮其熱烈的雄辯，吐盡同胞會合的情緒」〔註66〕，民族情感濃厚，透露著「臺灣文化協會」反殖民統治的思想傾向。

　　第三：不畏強權，聲援文協。文化演講在啓蒙階段佔著舉足輕重的地位，常常在地方上挑起農民運動與勞工運動的風潮，引發臺灣總督府官方的指責，《警察沿革誌》說：

> 地方會員，凡有機會即邀請幹部去開演講會。發動民眾藉口歡迎，沿途燃放爆竹，高呼口號，作一種示威運動，舉行傍若無人的盛大歡迎會，以張聲勢。幹部也儼然以志士自居，睥睨一切，徒以挑撥民族的反抗心爲能事，釀成普遍的反母國（日本）的風氣。尤其是每次介入地方問題或農民爭議，助長糾紛，以收攬民心，如遇取締，即展開執拗的講演戰與示威運動，以表示反抗。這運動實開本島農民運動與勞工運動的先河。〔註67〕

從官方記錄可以看出一九二三年起，文化演講會的次數逐年增加，被解散處分的次數則以一九二六年三十五次居最高位。「東京臺灣青年會」一九二三年組織文化講演團回臺灣展開文化啓蒙運動，以吳三連爲團長，呂靈石、黃周、謝春木、林仲輝、郭國基爲團員，原先準備在臺北展開首場演講，但遭到警方的阻擾，首先不顧一切加以聲援的便是賴和所屬的「彰化同志青年會」。賴和在自傳性小說〈阿四〉有如下的回憶：

> 東京的留學生組織一團講演隊，想爲臺灣民眾的文化向上盡一點微力，但是支配階級一方面，被久來的傳統思想所支配，以爲民眾是冥蒙無知，較易統治，若使他們曉得有所謂民權，有所謂正當的要求，曉得官民原屬平等，便於他們的統治上有所不便，因爲支配階級們揚威慣了，蹂躪百姓們慣了，所以對於這一團講演隊便多方阻

〔註66〕〈名士各地講演〉，《臺灣民報》103號，頁6，1926.5.2。
〔註67〕見蔡培火、陳逢源、林柏壽、吳三連、葉榮鐘等著《臺灣民族運動史》，頁303，臺北：自立晚報社，1993.12。

礙，務使他們不能向民眾開口，可是支配階級當這時候尚些顧慮著
法的尊嚴，不敢無理由地把講演團解散，只能恐嚇一般無知的百姓，
或示意那些御用紳士，凡有可以講演的場所，一切不可借給講演隊，
所以講演隊歸到臺北，就到處碰壁。（2000.一：271）

「臺灣文化協會」與「臺灣議會設置運動」原是一體，自一九二一年「臺
灣議會請願運動」發軔至一九三四年，十三年間提出請願於帝國議會者計十
六回。這期間波瀾重疊，枝節橫生，同志受盡艱難，毫不屈服，再接再厲。
一九二三年二月，「臺灣議會期成同盟會」再建於東京，結果釀成同年年底的
「治安警察法違反事件」，簡稱「治警事件」，拘捕全臺有力會員六十餘人，
蔣渭水、賴和皆被拘捕。

自一九二一年創立迄一九二七年分裂爲止，前後六個年頭，「臺灣文化協
會」透過《臺灣民報》及「文化演講會」等各種管道，針對傳統陋習的打破、
衛生觀念的普及、新文學運動的提倡、民族意識的挑動、權利觀念的傳播，
以及學生運動的激發、促進農民工人的覺醒等，均有相當大的貢獻。

三、臺灣民眾黨（一九二七～一九三一）

在時代思潮不斷衝激之下，「臺灣文化協會」的啓蒙方向，越來越偏重社
會政治運動，左翼思想日漸蓬勃，開啓了「臺灣民眾黨」、「新文協」的對峙。
在這個對峙的時代裡（一九二七～一九三一），蔣渭水、賴和各以何種立場及
主張面對「臺灣文化協會」的轉向？是本小節想要釐清的重點。

（一）「臺灣文化協會」分裂

「臺灣文化協會」分裂的最主要因素是左翼勢力的抬頭。文化協會初期
提倡民族運動時，也注意階級運動的探討；一九二三年七月，蔣渭水、石煥
長、蔡式穀、連溫卿、謝文達等人，發起組織「社會問題研究會」。直至一九
二四年二月，標榜無政府主義思想的「新臺灣安社」成立於北京；一九二六
年十一月，同樣是無政府主義的「臺灣黑色青年聯盟」成立於臺中〔註 68〕。
同時，日本的山川主義（Yamakawaism）與福本主義（Fukumotoism）延續到
臺灣，左翼運動者成爲文化協會最有組織性的骨幹〔註 69〕，其中居於領導地
位的兩人，一是受日本山川主義影響的連溫卿，一是受福本主義影響的王敏

〔註 68〕 參楊碧川《日據時代臺灣人反抗史》，頁 161～174，臺北：稻鄉，1988。
〔註 69〕 參王詩琅譯《臺灣社會運動史》，頁 327～333，臺北：稻鄉，1988.5。

川〔註 70〕，他們強調謀求臺灣人的解放，應以社會主義的階級鬥爭爲主體。在這種情勢下，「臺灣文化協會」走向分裂的局面。

賴和在〈赴會〉一文，明示了一九二六年五月十五、十六日兩天召開於霧峰萊園的文化協會理事會，內部已出現了民族運動與階級運動兩種意識型態的衝突：

> 次日的會議，顯然現出了二派的爭執，似有不能相妥協的形勢，一派以社會科學做基礎，主張階級利益爲前提，一派以民族意識爲根據，力圖團結全民眾爲目的。議案不能成立，一日便也了結。（2000.一：70）

蔣渭水與連溫卿在思想意識上的差異，導致理事會席上發生爭執，難以達成共識，於是形成蔣渭水「臺灣民眾黨」——強調民族運動、連溫卿「新文協」——強調階級運動的對峙局面。

（二）蔣渭水「臺灣民眾黨」的成立與分裂

「臺灣民眾黨」成立於一九二七年七月十日，是日治時代臺灣首次以黨的名義出現的政治結社。面臨文化協會的分裂，蔣渭水曾力圖挽回，在一九二七年一月二日的《臺灣民報》上提出口號，呼籲「同胞須團結、團結眞有力」〔註71〕，並勸告新竹「新文協」的會員，「說明殖民地若不曉得採取以農、工、商、學、各界爲基礎而從事於民族運動的法子，僅要靠帶有第三國際色彩的階級鬥爭，可以決定其無望達到光明的路。」〔註 72〕一九二七年十一月二十一日《臺灣民報》刊載未署名的評論〈左右傾辯〉說：「左派攻擊右派爲妥協主義，右派攻擊左派爲小兒的空想病，因此不得立腳在共同戰線，以致失掉勞動運動的威力。」〔註 73〕道出了一九二六年以來左右路線的分裂，勢必減弱抗日力量的遺憾。

至於被左派攻擊爲「妥協主義」的「臺灣民眾黨」，他們的訴求即是反對總督府專制政治，追求政治權利的理想，依蔣渭水在黨內第一次政談，講述政策綱領說：

〔註70〕有關山川均與福本知夫的左翼思想理論，參林瑞明《臺灣文學與時代精神——賴和研究論集》，頁 226～227，臺北：允晨文化，1993.8。
〔註71〕蔣渭水，〈今年之口號「同胞須團結，團結眞有力」〉，《臺灣民報》138 號，頁 11～12，1927.1.2。
〔註72〕〈新舊文協主義的討論〉，《臺灣民報》161 號，頁 11，1927.6.12。
〔註73〕〈左右傾辯〉，《臺灣民報》132 號，頁 5，1926.11.21。

> 民眾黨的根本精神，在反對現時三權握做一手的總督專制政治，要
> 求三權——司法立法行政——分立的立憲政治，改革假裝的地方自
> 治，實施民選而且有議決權的真自治，改除警察萬能的制度。〔註74〕

實施三權分立、民選而有議決權的政治主張，在民眾黨的政談演講中，甚得
民眾的歡迎，對民眾的思想啟發功不可沒。「臺灣民眾黨」的活動，除了積極
推動具有民主運動性質的「普選」、「協議會擁有議決權」。一九二八年十二月
當殖民地政府公布新的〈阿片令〉，特許密吸鴉片者予以新執照，引起「臺灣
民眾黨」的強烈反彈，號召了各地「醫師會」紛紛加入聲援的行列〔註75〕。
除此，值得注意的是「臺灣民眾黨」雖標榜民族運動，在時代思潮的刺激之
下，亦不能不面對階級運動的問題，一九二七年十月於新竹召開臨時中央委
員會議，關於階級問題的態度，決議六項，其中第二、五項，各是「擁護農
工階級就是階級運動之實行。」「本黨要顧慮農工階級之利益，加以合理的階
級調節，使之不致妨害全民（民族）運動之前進。」〔註76〕由此決議可知，
致力於組織及指導勞農團體也是民眾黨的工作重點，其中以勞工團體的成果
較為出色。一九二八年二月在蔣渭水的運作下，以「南京總工會」為藍本，
協助成立「臺灣工友總聯盟」。另一方面，「新文協」也不甘示弱，「與勞動者
及農民互相提攜而各就解放展開部署」，不僅指導成立了「臺灣機械工友聯合
會」，發動全島性的罷工；並於一九二六年十月成立的「臺灣農民組合」，共
同對抗殖民地當局〔註77〕。同時，「新文協」本身也發行《大眾時報》作為言
論機關。

　　隨著世界性的社會主義潮流，右翼的代表「臺灣民眾黨」於一九二九年
十月，在新竹公會堂召開第三次黨員大會時發表宣言，內容已逐漸左傾化了：

> 我們統觀世界，日本及臺灣的情勢，知道帝國主義國間和帝國主義
> 國內的矛盾，日漸擴大和尖銳化，其基礎已頻動搖，其崩壞之日必
> 不在遠，而世界上一切無產階級和殖民地民眾之互相聯合，共同鬥
> 爭，實為其致命之傷，然而因為世界無產階級和殖民地民眾結合不
> 堅固，連絡不緊密，反使他們加倍反動而逞其暴威。〔註78〕

〔註74〕蔣渭水，〈民眾黨的政談第一聲〉，《臺灣民報》167號，頁4，1927.8.1。
〔註75〕參蔡培火、陳逢源、林柏壽、吳三連、葉榮鐘等著《臺灣民族運動史》，頁410
　　　～411，臺北：自立晚報社，1993.12。
〔註76〕《臺灣民報》182號，頁3，1927.10.28。
〔註77〕參連溫卿《臺灣政治運動史》，頁166～181，臺北：稻鄉，1988。
〔註78〕〈第三次全島黨員大會宣言〉，收錄於白成枝編《蔣渭水遺集》，頁29，臺北：

蔣渭水除了成立「臺灣工友總聯盟」，同時因應一九二九年世界經濟大恐慌，爲了改善大多數農工的生活，致力於農工運動，意識逐漸左傾，導致右派退出。一九三〇年，林獻堂、蔡培火、楊肇嘉等地主階級，不滿「民眾黨已走階級路線，智識分子頗覺難與合作」〔註79〕，於是另行籌組「臺灣地方自治聯盟」。民眾黨的分裂，再度造成抗日陣營的潰散。

「新文協」方面，在左翼思潮急速擴大與殖民當局的陰謀挑動等因素影響下，分裂的情況也日益嚴重。王敏川與連溫卿的對立，主要導源於爭奪「新文協」的領導權，尤其自一九二八年四月，由於臺共成員謝雪紅、林日高、吳拱照等人的介入，「新文協」的路線之爭，越浮出檯面，形成王敏川「上大派」與連溫卿「非上大派」的對抗。

蔣渭水病逝於一九三一年八月五日，眼見政治社會運動的分崩離析，臨終仍殷切叮嚀同志：「臺灣社會運動既進入第三期，無產階級勝利迫在眉睫，凡我青年同志務須極力奮鬥，舊同志亦應倍加團結，積極的援助青年同志，切望爲同胞解放而努力。」〔註80〕蔣氏病逝後，日軍在中國東北發動「九一八事變」，開啓了戰爭期的序幕，「臺灣共產黨」、「新文協」在殖民當局的強力鎮壓下土崩瓦解。隨著一九三六年五月林獻堂的「祖國事件」、同年八月「臺灣地方自治聯盟」的解散，一九三七年六月《臺灣新民報》的被迫廢止漢文版〔註81〕，蔣渭水生前極力奮鬥的反殖民體制運動到此畫下休止符。

（三）賴和橫跨於「臺灣民眾黨」與「新文協」

「臺灣文化協會」分裂後，幾乎大多數參與運動的醫生都加入「臺灣民眾黨」，留在「新文協」的醫生極少，其中邱德金、賴和、李應章兼屬兩個團體。換言之，臺灣醫生在反殖民體制運動中的政治態度，比較上是屬於中間或中間偏右。據總督府警務局於一九二七年末的調查，「新文協」主要幹部三十五人，僅有醫生四人。反之，加入「臺灣民眾黨」的醫生則佔多數，其中包括蔣渭水、陳金波、林麗明、林野、黃金火、吳微、王受祿、韓石泉、黃

　　　　文化，1950.7。
〔註79〕葉榮鐘著，葉芸芸、藍博洲主編，《日據下臺灣政治社會運動史》（下），頁501，
　　　　臺中：晨星，2000.8。
〔註80〕見葉榮鐘著，葉芸芸、藍博洲主編《日據下臺灣政治社會運動史》（下），頁
　　　　496，臺中：晨星，2000.8。
〔註81〕參蔡培火、陳逢源、林柏壽、吳三連、葉榮鐘等著《臺灣民族運動史》，頁566，
　　　　臺北：自立晚報社，1993.12。

國棟、高再得等十名醫師。明顯地在左翼勢力中醫生仍屬少數〔註82〕。

　　賴和歷經一九二一至一九三一年的三大反殖民體制運動，包括：「臺灣文化協會」、「臺灣民眾黨」、「新文協」。他以一位民族自決主義者，橫跨於文協分裂後的「臺灣民眾黨」與「新文協」之間，具有溝通協調的作用。在「新文協」，他以原是理事的資格，擔任臨時中央委員，參與創辦《臺灣大眾時報》；但並未參加好友王敏川的「臺灣赤色救援會」。在「臺灣民眾黨」，他是《臺灣新民報》學藝欄的編輯；但並未加盟林獻堂、蔡培火另組的「臺灣地方自治聯盟」。當所有反殖民體制運動被壓制之後，一九三三年「臺灣議會設置運動」第十五次請願，也是最後一次的請願，他是中部收集請願簽名書者之一〔註83〕。賴和基於堅定的抗日立場，左右進退之間自有其包容、彈性的考量，一味偏執於「左」、「右」的意識，不只容易分散抗爭的力量，也容易受到敵人的分化。

　　從〈前進〉一文，可見賴和面對抗日陣營左右分裂時的心境。透過這篇如詩的散文，他寫下時代變化的觀感，以象徵手法表現出文化協會分裂之際的感受，不只顯現個人向前進的決心；同時以兩兄弟的暗夜行路，來象徵分裂後的「新文協」與「臺灣民眾黨」，主觀上希望左右派能像兄弟般扶持前進，這是他同跨「新文協」與「臺灣民眾黨」的心靈告白。具體而言，賴和並不把分裂視爲嚴重的事情，如何在抗日力量的行動上繼續向前推進，才是他關切的重點。〈前進〉發表在左翼的《臺灣大眾時報》創刊號（一九二八年五月七日），林瑞明認爲其暗喻不難理解〔註84〕；陳芳明則肯定本文「是臺灣抗日運動分裂後的一分重要文學見證」〔註85〕。

　　除此，賴和在〈希望我們的喇叭手吹奏激勵民眾的進行曲〉，敏感察覺殖民者惡意分化的居心。《臺灣民報》爲了更擴大影響力，從東京遷回臺灣島內發行，成爲民報努力的方針之一，但是直到一九二七年「臺灣民眾黨」成立之後，才得到總督府允准在臺灣島內印行。這正是總督府適時採行的分化策

〔註82〕參陳君愷《日治時期臺灣醫生社會地位之研究》，頁99，臺灣師範大學歷史研究所碩士論文，1991.6。

〔註83〕參葉榮鐘著，葉芸芸、藍博洲主編《日據下臺灣政治社會運動史》（上），頁182，臺中：晨星，2000.8。

〔註84〕參林瑞明《臺灣文學與時代精神——賴和研究論集》〈路線的轉折——「前進」的探討〉，頁84～99，臺北：允晨文化，1993.8。

〔註85〕陳芳明，《左翼臺灣——殖民地文學運動史論》，頁54，臺北：麥田，1998.10。

略，其眞正的目的是利用右翼的穩健派來打擊左翼的急進派。賴和充分明瞭統治當局的分化策略，在後來紀念民報十週年的文章中，敏銳的感受到背後的陰謀，語重心長的指出：

> 民報還未移入臺灣以前，我們民眾運動的主體的臺灣文化協會，已經就發生了左右派的分裂了。文協的分裂和民報移入臺灣，表面上雖沒有什麼關連，可是民眾那裡不會懷疑呢？以前是受到全民眾所信賴所擁護的我們的先鋒，竟然受了一部民眾的懷疑了，……我們的喇叭手呀！我希望你冷靜地觀察，嘹亮地吹奏激勵民眾的進行曲吧！現在民眾所缺乏的，已經不是訴苦的哀韻，所要求的是能夠促進他們的行進的歌曲。民報呀！我們唯一的言論機關的民報，血管裡過去豈不是曾流著紅的血嗎？切不可以這些被懷疑，而丟棄了一切的歷史的使命要緊呀！（2000.二：255-256）

這一段文字出現在《臺灣新民報》（一九三〇年七月十六日），正值《臺灣民報》移入臺灣發行三年後，賴和由衷期待民報成爲民眾的先鋒，社會改造運動的喇叭手，忠忠實實替被壓迫民眾去叫喊，熱熱烈烈吹奏激勵民眾前進的歌曲。

從〈前進〉、〈希望我們的喇叭手吹奏激勵民眾的進行曲〉二文，我們不難了解賴和的政治態度，最主要仍呼應蔣渭水強調以團結爲重，統一戰線共同爲打擊統治者奮力前進。比較蔣渭水與賴和在反殖民體制運動上的成就，蔣氏是家喻戶曉的「臺灣孫文」，爲了啓蒙民眾思想，爭取民權自由，成立文化協會，組織民眾黨，是領導型的政治人物，也是臺灣民族運動的職旗者；而賴氏則是醫德醫術倍受稱道的「和仔先」、「走街先」，以行醫爲本業、文學爲副業的文化人，雖不具強烈的政治性格，也不受意識型態的支配，然無論民族解放抑或階級鬥爭，只要是與殖民者抗爭的力量他一律支持。因此，賴和在抗日運動史上自有其定位。觀察戰前「臺灣人唯一之言論機關」的《臺灣民報》、日本官方記錄《臺灣總督府警察沿革誌》，以及戰後的臺灣抗日運動史研究論著中，賴和的言行事跡比起蔣渭水相對的減少。甚至在臺灣光復後，賴和遭人檢舉以「臺共匪幹」罪名逐出彰化忠烈祠（一九五一年四月～一九五八年九月），顯然對賴和的政治社會運動有諸多誤解與不解之處。根據林瑞明從現存史料的蛛絲馬跡，以及田野工作採訪所得，並參照賴和生前發表的作品以及遺稿，則明確肯定賴和的抗日精神，他說：

> 仍可以觀察出在抗日運動的過程中，賴和從爭取臺灣殖民地的政治

權利出發，以及在一九二七年「左右傾辯」的對峙裡，處身於民族
運動與階級運動的兩條政治路線中，賴和站在被異族殖民統治的反
抗者立場，主要反抗的對象是日本帝國主義，他以不具領袖慾的性
格，以他的包容力，再加上他的行醫收入，支援了日據下左右翼的
政治運動，仍起了一定程度的作用。〔註86〕

賴和以「新文學運動褓姆」的文壇地位，支援了文化、社會、政治各種階段
的運動，雖然不是反殖民運動的領袖，但誠如林瑞明所說：「在臺灣文化協會
中，畢竟是無可取代的人物。」〔註87〕

　　一九二〇年代，當臺灣的政治、社會運動風起雲湧之際，日治時期另一位
醫生作家吳新榮，正負笈日本求學。這位對政治興趣濃厚的青年人，除了誓
志追隨　國父的革命精神，也得自臺南商專（一九二二～一九二五）、東京醫
專（一九二八～一九三二）老師的人格感化以及同學的激發，吳新榮曾向金
川中學的室友戴明福說明：

在商專的時代對歷史、地理有濃厚的興趣，有好老師分析，有前輩
哲學老師做榜樣感化，又在臺時有文化協會、農民運動的鬥士前輩
言論所激發，朋友、刊物、讀書的影響……。〔註88〕

　　被吳新榮列爲「現代臺灣十傑」之一的哲學家林茂生〔註89〕，是他思想
萌芽時影響最深的師長〔註90〕。林茂生，畢業於日本最高學府東京帝國大學
文學部哲學科，也是臺灣人獲得日本文學士的第一人，這位多才的思想家，
課堂上從卡雷爾的《法蘭西大革命史》講到杜爾斯泰的《幸福的家庭》，尤其
在強迫禁止說臺灣話的體制下，林茂生卻時常用臺灣話講述個人的生平故
事，表現臺灣人的民族尊嚴與浩然正氣〔註91〕。林茂生的風範引發吳新榮開
創人生的新意境與新理想，造就其個人的獨特風格。其次，居爲臺灣總督府

〔註86〕林瑞明，《臺灣文學與時代精神——賴和研究論集》，頁146，臺北：允晨文化，
　　　　1993.8。
〔註87〕同前註，頁241。
〔註88〕戴明福，〈回憶－我奇遇了吳新榮君〉，收錄於張良澤主編《震瀛追思錄》，頁
　　　　63，佳里：琅琊山房，1977.3。
〔註89〕參吳新榮1937年2月17日日記，收錄於張良澤主編《吳新榮全集卷6——吳
　　　　新榮日記（戰前）》，頁45，臺北：遠景，1981.10。
〔註90〕參黃勁連編訂《吳新榮選集三——震瀛回憶錄》，頁56，臺南：臺南縣立文化
　　　　中心，1997.3。
〔註91〕同前註，頁46、56。

三大最高學府之一的商業專門學校校園裏，不少是來自全島各地的精英學生，特別是來自革命之鎮——彰化的同學們，告知關於「臺灣文化協會」的動態，以及中國革命的思想〔註92〕，在這樣環境的互動影響下，無形中啟迪了吳新榮日後從事政治活動的動機。一九二五至一九三二年留日期間，正值共產主義思想在日本明顯抬頭，造成學生對馬克思主義研究的熱潮迅速增高，在東京的臺灣留學生受其影響，亦逐漸興起以馬克思為主的社會科學研究熱潮〔註93〕。一九二九年，就讀東京醫專二年級的吳新榮，受了早稻田左派教授大山郁夫以及「臺灣學術研究會」負責人黃宗堯的影響，參加「臺灣青年會」和「臺灣學術研究會」的左傾組織〔註94〕。並在一九二九年二月「學術研究會」獲得「臺灣青年會」的領導權，被選為改組後青年會的幹部。最後在一九二九年掃蕩日共的「四‧一六」檢舉被捕入獄〔註95〕。吳新榮的政治信仰和政治活動皆表現出強烈的左翼色彩，是繼蔣渭水、賴和之後，投入政治社會運動行列的醫事作家。

第三節　日治時期臺灣醫事作家與新文學運動

　　一九二〇年代是一個社會改造的時代，臺灣的知識分子們一方面吸納國際上澎湃的政治思潮，一方面策劃改革的實際運動，為二十世紀初的臺灣啟蒙運動揭開序幕。臺灣新文學運動便是在社會改革的啟蒙風潮中萌芽的。這樣的背景使新文學運動除了具有文化啟蒙的特性之外，亦帶有與反殖民運動形成互為表裡的高度依附關係〔註96〕。葉石濤曾謂：「日本統治下的臺灣新文

〔註92〕吳新榮，〈紀念　國父百壽〉，收錄於張良澤主編《吳新榮全集卷2——瑣琅山房隨筆》，頁166，臺北：遠景，1981.10。

〔註93〕參王乃信等譯《臺灣社會運動史（1913~1937）》第一冊《文化運動》，頁38，臺北：創造，1989。

〔註94〕吳新榮〈我的留學生活〉：「戶塚是近早稻田大學的郊外街，那時候日本的學生運動分為左右派，對立非常激烈，而因左派的教授大山郁夫住在這條街上，自然左派的勢力非常浩大。在這樣環境中，有一天一位臺南人來訪我，並勸我加入臺灣青年會及學術研究會。因為我曾在金川受過新自由主義者服部純雄校長的薰陶，我也很容易接受了他的提議。這就是在日本社會裡最高潮的一段時期中，一個殖民地臺灣的青年最初所受的衝動。」收錄於張良澤主編《吳新榮全集卷1——亡妻記》，頁97，臺北：遠景，1981.10。

〔註95〕參王乃信等譯《臺灣社會運動史（1913~1936）》第三冊《共產主義運動》，頁105～106，臺北：創造，1989。

〔註96〕參陳明柔〈日據時代臺灣知識分子的思想風格及其文學表現之研究

學運動跟臺灣新文化運動和臺灣社會運動有密切不可分離的關係」〔註 97〕；
而王詩琅也指出：「日據時期臺灣的新文學運動，本來就是臺灣新文化運動的
一部分，而臺灣的新文化運動則是臺灣民族運動的一部分。」〔註 98〕換言之，
日治時期臺灣新文學運動的內在精神，開始就與政治運動、社會運動、文化
運動相結合。

日治時期臺灣新文學運動起於一九二○年《臺灣青年》創刊，止於一九四
三年《文藝臺灣》與《臺灣文學》停刊，歷時二十三年。陳少廷的《臺灣新
文學運動簡史》將之分爲「萌芽期」、「成長期」、「高潮期」、「戰爭期」〔註 99〕，
以下依這四個階段，探討日治時期臺灣醫事作家在新文學發展過程中的耕耘
與貢獻。

一、萌芽期（一九二○～一九二七）

從一九二○年《臺灣青年》創刊至一九二七年，爲臺灣新文學運動的「萌
芽期」；值得注意的是，這個階段已有醫學生加入文學改革的行列。根據一九
二五年八月，賴和在《臺灣民報》發表〈答覆臺灣民報特設五問〉一文，他
將「文學革命之呼聲漸起，新舊思想之衝突漸烈」（2000.三：84），列爲臺灣
五年來的重大事項。由此可知，二○年代臺灣新文學運動的討論焦點，集中在
新舊文學的論戰，由此進而引發新文學陣營的文學語言使用議題：到底普及
中國白話文？抑或臺灣白話文？

（1920~1937）〉，頁 25～33，淡江大學中國文學研究所碩士論文，1993.3。
〔註 97〕葉石濤，《光復前臺灣文學全集》總序，臺北：遠景，1997.7。
〔註 98〕王詩琅，〈日據時期臺灣新文學〉，收錄於張良澤編《王詩琅全集卷 9——臺灣
文學重建的問題》，頁 139，高雄：德馨室，1979.11。
〔註 99〕參陳少廷《臺灣新文學運動簡史》，臺北：聯經，1977.5。有關臺灣新文學運
動的發展，各家分期不一，如黃得時〈臺灣新文學運動概觀〉：「發軔期」（一
九二○～一九二七）、「演進期」（一九二七～一九三二）、「開展期」（一九三一
～一九三七），《臺北文物》3 卷 3 號，1954.12。葉石濤《臺灣文學史綱》：「搖
籃期」（一九二○～一九二五）、「成熟期」（一九二六～一九三七）、「戰爭期」
（一九三七～一九四五），高雄：文學界，1987。王詩琅〈半世紀來臺灣文學
運動〉：「萌芽時期」（一九二三～一九三○）、「本格化時期」（一九三一～一九
三六）、「戰時文學時期」（一九三七～一九四五），收錄於張良澤編《王詩琅
全集卷 9——臺灣文學重建的問題》，高雄：德馨室，1979.11。筆者以爲陳少
廷四期分法，較能清楚說明日治時期臺灣醫事作家與新文學運動的關係，故
採用之。

（一）文學改革的先聲

　　一九二〇年在東京創刊的《臺灣青年》，及以後的《臺灣》、《臺灣民報》等雜誌，是臺灣新文學運動者的喉舌，他們在這些雜誌裡撒下新文學理論與創作的種子，期待萌芽、發展和壯大。《臺灣青年》刊登首篇文學改革的文章，即陳炘的〈文學與職務〉，說明文學以「傳播文明思想，警醒愚蒙，鼓吹人道之感情，促社會之革新」〔註100〕爲目的，遙遙呼應了中國五四文學運動的主張。稍後醫學校學生甘文芳在《臺灣青年》以日文發表〈實社會與文學〉，主張文學應反映現實社會，發揮人類愛，反對視文學爲吟風弄月，甚至爲茶餘飯後消遣物的文人心態〔註101〕。另一位高甘文芳一屆的醫學校畢業生張梗，在一九二四年九月的《臺灣民報》，發表了〈討論舊小說的改革問題〉：

> 舊小說的進途已迫到無可如何的今日了。隔著一衣帶水的中國早已
> 出了許多的學者出來極力痛論提倡改革。面目一新。已非昔日。而
> 獨我們臺灣居然猶是祖下傳來那樣的固陋難堪。不、不、我還是有
> 些過獎。平心而論、臺灣那裡有小說之可言。不過是那些中國流來
> 的施公案彭公案罷了。我想我們臺人苟自居爲文化人、爭並肩而立
> 於二十世紀的地球上，爲什麼竟不要求小說的發達？已會政治運動
> 爲何文藝這方面竟忘掉了？而這些文化運動卻不藉文藝方面的扶助
> 而圖成長。這也是二十世紀的一大奇跡。〔註102〕

張梗在新文學運動中除了力圖臺灣小說的改革，並且特別呼籲文化運動必要配合文藝發展的相輔相成。他同時也指出六項小說創作應注意的重點：一、獨創；二、創作須含意；三、含意須深藏；四、排春秋筆法；五、倡科學的態度；六、歷史與小說須分工。甘文芳、張梗堪稱是醫生群中從事文學改革的先聲。

（二）新舊文學論戰

　　新文學運動真正的展開，主要透過一九二四年抨擊舊文學、提倡白話文的「新舊文學之爭」開始。作爲文化啓蒙運動領導機關的《臺灣》雜誌社，一九二三年起另發行《臺灣民報》半月刊，採用白話文，設有文藝欄，成爲

〔註100〕陳炘，〈文學與職務〉，《臺灣青年》1 卷 1 號，1920.7.16。
〔註101〕參甘文芳〈實社會與文學〉，《臺灣青年》3 卷 3 號，1921.9.15。
〔註102〕張梗，〈討論舊小說的改革問題(一)〉，《臺灣民報》2 卷 17 號，頁 15，1924.9.11。
　　　　〈討論舊小說的改革問題〉全文，連載至 2 卷 23 號，1924.11.11。

「新舊文學之爭」中主張新文學一方的基地,和島內《臺灣日日新報》、《臺灣新聞》、《臺南新報》的漢文欄的舊詩人大打筆仗。萌芽期的《臺灣民報》,刊登不少張我軍、許乃昌、蘇維霖、蔡孝乾等人,介紹中國新文學運動的文章。以張我軍爲例,他在《臺灣民報》上陸續發表〈致臺灣青年的一封信〉、〈糟糕的臺灣文學界〉、〈爲臺灣的文學界一哭〉、〈請合力拆下這座敗草叢中的破舊殿堂〉、〈絕無僅有的擊缽吟的意義〉等文章,痛批古詩爲「沽名釣譽的工具」、「破舊的殿堂」、「詩界的妖魔」〔註103〕。這幾篇文章引發舊文學陣營不甘示弱地展開反擊〔註104〕,從此點燃了新舊文學激辯的戰火。

另外,張我軍在《臺灣民報》創立五週年紀念號發表〈新文學運動的意義〉,提出臺灣新文學運動的兩大原則:主張屈話就文與改造臺灣語言(以接近中國白話文)。這與黃呈聰在一九二三年一月號《臺灣》雜誌刊登〈論普及白話文的新使命〉的見解頗爲一致。黃呈聰強調完全的中國白話文才是理想的語言表達方式:

> 我要勸告初學的人,當初不要拘執如中國那樣完全的白話文,可以參加我們平常的言語,做一種折衷的白話文也是好,總是這個方法是一時的方便,後來漸漸研究,讀過了中國的白話書,就會變做完全的中國白話文,才能達到我們最後的理想,就可以永久連絡大陸的文化了。

日治時期臺灣人在日本強行的語言政策下,從小的學校語言是日文,日常語言是臺灣口語,普遍不具中國白話文說寫的能力,黃呈聰和張我軍的主張,要使中國白話文在臺灣生根,甚至在實際創作上要求「言文一致」,終究難以達成。

一九二六年,賴和也注意到「言文一致」的實踐性意義,他在《臺灣民報》發表〈讀臺日紙的「新舊文學之比較」〉,提出:「舌頭和筆尖的合一」(2000.三:87)。就實際語言表達而言,中國白話文確實能達到「舌頭和筆尖的合一」,然而這種「我手寫我口」的理論實踐,在臺灣話文的書寫系統中則難以達成,這也是何以語言改造的問題,一直存在於臺灣新文學運動的主要原因。

〔註103〕參張光直編《張我軍詩文集》,頁73～86,臺北:純文學,1975。

〔註104〕一九二〇年代的前期,臺灣的文壇全是舊詩人的天下。舊文學陣營的代表如:閩葫蘆、鄭軍我、蕉麓、黃衫客、赤崁王生、一吟友等人,他們以《臺灣日日新報》、《臺灣新聞》、《臺南新報》的漢文欄爲舞臺。

萌芽期新文學活動的指標，主要圍繞在新舊文學論爭及白話文運動這兩個議題上。隨著新舊文學論戰的結束，白話文的使用也已達成共識，這個階段賴和提出「言文一致」的文學創作理論，爲建立眞正「新文學」舖設了地基。另外，蔣渭水雖然沒有提出文學觀，然他在《臺灣民報》發表不少入獄散文，這也是萌芽期不可忽略的文學成就。

二、成長期（一九二七～一九三二）

從一九二七年八月《臺灣民報》遷臺發行，到一九三二年改爲日刊的《臺灣新民報》止，可稱爲臺灣新文學運動的「成長期」。這個階段的特色，不只與當時島內熱烈進行的政治、社會運動並行，同時陸續出現鄉土文學、臺灣話文、文藝大眾化等等議題，顯得多采多姿，生氣蓬勃。賴和於這個階段的臺灣新文學運動亦扮演重要的角色。

（一）文學工作者與社會運動者合一

三○年代臺灣文壇充斥著社會主義氣息，三○年下半年短短幾個月間，先後有《伍人報》、《洪水報》、《明日》、《臺灣戰線》、《赤道報》、以及《新臺灣戰線》（《伍人報》和《臺灣戰線》合併後的刊物）等刊物出現，參加同仁大多是活躍於左翼社會運動的重要人物，如王萬得、王敏川、黃石輝、謝雪紅、楊克培、林斐芳、黃天海等，更加凸顯這些刊物的社會主義色彩，同時證明社會運動者與文學工作者合一的特質。以《臺灣戰線》爲例，雖標榜爲文藝雜誌，但就發刊宣言所說：

> 如今欲以普羅文藝來謀求廣大勞苦群眾的利益，正在策動解放處在資本家鐵蹄下過著牛馬般生活的一切被壓迫勞苦群眾！在如此重大意義及目的下創刊了本雜誌，欲使它成爲臺灣解放運動上著先鞭的唯一文戰機關及指南針。〔註105〕

明白顯示《臺灣戰線》雖爲文藝雜誌，但其發刊目的是「策動解放處在資本家鐵蹄下過著牛馬般生活的一切被壓迫勞苦群眾」。根據《警察沿革誌》記載，「臺灣戰線社」以楊克培、謝雪紅爲首，賴和、郭德金、林萬振、張信義、王敏川、陳煥圭等爲同仁。其中楊克培和謝雪紅爲臺灣共產黨成員；賴和等人則爲「新文協」成員。從發刊目的及成員來看，均可證明由於左翼社

〔註105〕〈「臺灣戰線」發刊宣言〉，收錄於臺灣總督府警務局編《臺灣總督府警察沿革誌——文化運動》，頁 403，東京：龍溪書舍復刻版，1973。

會運動者投身文學陣營，從而促使新文學運動與社會主義思潮結合，文學工作者與社會運動者合一〔註106〕，影響文學創作理念，具有社會寫實的特質。

（二）黃石輝「鄉土文學」

一九三〇年八月「臺灣文化協會」會員黃石輝於《伍人報》上發表〈怎樣不提倡鄉土文學〉，引發鄉土文學論戰，在這篇文章中黃石輝說明新世代中文藝與大眾的關係：

> 你是要寫會感動激發廣大群眾的文藝嗎？你是要廣大群眾心理發生和你同樣的感覺嗎？不要呢？那就沒有話說了。如果要的，那麼不管你是支配階級的代辯者，還是勞苦群眾的領導者，你總須以勞苦群眾爲對象去做文藝，便應該起來提倡鄉土文學，應該起來建設鄉土文學……。〔註107〕

提出「以勞苦群眾爲對象去做文藝」，「感動激發廣大群眾」及「要廣大群眾心理發生和你同樣的感覺」，作爲文藝大眾化的基本意涵。在此，黃石輝就文學的內容而言，認爲生於斯長於斯的臺灣作家，其天職是以他的健筆描繪臺灣經驗，熱愛臺灣的鄉土。

其次，黃石輝就文學的語言而論，認爲應採用現實上多數臺灣人所慣用的共通語言，即臺灣話文，才能夠與廣大的勞苦大眾產生共鳴，達到文學的目的。他說：

> 你是臺灣人，你頭載臺灣天，腳踏臺灣地，眼睛所看的是臺灣的狀況，耳孔所聽見的是臺灣的消息，時間所歷的亦是臺灣的經驗，嘴裡所說的亦是臺灣的語言，所以你的那枝如椽的健筆，生花的彩筆，亦應該去寫臺灣文學了。〔註108〕

根據這段引文，黃石輝所提倡的「鄉土文學」，簡單地說即是用臺灣話描寫臺灣的事物。次年，黃石輝於《臺灣新聞》發表〈再談鄉土文學〉，再次定義「鄉土文學」，他說：

> 就是因爲鄉土文學是代表說話的，而一地方有一地方的話，所以要鄉土文學。〔註109〕

〔註106〕參黃琪椿《日治時期臺灣新文學運動與社會主義思潮之關係初探（1927～1937）》，頁42，清華大學中國文學研究所碩士論文，1994.6。

〔註107〕黃石輝，〈怎樣不提倡鄉土文學〉，《伍人報》9～11號，1930.8。

〔註108〕同前註。

〔註109〕黃石輝，〈再談鄉土文學〉，《臺灣新聞》，1931.7.24。

將鄉土文學簡化為「一地方有一地方的話」，以臺灣話文概括鄉土文學，不只是從文學大眾化的立場著眼，同時也進一步強化了寫實主義的精神。由此可知，黃石輝的鄉土文學論有二大要點：一是內容上描寫臺灣事物，二是以臺灣話文為表現工具。

（三）郭秋生「臺灣話文論戰」

到了一九三一年七月郭秋生在《臺灣新聞》發表〈「建設臺灣話文」一提案〉，重點在響應黃石輝的看法，強調要消除文盲，必須使用言文一致的臺灣話文。主張屈文就話的表音論，才能真正貼近大眾的心靈，由此又掀起「臺灣話文論戰」。他在一九三二年七月《南音》第一卷九、十合刊號的〈再聽阮一回呼聲〉痛切呼籲：

> 四百外萬的兄弟姊妹！過再細詳聽阮一回呼聲！「建設臺灣話文的
> 確是臺灣人凡有解放的先行條件」，無解開掩滯目睭的手巾，什麼光
> 明都是黑暗，同樣無基礎滯臺灣話文的一切解放運動，都盡是無根
> 的花欉。

可知郭秋生提倡「建設臺灣話文」背後的重大意義，乃立足於臺灣解放運動，強調臺灣文學應該有其主體性，字裡行間已充分表達其左翼運動者的立場。

關於黃石輝、郭秋生這兩次論戰，賴和也有其回應，尤其關切臺灣話文的運用，曾於一九三二年二月於《南音》一卷三號發表了〈臺灣話文的新字問題〉，為了因應臺灣話文在書寫與閱讀兩方面的難題，他認為應儘量容納漢文，萬不得已才創造新字來表達臺語的一些土音。在實際創作方面，一九三五年十二月賴和並嘗試以臺灣話文創作〈一個同志的批信〉，發表於《臺灣新文學》創刊號，是賴和最後一篇發表的新文學作品，這篇小說完全使用臺灣話文，有別於以往以中國白話文雜用臺灣話文的表現方式。發表之後，被批評為「很難懂」，可見臺灣話文在書寫與閱讀之間確實存在重重的阻礙。除了賴和從事臺灣話文的創作實驗，之後尚有賴賢穎的〈女鬼〉（一九三六.三）及蔡秋桐〈王爺豬〉（一九三六・四）。甚至在學術論文方面，郭一舟的〈福佬話〉〔註110〕、〈北京話〉〔註111〕，以及其散文作品〈北京雜話〉〔註112〕，皆

〔註110〕郭一舟，〈福佬話〉，《臺灣文藝》2 卷 6 號，頁 112，1935.6.10；2 卷 10 號，頁 128，1935.9.24；3 卷 4、5 合併號，頁 51，1936.4.20。

〔註111〕郭一舟，〈北京話〉，《臺灣文藝》2 卷 5 號，頁 1，1935.5.5。

〔註112〕郭一舟，〈北京雜話〉，《臺灣文藝》3 卷 7、8 合併號，頁 91，1936.8.28。

是用臺灣話文寫作。在在顯示，從以北京白話文爲正統到雜用臺灣話文，反映了作家們嘗試以臺灣話文創作的努力。直至黃石輝、郭秋生的論戰之後五、六年，大多數的知識青年仍致力於臺灣文字化的嘗試。一九三六年王詩琅在〈一個試評——以「臺灣新文學」爲中心〉文中即指出：

> 自所謂鄉土文學的討論以來，一般有關心的人雖積極的要解決，卻仍未見就緒。作家們於用語問題，依然還在傍徨。不過在最近、臺灣語式的白話文之嘗試者漸增，而也漸漸地決定爲它的主要方向，由我們看起來，固然是個必然的歸趨。〔註113〕

綜觀而言，不論是完全以臺灣話文創作，或是雜用臺灣話文，在日本當局明令廢除漢文（一九三七年四月一日）的前一年，臺灣語式的白話文具有主流的聲勢。

細究「鄉土文學」、「臺灣話文」這兩次論爭的深層意義有二：一、是在臺灣新文學運動發展過程中，無論在內容和形式上，都更確立了以土地與人民爲中心的臺灣文學主體性論述。由此顯示出一九三○年代殖民地臺灣表現出來的新文學，既非日本文學的支流，也非中國文學的亞流，而是已逐漸凸顯「臺灣文學」的具體概念。二、是在抵抗日本殖民的統治過程中，左翼運動影響的作家爭取大眾的共鳴同感，臺灣意識已具體成型，覺醒於弱小民族必要追求獨立解放。林瑞明分析二、三○年代歷經「新舊文學論爭」、「鄉土文學論爭」、「臺灣語文論爭」之後，臺灣文學的走向，他說：

> 二○年代以來的臺灣新興知識分子強調文學功能論，負起文化啓蒙的重責大任。這種以啓蒙、教養進而爭取民眾爲主的價值取向，貫串於二、三○年代臺灣文學發展歷程中的三大論爭——新舊文學論爭、鄉土文學論爭、臺灣語文論爭，儘管各自有著不同的構造，但此三大論爭相互之間具有一定程度的聯繫與顛覆之關係，最終的走向，則是企圖在文學與大眾之間搭上橋樑，作爲文化上解放臺灣民眾的預備，並且透過影響從而希望在政治上改變弱小民族的命運。
> 〔註114〕

二、三○年代的臺灣文學作家，他們以文學具體描繪了時代面貌，尤其在一九

〔註113〕王詩琅，〈一個試評——以「臺灣新文學」爲中心〉，《臺灣新文學》1卷4號，頁95，1936.5.4。
〔註114〕林瑞明，《臺灣文學與時代精神——賴和研究論集》自序，臺北：允晨文化，1993.8。

二七年《臺灣民報》遷臺後，特設文藝專欄，使得新文學的發表園地明顯擴大，鼓勵更多作家的投入。身兼《臺灣民報》文藝欄編輯的賴和，其作品深深影響當時崛起的楊守愚、蔡秋桐、陳虛谷等重要作家，譴責統治者的不公不義，企圖在文學與大眾之間搭上橋樑，顯現相當濃厚的現實主義色彩與人道關懷；不只形成獨樹一幟的臺灣文學走向，無形中也成為社會運動的協力者，充分發揮文學的社會功能。

從上可見，臺灣新文學運動的成長期，無論就文學語言的表達或文學社會功能的發揮，皆更確立了臺灣新文學未來的走向。

三、高潮期（一九三二～一九三七）

一九三二年起至一九三七年中日戰爭爆發，是臺灣新文學運動的「高潮期」。一九三二年以後，由於總督府積極鎮壓左傾的社會運動及激進的民族主義運動，臺灣的抗日運動趨於沉寂，新文學運動成為代替社會運動吸納知識分子的場合。此一時期文學社團、文藝雜誌相繼出現，作家輩出，成為文學運動發展的重心。這個階段除了賴和仍致力於臺灣新文學的開墾工作，參與《南音》雜誌、「臺灣文藝聯盟」；隨後鹽分地帶吳新榮，亦加入了「臺灣文藝聯盟佳里支部」的陣營；至於更年輕的一代王昶雄、詹冰，則已陸續於日本發表作品。

（一）《南音》

一九三二年，賴和與葉榮鐘、郭秋生等人創辦《南音》半月刊，以「思想、文藝普遍化」、「做思想知識的交換機關、盡微力於文藝的啟蒙運動」為宗旨，同時以「怎樣纔能夠使多數人領納得思想和文藝的生產品」自期〔註115〕。並在次號提倡「大眾文藝」，期許新進作家能創作屬於臺灣大眾的文藝。葉榮鐘在一卷七號的卷頭言〈智識分配〉，再次重申《南音》此一重要使命：

> 我們雖然有著不少的留學生，有許多的學士、博士、學者、詩人等等，美術、音樂、體育各方面也有幾多的天才在活動著，南荒的孤島，化外的蠻民居然也有這麼出色的人才，想來也是很可以自豪的了。但是事實上這些人才不過僅是裝飾品的存在，和一般民眾的生活殆沒有交涉的。他們是娉婷在水面上的荷花，雖則鮮艷奪目，芳

〔註115〕《南音》創刊號發刊詞，1932.1.1。

香撲鼻，無如他們底下卻依然是一池的泥濘。〔註116〕
以荷花泥濘的比喻，葉榮鐘呼籲知識分子勿泥於高遠的理想，應當放下身段到民間，分配智識給鄉里鄰人，反映出文藝大眾化的訴求，強調文學與社會的密切關係，這與賴和的文學主張緊密結合。《南音》雖然代表了臺灣文學不再附庸於政治、社會運動，但是爭取臺灣人政治、經濟地位的平等與提昇臺灣文化，仍是賴和與其他作家們思考的重心。

（二）「臺灣文藝聯盟」——《臺灣文藝》、《臺灣新文學》

一九三二年十月由臺北文學青年組成「臺灣文藝協會」，「以自由主義爲精神，圖謀臺灣文藝的健全發展爲目的。」〔註117〕並刊行文藝雜誌《先發部隊》。第二期以後改爲《第一線》，更進一步聯合島內外文藝界人士。一九三四年五月更召開全島文藝大會，並成立以「聯絡臺灣文藝同志，互相圖謀親睦，以振興臺灣文藝」〔註118〕爲宗旨的「臺灣文藝聯盟」，張深切爲委員長，賴和擔任常務委員。「臺灣文藝聯盟」不但是全島性，而且組織規模龐大，對新文學運動而言更有著深刻的意義，誠如另一位常務委員賴明弘所言：

> 文聯團結了作家，團結了智識分子，更溶化所有反封建、反統治的，富有民族意識的臺灣文化人於一爐，展開了提高文學和文化水準的工作，並確保了臺灣精神文化的基礎，而對異民族表示了堅毅不移的抵抗……這是臺灣智識分子的重大表現，其所留下的足跡是具有歷史性的。〔註119〕

「臺灣文藝聯盟」並非單純的文藝社團，被視爲帶有政治性的文藝運動〔註120〕，是在社會運動、政治運動沉寂後知識分子的新出路。由此可見「臺灣文藝聯盟」仍如二〇年代新文學運動充滿啓蒙精神，「寧作潮流衝鋒隊，莫爲時代落伍軍」〔註121〕、「爲躍進而躍進的先發部隊，爲開發新世界的先發部隊」〔註122〕等語，表現出批判舊世界、追求進步的精神。這個曾經網羅

〔註116〕葉榮鐘，〈卷頭言：智識分配〉，《南音》1 卷 7 號，1932.5.25。
〔註117〕廖毓文，〈臺灣文藝協會的回憶〉，《臺北文物》3 卷 2 期，頁 72，1954.8。
〔註118〕賴明弘，〈臺灣文藝聯盟創立的斷片回憶〉，《臺北文物》3 卷 2 期，頁 58，1954.8。
〔註119〕同前註，頁 63。
〔註120〕參陳芳明等人主編《張深切全集卷二——里程埤》〈冷戰〉，頁 601～628，臺北：文經社，1998.1。
〔註121〕「臺灣文藝聯盟」成立大會標語，見賴明弘〈臺灣文藝聯盟創立的斷片回憶〉，《臺北文物》3 卷 2 期，頁 58，1954.8。
〔註122〕郭秋生，〈先發部隊〉，《先發部隊》1 期，1934.7。

一百多名全臺各地作家的文學組織，象徵三〇年代臺灣新文學運動的高峰。

一九三三年，正是臺灣新文學運動鼎盛時期，佳里鎮上有十多人的文學同志，透過醫生作家吳新榮成立的「青風會」地方性文化組織，常集會，談文學，進而與全省的文學同道連繫結交。一九三四年郭水潭在「臺灣文藝聯盟」的成立大會上，當選南部的負責委員。經過與文聯本部商量並獲得同意後，終於在六月一日成立「臺灣文藝聯盟佳里支部」。部員有郭水潭、吳新榮、徐清吉、鄭國津、黃清澤、葉向榮、王登山、林精鏐、陳挑琴、黃平堅、曾對、郭維鐘等十二名〔註 123〕。「臺灣文藝聯盟佳里支部」的成立具有重大意義，從此以後，鹽分地帶的文學活動匯入臺灣新文學運動的主流。至於其成立宗旨，他們在宣言中表明成立佳里支部，「不僅是聯盟機關的擴大強化」，「也要鮮明地從我們的地方性的觀點，鼓足幹勁在這個拓開中的鹽分地帶，即使微小也無妨，種植文學的花，並且深信其成果一定是輝煌的。」〔註 124〕大體而言，鹽分地帶同仁主張文學須走向民眾，植根鄉土，傾向普羅文學。

一九三六年八月，由於殖民統治的壓迫與干涉、經濟條件不良、內部意見不一等因素，「臺灣文藝聯盟」刊物《臺灣文藝》停止發行。楊逵為了發揚寫實主義文學，另出版漢文文學雜誌《臺灣新文學》，編輯有賴和、吳新榮、楊守愚、郭水潭、葉榮鐘、陳瑞榮、楊逵、王詩琅等十九名。王詩琅認為「臺灣文藝聯盟」的成立，以及《臺灣文藝》和《臺灣新文學》兩雜誌發行的短短三年間，「不但把臺灣新文學從過去從屬於政治的地位擺脫，還急速地把它推進，建立一個堅強陣地，使它能夠採取文學獨自的立場，從事文藝工作」〔註 125〕，說明這個階段新文學運動的社會角色已有轉變，不再如二〇年代「政治結社」的目的高於「文學結社」。

另一方面，高潮期最大的特色是出現了大量的日文作品，違背了臺灣新文學運動以來提倡白話文創作的初衷。一九三六、三七年，日本統治臺灣已近四十年，隨著日語政策逐漸浸透，白話文作品已甚稀少，日文文學刊物《福爾摩沙》及臺籍作家的日文作品開始大量出現〔註 126〕。一九三四年起，臺灣

〔註 123〕參吳新榮 1935 年 6 月 1 日日記，收錄於張良澤主編《吳新榮全集卷 6──吳新榮日記（戰前）》，頁 15，臺北：遠景，1981.10。

〔註 124〕參郭水潭〈臺灣文藝聯盟佳里支部宣言〉，收錄於羊子喬主編《郭水潭集》，頁 176～177，臺南：臺南縣立文化中心，1994。

〔註 125〕王詩琅，〈臺灣光復前的文藝概況〉，收錄於陳少廷《臺灣新文學運動簡史》，頁 181～182，臺北：聯經，1977。

〔註 126〕參王詩琅〈臺灣文學重建的問題〉，收錄於王詩琅著、張良澤編《王詩琅全集

人作家的作品開始進入日本文壇，如王昶雄負笈日本，曾在一九三五年參加伊吹卓二主持的《青鳥》隔月刊雜誌，一九三七年參加淺岡亮作主持的《文藝草紙》季刊。稍晚的詹冰，在一九四三年，陸續以新詩「五月」、「在窓民村」、「思慕」獲日本詩人堀口大學推薦發表在《若草》雜誌。另外，如張文環〈父之顏〉、龍瑛宗〈植有木瓜樹的小鎮〉、楊逵〈送報伕〉、呂赫若〈牛車〉、翁鬧〈憨伯仔〉、郭文潭〈某個男人的手記〉等作品，得到日本一流雜誌文學獎，更是其中顯著的例子。

四、戰爭期（一九三七～一九四五）

蓬勃的臺灣新文學運動至一九三六、三七年《臺灣文藝》和《臺灣新文學》停刊後，文學界沒有由臺灣本土作家主導的文學社團和刊物。隨著中日戰爭的爆發，藝文活動所遭到的監視與干涉也較以前為甚，從此新文學運動進入「戰爭期」，至一九四五年太平洋戰爭結束，臺灣新文學一直面臨強大的政治壓制。

在日本帝國主義的規劃下，臺灣的位置乃是南進的跳板，一九三七年「七七事變」爆發後，臺灣便被捲入中日戰爭，再度強調臺灣必需協助日本對中國南部和南洋的統治及建設。為求臺灣人在戰爭的進行中能對日本忠誠，總督府推行強迫性的同化政策，並於一九三七年設立「國民精神總動員本部」，在各地設立支部，要求「舉國一致、盡忠報國、堅忍持久」，實施皇民化運動。皇民化重要措施，如：一九三七年，禁止使用漢文，廢止漢文書房，減少寺廟，禁止中國劇上演。一九三八年，公布「國家總動員法」，徵調青年擔任戰場軍伕，禁止爭議、統制言論，要使臺灣人在文化生活上徹底日本化，使臺灣人成為「忠良的日本人」，為天皇效死。一九四〇年，修正戶口規則，強迫臺灣人改用日本姓名。一九四一年，「皇民奉公會」在總督府成立，設有文化、生活部門，職司寺廟整理、大麻奉齋、改姓名、國語運動等實踐決戰生活的目標，另有「文學奉公隊」，將文學納入動員範圍。

這個階段醫事作家吳新榮、王昶雄不只是報紙文藝欄上的常客，同時投入《臺灣文學》的行列，為臺灣文學的傳承奉獻心力。

（一）臺灣文學運動的空白時代

臺灣總督府於事變前三個月，即一九三七年四月一日下令廢止報紙的漢

卷9——臺灣文學重建的問題》，頁117，高雄：德馨室，1979.11。

文欄，二〇年代以來與社會運動密切關連的臺灣文學運動面臨一個沉重的打擊，甚至三〇年代以臺灣白話文創作為主的文字工作也面臨轉變。龍瑛宗曾用「文學之夜」一詞，描述當時文壇冷清的狀況〔註127〕。王詩琅在〈日據時期臺灣新文學〉中回憶戰爭期的文學活動，他指出：

> 中日事變爆發，隨著日人侵華戰爭的擴大，臺灣也跟著實施戰時體制，思想統制也日見加強。臺灣的文藝工作者在這種情況之下，以過去的文學理念已無法再從事寫作，況且很多的文藝工作者相繼到中國大陸去，就是留在臺灣的也都把筆暫時擱起，靜觀時局的演變。〔註128〕

戰爭期的臺灣新文學運動被組織嚴密的「皇民奉公會」控制，不僅剝奪了文學團體的存在，極度壓抑臺灣作家的內在自主力量。作家們在既有的思維架構已破滅之際，顯得無所適從，欲振乏力，吳新榮曾在一九三八年二月二十五日的日記中，寫下了當時「鹽分地帶」作家的苦悶面容，他說：

> 晚上郭水潭、徐清吉、陳培初、鄭國津諸君來訪，從生活問題談到社會問題，欠未如此暢談，頗覺愉快。但是雜談的結論，盡在「醉生夢死」一語中。這是何等悲哀的結論，我們沒有生活的目的，什麼文化建設、社會建設、政治進出，皆屬徒然。有的只是精神逃避、良心破產、奴隸生活、動物的愛慾而已。（1981.六：67）

吳新榮又在一九四〇年十二月二十一日的日記中，記錄參加「文藝銃後運動演講會臺灣班」，於臺南公會堂演講的情形以及聽講後的心得，並力斥其無理要求說：

> 首先，日本文壇中堅作家久米正雄呼籲以文藝處理日支事變。其次，新進作家中野實暴露重慶政府的宣傳戰。接由中堅作家吉川英治喚醒大家作銃後準備，次由新進作家火野葦平報告前線實情。最後由日本文壇大將菊池寬談武士道。這一群通俗小說家及大眾文藝家或戰爭文學家的高級理論，沒有說動我心，說什麼「文藝家銃後運動」，名堂響亮，其實無理要求。（1981.六：104）

黃得時認為事變對臺灣文學活動帶來了空前的打擊，以致造成「臺灣文學運

〔註127〕參柳書琴〈戰爭與文壇──日據末期臺灣的文學活動（1937.7～1945.8）〉，頁27，臺灣大學歷史研究所碩士論文，1994.6。

〔註128〕王詩琅，〈日據時期臺灣新文學〉，收錄於《王詩琅全集卷9──臺灣文學重建的問題》，頁156，高雄：德馨室，1979.11。

動的空白時代」，他表示：

> 支那事變爆發的同時，本島的文學運動也頓時停滯。直到昭和十五
> （1940）年一月一日《文藝臺灣》創刊前的兩年半期間，除了《臺
> 灣新民報》新銳中篇小說的企劃之外，沒有文學活動也沒有文學雜
> 誌。這兩年半，可以說是臺灣文學運動的一個空白時代。〔註129〕

一九三〇年代末，無論臺灣作家或日本作家的新文學活動，都相當有限。尤其
在綜合性文藝雜誌極度欠缺之下，報紙文藝欄的發表園地，如《臺灣新民報》、
《臺灣日日新報》、《臺灣新聞》和《臺南新報》等，聊補臺灣文學運動的空
白，具有不可輕忽的價值。臺灣作家如吳新榮、王昶雄，還有楊雲萍、楊熾
昌、林永修、邱淳洸、龍瑛宗、林精鏐、莊培初、王登山、郭水潭等，都是
文藝欄上的常客。

（二）《文藝臺灣》、《臺灣文學》

除報紙之外，《文藝臺灣》、《臺灣文學》也是當時最重要的民間刊物，成
為一九四〇年代臺灣知識人的主要活動場合。

1. 《文藝臺灣》（一九四〇～一九四三）

為了對作家納入一元統制，以便在官方的支配下進行活動。一九四〇年元
旦，組成「臺灣文藝家協會」，發行《文藝臺灣》雙月刊，實際編務及發行事
宜皆由西川滿主導，乃事變後第一分綜合性的文藝雜誌。與「臺灣文藝聯盟」
不同的是，此乃以日人為中心的文藝圈，會員共有臺、日作家六十三人，臺
灣作家以北部和臺南佳里地區居多，有吳新榮、周金波、黃得時、楊雲萍、
龍瑛宗、張文環、邱炳南、郭水潭、水蔭萍、王碧蕉、莊培初、林精鏐、鄭
津梁、王育霖、林夢龍、藍蔭鼎、邱淳洸等人。

「臺灣文藝家協會」本質上乃「大政翼贊運動」要求文化界協力國策之
下的產物。這種不容個體行動的「集體化」的作風，對作家的自主性而言，
無疑是極大的威脅。因此，新協會的出現，是官方文學統制的初步成果，也
是臺灣新文學活動變質的先兆。一九四一年張文環、中山侑等人因不滿西川
滿的編輯方針，有另組雜誌的想法。張文環戰後憶及這段往事說：

> 說到當時的文學雜誌，只有西川滿編輯的《文藝臺灣》而已。西
> 川滿是當時臺灣總督府機關誌《臺灣日日新報》的第二課長。他

〔註129〕黃得時，〈輓近の臺灣文學運動史〉，《臺灣文學》2卷4號，頁6，1942.10.19。

> 父親西川純先生是「昭和炭礦」社長，也是臺北市會議員。因此，
> 西川滿背景好又有充裕的資金。然而，西川議員是紅牌人物，西
> 川滿則是「御用文學家」。不祇臺灣人認爲他所編的雜誌，太偏重
> 於他個人的興趣本位；更有許多主張人道主義的日本人士，對他
> 的雜誌抱著不歡迎的態度。我也是《文藝臺灣》的同仁之一，每
> 次開編輯會議，我都覺得十分頭痛。和他的獨裁作風相較之下，
> 他的兒戲態度更令人難以忍受，好像閒著沒事做的貴夫人一樣。
> 〔註130〕

可知張文環決心脫離《文藝臺灣》的原因，最主要乃針對西川滿是位不主張
人道主義的「御用文學家」，以及其獨裁的編輯作風與兒戲的輕慢態度。相同
的，吳新榮對於西川滿也頗有微詞，他在一九四〇年四月十八日的日記中，記
載讀過第三期的《文藝臺灣》後的感想說：「《文藝臺灣》這種貴族性的編輯
方法，我無法贊成。」（1981.六：92）

　　2. 《臺灣文學》（一九四一～一九四三）

　　張文環、黃得時、中山侑等人於一九四一年五月脫離《文藝臺灣》，另組
「啓文社」，發行《臺灣文學》，實際編務則由張文環負責。目的要使《臺灣
文學》成爲「建設臺灣文學界的基礎工事」〔註131〕，重新凝聚了臺人作家的
力量，甚具有傳承事變前新文學運動香火的意義。

　　一九四一年《臺灣文學》創刊號問世之後，陳逸松、張文環、黃得時、
王井泉、巫永福、楊逵等核心人物親赴佳里，向佳里地區的作家報告《臺灣
文學》的編輯方針及經營狀況〔註132〕，吳新榮在這一年九月七日的日記表達
他對這群文藝工作者的支持與敬意：

> 陳逸松對啓文社的犧牲，精神可佩。張文環不愧爲臺灣文壇大將，
> 其精力與奇智令人敬愛。黃得時不愧名門出身，其對文學之態度令
> 人喜好。（1981.六：115）

一九四二年底，張文環等人再訪臺南，對南部作家表示《臺灣文學》的經濟

〔註130〕張文環，〈「臺灣文學」的誕生〉，《臺灣近現代史研究》2號，頁180，東京：
　　　　綠蔭書房，1979.8。
〔註131〕張文環，〈文學昂揚的基礎工事〉，《興南新聞》4版，1943.9.13。
〔註132〕參張良澤主編《吳新榮全集卷6──吳新榮日記（戰前）》，頁115，臺北：遠
　　　　景，1981.10。

基礎已穩固，接續目標是有意加強同仁陣容，並邀請吳新榮出面負責佳里地
方的擴展事宜〔註133〕，後來鹽分地帶同仁：郭水潭、中良正、王碧蕉、王登
山、莊培初、林精繆、黃平堅、徐清吉、楊萬壽在吳新榮的號召下加入《臺
灣文學》。吳新榮曾在《震瀛回憶錄》中記錄了這段與《臺灣文學》同仁接觸
的機緣，他說：

> ……不期在這年的初年，他的一些朋友果然帶著他們的「情婦」來
> 了。這就是「臺灣文學」的同人陳亦常、張春園、黃德詩、王白水
> 諸同仁，他們說這就是繼承臺灣文學的傳統和遺產，勸告鹽分地帶
> 同仁積極支援和參加。夢鶴也無條件地和這個「情婦」結了冤仇，
> 在他四卷十號中，寫有十餘篇的詩文，以致連他的「本妻」也強要
> 忘去了。（1997.三：126）

由這段話顯示吳新榮爲了繼承臺灣文學的傳統，積極參加《臺灣文學》，並在
一九四二年七月、十月，發表了賺人熱淚的日記文學〈亡妻記〉。另一位平時
默默筆耕、剛自日本學成返臺的王昶雄，雖然不是身爲臺灣新文學運動的主
軸，這時也加入了《臺灣文學》雜誌爲同仁，協助張文環從事編輯工作。一
九四三年十一月吳新榮曾拜訪他留下這段記憶：「王井泉君帶我往訪《臺灣文
學》同仁王昶雄君，他是齒科醫生，頗有骨氣，在我的簽題簿上，寫了『士
爲知己者死』。」（1981.六：147）

在戰時嚴密的體制中，《臺灣文學》雖標榜寫實主義的文學，也很難如二
〇、三〇年代的文學那樣充滿抗爭性，總督府保安課課長隨時監控作家們的思
想意識，時時給予雜誌壓力〔註134〕，使得編輯張文環非常小心謹慎，唯恐觸
怒當政者，例如王昶雄〈奔流〉，刊登前經大力刪改，仍爲「皇民文學」的敏
感問題惹來喧騰不已的爭論。王昶雄在戰後〈過去是一個新的起點〉提及皇
民時期的創作心情，他說：

> 在日帝的高壓政策下，我們的創作常有許多顧忌，因而有諸多問題
> 不能深入去探討。黃得時亦曾在「張文環氏與臺灣文壇」一文中，
> 這樣寫著：「由我引用日本南北朝時代的『神皇正統記』的開頭一
> 句話『大日本是神國』，加以發揮，而日人只看題目，就連連點頭

〔註133〕同前註，頁138。
〔註134〕參池田敏雄著、張良澤譯〈張文環兄及其周邊的事〉，《臺灣文藝》73期，頁
　　　　285～288，1981.7。

說很好很好。哪知在字裏行間，卻含有一種反日意識，其用心之良
苦，絕非局外人所能想像得到的。」再看陳少廷的「歷史不容誤解」
裏的一段文章：「有些在光復後始譯成中文發表的作品，與其原文，
即在光復前發表的原始文獻，不盡相同。凡稍了解日治政策的讀
者，都知道那篇小說中的用語如『日本軍閥』，是日政府當局絕不
可能容忍的。」由此可知，在日帝淫威下的抵抗，真是談何容易！
（1993：13）

「在日帝淫威下的抵抗，真是談何容易！」因此，尖銳的抗日主題成為寫作
的禁地；代之而起的是，風俗習慣成為討論的主題，如被稱為「風俗作家」
的張文環，即以臺灣鄉土小人物的生活為題材；呂赫若此時的作品描寫傳統
家庭的黑暗悲劇。他們的作品基本上延續了一九三〇年代臺灣新文學運動的
主題與精神，堅持寫實主義的風格，林瑞明認為：「所幸還有張文環主編的
以寫實主義為主的《臺灣文學》這一傳承，臺灣新文學運動，雖經『皇民文
學』的扭曲，其精神畢竟是一脈相傳下來。」〔註135〕《臺灣文學》的重大
貢獻是繼承臺灣新文學運動以來的寫實精神。另外，值得一提的是當一九四
三年，臺灣文壇的精神領袖賴和去世時，《臺灣文學》不畏警務局的壓力，
特別刊出悼念專輯，足見其極力企圖銜接一九三七年以前臺灣新文學運動脈
絡的用心。

　　太平洋戰事所引發的強烈文學統制，促使《文藝臺灣》、《臺灣文學》同
時遭廢刊的命運，可以說是臺灣新文學運動步上衰途的最大關鍵。從一九四
二年起，「日本文學報國會」，積極配合日本軍方侵略的腳步，共舉辦三次
「大東亞文學者大會」，標榜其開會目的是：「在大東亞戰爭下，負擔文化建
設底共同任務的共榮圈各地的文學者會聚一堂，互相溝通抱負，互相打開胸
襟傾訴。」〔註136〕臺灣的代表包括了兩個不同陣營的作家，在這會議期間，
西川滿曾多次向張文環提議兩個雜誌合併的計劃，張文環堅決拒絕，這段歷
史在吳新榮一九四三年十一月十三日日記曾有記錄，從中並可見其對於政治
干預文學的義憤填膺，以及文學奉獻決戰的省思，他說：

今天為「臺灣文學決戰會議」正式會議的第一天……。會議上，突

〔註135〕林瑞明，〈日本統治下的臺灣新文學運動——文學結社及其精神〉，收錄於《臺
　　　　灣文學的本土觀察》，頁29，臺北：允晨文化，1996.7。
〔註136〕葉石濤，《臺灣文學史綱》，頁62，臺北：文學界，1991。

> 然西川一派的陰謀，提議合併文藝雜誌，滿場沸騰，形成《臺灣文
> 學》與《文藝臺灣》兩陣營。張文環、黃得時、楊逵諸君極力奮鬥。
> 瀧田貞治、田中保男諸氏亦大力支援。我不禁義憤，提出新提案，
> 結果不了了之。在時局決戰下，此會議具有歷史意義。爲了戰爭，
> 文學不得不奉獻決戰的決意。……車中疲勞未眠，反省自己：文學
> 之路值得走下去嗎？（1981.六：148）

一九四三年十一月的「臺灣文學決戰會議」，議題爲「本島文學決戰態勢的確
立、文學者的戰爭協力」，在總體戰的口號下，文藝活動被視爲總體戰的一部
分，會議中西川滿表明「文章報國的決志」，呼籲作者要打破個人主義、自由
主義，接受戰爭中的國家意識型態，提議將「文藝雜誌納入戰鬥配置」，引起
楊逵、張文環和黃得時的強力抗議，西川滿再度以激昂的愛國心發言，暗指
反對者乃具有對立的意識〔註137〕，終於迫使《文藝臺灣》、《臺灣文學》同時
廢刊的決定。

　　一九四四年五月，由「臺灣文學奉公會」集合雙方成員，發行《臺灣文
藝》，成功地統合臺灣的文藝刊物；雖名爲代表全臺灣文學界的刊物，投稿
者卻減少很多，矢野峰人在創刊號的編後語中表示：「大部分寫稿的作家，
過分慎重的關係吧，把截稿日期再度延後，出乎意料之外，也收不到稿件。」
〔註138〕足見作家對政治色彩濃厚的文藝刊物支持意願不高。但在總督府情
報課的安排下，仍不得不從事謳歌戰爭、提高戰鬥意志的文學創作。「戰爭
期」僅存的文學空間益形縮小，文學在國家的宰制下，成爲政權的工具；文
學社團作爲國家政策工具的事實，益使吳新榮思考未來的文學路值得走下去
嗎？他在一九四三年十一月十四日日記說：

> 此時感到與其社會，不如家庭來得真切；與其文學，不如職業來得
> 切實。而且在這時局緊迫之下，想起從事文學的困難，倒不如先守
> 住家庭，盡力職業，才是首務。（1981.六：149）

戰時體制使然，導致臺籍作家不得不深意隱微，甚至保持沈默。吳新榮道出
了當時作家的共同心聲。

〔註137〕參王昭文《日治末期臺灣的知識社群（1940～1945）——《文藝臺灣》、《臺
　　　　灣文學》及《民俗臺灣》三雜誌歷史的研究》，頁 51，清華大學歷史研究所
　　　　碩士論文，1991.7。
〔註138〕《臺灣文藝》創刊號，1944.5。

小　結

　　由以上三節的內容可知，臺灣醫事作家的醫學教育背景，以及反殖民運動、新文學運動的社會參與。首先就醫學教育而言，醫事作家無論進入本島醫學校，或是赴日習醫，醫學專業訓練使他們成為殖民地的新知識分子，同時也是個人型塑政治思想、養成人格、蘊育新文學最重要的時期。

　　其次就醫事作家的反殖民運動而言。一九一○年代初期，前總督府民政長官後藤新平重遊臺灣時，特對醫學生訓話，內容主要是希望醫學生要認同、效忠日本皇國，以成為「全島民示範」〔註139〕。然而我們從日治時期臺灣醫生在反殖民運動上的表現，明確可知，日後的臺灣醫生確實成為「全島民示範」，只是其激昂的抗日意識和後藤所期許的背道而馳。清代以來，傳統臺灣醫生的社會地位排在「上九流」之列，尚稱崇高〔註140〕。然而眞正使醫生獲得臺灣人民近乎偶像崇拜的普遍尊敬，應當始於大批臺灣醫生投入於一九二○年代以來的反殖民運動。對於臺灣同胞而言，臺灣醫生不僅是懸壺濟世的「醫生」角色，更能秉持知識分子的良心，關懷層面由同胞的健康擴及民族的尊嚴，誠如林衡哲所說：「臺灣社會之所以有敬重醫生的傳統，就是因為有蔣渭水、賴和、吳新榮這些具有知識分子良心的醫生底存在。」〔註141〕他們挺身而出，為臺灣人民的權益、幸福奮鬥不懈，是人道主義精神的發揚，也是不畏強權的表現。蔣渭水、賴和、吳新榮參與政治、社會運動的精神，構成臺灣醫生在知識社群中極不平凡的地位。

　　再就醫事作家的新文學運動而言。我們發現臺灣新文學運動的每個時期均有醫事作家的身影。萌芽期，蔣渭水不只以結社、演說、集會、罷工等行動進行抗爭的社會運動，他與賴和同時皆已開始新文學的寫作；賴和甚至提出「言文一致」、「文學就是社會縮影」的理論。成長期，賴和擔任《臺灣民報》文藝欄編輯，加入臺灣話文論戰，參加《臺灣戰線》，主張文學大眾化，企圖以文學作為解放臺灣民眾的武器。高潮期，賴和創辦《南音》，擔任「臺

〔註139〕矢內原忠雄著、周憲文譯，《日本帝國主義下之臺灣》，頁 206，臺北：海峽
　　　　 學術，1999.10。

〔註140〕「上九流」，是指師爺、醫生、畫工、地理師、卜卦、相命、和尚、道士、琴
　　　　 師；「下九流」是指娼女、優、巫者、樂人、牽豬哥、剃頭、僕婢、按摩師、
　　　　 土公。參鈴木清一郎著、馮作民譯《臺灣舊慣習俗信仰》，頁 13～16，臺北：
　　　　 眾文，1994.5。

〔註141〕林衡哲，《雕出臺灣文化之夢》自序，頁 17，臺北：前衛，1989.7。

灣文藝聯盟」常務委員，繼續以文學社團聚集文人，透過文學發揮抗爭意識；吳新榮則以「臺灣文藝聯盟佳里支部」爲地基，致力於將文學植根鹽分地帶。戰爭期，吳新榮、王昶雄仍努力在官方意識型態之外，尋找臺灣本土的自主性與自我認同。由此觀之，在臺灣新文學的園地裡，絕不可忽略這些醫事作家以熱血生命奮力耕耘的貢獻；其中賴和自萌芽期貫串至高潮期，在臺灣新文學史上堪稱是篳路藍縷的先驅，「臺灣新文學之父」，實至名歸。

第三章　作家的文學歷程

從第二章的內容，可知蔣渭水、賴和、吳新榮、王昶雄、詹冰文學形成的背景。在實際創作方面，他們各寫下散文、小說、新詩等不同體裁的代表作品；至於文學語言的運用，則受了新舊文學論戰、鄉土文學論戰、臺灣話文論戰以及日本語言政策等影響，醫事作家們也出現不同的語言表達方式；內容大體皆反映自我經驗或與時代的現實發展緊密結合。另外，吳新榮、王昶雄、詹冰這三位跨語一代作家，戰前、戰後文類及風格的轉變，亦值得我們注意。本章主旨分別就這五位作家的文學歷程，各論並比較文學的成就與特色。

第一節　監獄文學的驍將——蔣渭水

蔣渭水（一八九一～一九三一），宜蘭人，一九一五年（二十四歲）臺灣總督府醫學校畢業後，就職於宜蘭醫院內科，隔年，在臺北大稻埕開設大安醫院。蔣渭水是日治時期反殖民運動從「臺灣同化會」、「臺灣文化協會」，至「臺灣民眾黨」的領導人物，在日本帝國主義統治的歷史軌道中，一個醫生如何由自我覺醒至理念實踐的歷程，在困蹇的悶局中永不懈怠地尋覓出路。醫人醫國的理想與抱負，使蔣渭水成為臺灣抗日運動史上的「臺灣孫文」〔註1〕。蔣渭水移植孫中山先生革命的精神與主張，引導臺灣同胞從事抗日運動，得到熱烈的支持與響應。葉榮鐘在〈革命家蔣渭水〉中即說：

〔註1〕 蔣渭水「臺灣孫文」的稱號，見於黃勁連編訂《吳新榮選集三——震瀛回憶錄》，頁104，臺南：臺南縣立文化中心，1997.3。

> 他對於革命的嚮往與對　國父的崇拜，比任何人都來得更加熱
> 烈，⋯⋯尤其是對　國父的一舉一動都極爲注意。研讀　國父思想
> 學說以及黨國要人的言論最多而且最深入。〔註2〕

蔣渭水奉守孫中山先生思想學說，在一九二〇年以後的臺灣扮演先覺者與反
抗者的角色。然而其與孫中山先生仍有一些不同之處，如一、孫中山先生所
領導的是武裝革命；蔣渭水則是以非武裝革命爭自由、爭民權、爭自治。二、
孫中山先生自致力革命後，便不再行醫，從事革命之餘，周遊列國，考察各
國的政治得失，和古今國勢強弱的道理；蔣渭水自一九二一年（三十一歲）
起，至一九三一（四十一歲）病逝止，「十年如一日」的積極參與反殖民運
動，除了在全島各地服務病患，同時致力於政治民權、社會改革、文化啓蒙
等運動，未曾到過日本以外的地方。三、孫中山先生逝世後，被尊爲「國父」；
蔣渭水逝世後，戰後七十年來卻一直在自己畢生奮鬥的土地上寂靜的安息。
四、孫中山先生與蔣渭水皆寫出了一套比較具體的政治思想體系，並從事政
黨的組織與創建；蔣渭水除了政治文獻，也有散文寫作〔註3〕。

　　戰後蔣渭水這位抗日英雄的事蹟，不但隨著政治環境逐漸被淡忘，同時
他在臺灣新文學萌芽期留下來的幾篇散文作品，更是少人注意。其實自一九
二一年至一九二五年間，可以說是蔣渭水一生中寫作最多的階段，這段時期
正好是他重燃「政治熱」，加入「臺灣議會請願運動」，創立「臺灣文化協會」
之後，從一九二一年十一月三十日，第一期「臺灣文化協會」會報中以日文
發表的〈臨床講義〉，至一九二五年七月一日～七月二十六日在《臺灣民報》
上刊登的〈獄中隨筆〉，計有四十多篇文章，內容或雜有對政治、社會、文化
的觀察隨筆，其中仍以一九二三年「治警事件」入獄的所思所感佔最多，今
皆收錄於王曉波編《蔣渭水全集》。

　　在《臺灣民報》以寫政論直刺日本當局而出名的蔣渭水，其政治文獻篇
篇幾乎都是高聲吹奏激勵民眾的進行曲；事實上，他在臺灣新文學運動的初
期已萌發小說寫作的意圖。就在一九二六年賴和發表第一篇小說〈鬥鬧熱〉
之前一年，蔣渭水曾有〈五個年中的我〉一文，憶及「復元會」的諸多慷慨
悲憤、危機四伏的事蹟，將是撰寫小說的好材料：

〔註2〕　葉榮鐘，《臺灣人物群像》〈革命家蔣渭水〉，頁101，臺北：帕米爾，1985.8。
〔註3〕　蔣渭水與孫中山先生的相異處，參黃煌雄《蔣渭水傳——臺灣的先知先覺
　　　　者》，頁219，臺北：前衛，1995.7；林衡哲，《雕出臺灣文化之夢》〈臺灣現
　　　　代政治史上的唐吉訶德——蔣渭水〉，頁27，臺北：前衛，1995.6。

老實説來，我的政治煩悶的魔病，是自醫學校時代，便發生起來的了。……這些學窗時代所做了的活劇，今日靜靜地回顧起來，真是津津有味，也有可笑的，也有可驚的，也有可悲憤的，也有可痛快的，也有很危險的，－同志在上海被鄭汝成鎮守使拘執將被銃殺，幸得救出，－若一一寫出來，可做一篇的小説。〔註4〕

從以上這段文字得知，蔣渭水因熱衷於政治社會運動，小説創作的理想終究未能實現。

蔣渭水的寫作除了白話散文之外，其仿古文的成就亦值得注意，因此，其文學歷程先就漢文的奠基談起。

一、漢文奠基期

蔣渭水漢文的奠基，得溯及其以相命卜卦爲生的父親，因爲基於漢民族意識，堅持不讓蔣渭水接受日式教育，而將他送入束脩昂貴的私塾學堂。九歲至十六歲（一八九九～一九○六）受業於宜蘭宿儒張鏡光茂才，張先生是臺灣北部一帶最有名的漢學大師之一，曾爲文諷刺日本治臺的暴政而一度被囚，蔣渭水日後強烈的抗日精神與漢民族意識，顯然是受恩師的影響〔註5〕。

日本治臺最初二十五年，爲了愚民目的以及消滅漢文，日語與醫學構成教育的主要內容。賴和在〈無聊的回憶〉中描寫公學校的教育時，便這樣説：「上學校自然是去學日本話，這就是讀書」（2000.二：240）。因爲只有消滅漢文，才可同時消滅臺灣同胞認同的漢文所內涵的文化。後來雖然基於日常生活及實際上的需要，公學校將漢文列爲「隨意科」，但因「教與不教的權限委任在地方的公學校長，而各地方的公學校長千篇一律，都把漢文看做是無關輕重的學科，因此大概都把漢文廢掉」〔註6〕。公學校初期的不設漢文科，以及後來雖設而不獎勵漢文科，遂使漢文的傳授與學習變成民間的責任，因此日治時期的書房林立，一八九八年是書房的全盛期，當時臺灣書房共有一、七○七所，學生人數爲二九、八七六人。臺灣總督府於同年發布公學校令，在各地設立公學校，收容臺灣學生，其學生人數至一九○四年始超

〔註4〕 蔣渭水，〈五個年中的我〉，《臺灣民報》67號，頁44，1925.8.26。

〔註5〕 參林衡哲《雕出臺灣文化之夢》〈臺灣現代政治史上的唐吉訶德——蔣渭水〉，頁25，臺北：前衛，1995.6。

〔註6〕 黃煌雄，《蔣渭水傳——臺灣的先知先覺者》，頁27，臺北：前衛，1995.7。

過書房的學生人數〔註7〕。在日治時期輕視漢文的環境下，這些書房對漢文的延續，以及對於民族文化的傳承，實有其貢獻。蔣渭水與賴和的童年啓蒙，即皆來自書房教育。後來蔣渭水在「民眾黨」政策內規定「公學校須以漢文爲必修科」，並一再發起「漢文復興運動」，誠有其民族意識的背景因素。

私塾學堂教育也培養了蔣渭水喜誦古文的興趣，並於「治警事件」繫獄時留下一系列仿古文的作品，如擬〈歸去來兮辭〉作〈快入來辭〉〔註8〕，抒發有志難成的感慨；擬〈送李愿歸谷序〉作〈送王君入監獄序〉〔註9〕，表達與王敏川相濡以沫的眞情；擬〈春夜宴桃李園序〉作〈春日集監獄署序〉〔註10〕，記獄中誦讀著述的生活；擬〈前赤壁賦〉作〈入獄賦〉〔註11〕，寫入獄過程與殖民政府的剝削；擬〈陋室銘〉作〈牢舍銘〉〔註12〕，結尾有「何罪之有」的辯白。就每一則仿作中，不難看出蔣氏對古典詩文的精熟，往往騁其華藻，從容按節，筆暢墨酣；又能以滑稽之筆，寓譏諷微旨。就內容而言，林瑞明認爲這些仿古作品可歸納爲抗日運動中的「監獄文學」〔註13〕。

二、「臺灣文化協會」始創期

一九二一年至一九二七年，蔣渭水的人生黃金階段幾乎與「臺灣文化協會」一起成長，目的無非是要「助長臺灣文化之發達」，提供大量知識營養劑，希望達到改造臺灣同胞思想文化的目標，以根治臺灣的病症。蔣渭水在「臺灣文化協會」始創期寫了篇極爲出色的作品，就是發表於「臺灣文化協會」第一期會報的〈臨床講義〉〔註14〕。本文最大意義，在於諷喻社會大眾的病根，並開立民眾教育的良藥處方，具體提出改造臺灣同胞靈魂的眞知灼見，正呼應了「臺灣文化協會」成立的動機與目的。〈臨床講義〉是政治文

〔註7〕 參陳芳明等人主編《張深切全集——張深切與他的時代（影集）》，卷12，頁22，臺北：文經社，1998.1。

〔註8〕 蔣渭水，〈快入來辭〉，《臺灣民報》2卷3號，頁8，1924.2.21。

〔註9〕 蔣渭水，〈送王君入監獄序〉，《臺灣民報》2卷5號，頁16，1924.3.21。

〔註10〕 蔣渭水，〈春日集監獄署序〉，《臺灣民報》3卷4號，頁16，1925.2.1。

〔註11〕 蔣渭水，〈入獄賦〉，同前註。

〔註12〕 蔣渭水，〈牢舍銘〉，同前註。

〔註13〕 林瑞明，《臺灣文學的歷史考查》〈感慨悲歌皆爲鯤島——蔣渭水與臺灣文學〉，頁206，臺北：允晨文化，1996。

〔註14〕 蔣渭水〈臨床講義〉原以日文寫成，後由傅力力譯成中文，收錄於白成枝編《蔣渭水遺集》，頁93～95，臺北：文化，1950。亦收錄於王曉波《蔣渭水全集》（上），頁3～6，臺北：海峽學術，1998。

獻亦是文學作品，主旨義涵的深厚與形式風格的獨特，堪稱是臺灣散文史上的代表作。雖然作者採日文為語言，譯成中文後，仍保存一些日本化的詞彙，然而在八十年後的二十一世紀初讀來，對於臺灣民眾仍頗具振聾發聵的作用。林瑞明在〈感慨悲歌皆為鯤島——渭水與臺灣文學〉倍加稱許本文，認為是：「臺灣的政治文獻，亦是獨一無二、絕妙的文學作品。」「蔣渭水單以〈臨床講義〉一文，就足以在臺灣新文學史上佔有一席地位。」〔註15〕的是確論。

三、「治警事件」入獄期

黃煌雄在《蔣渭水傳——臺灣的先知先覺者》自序提及蔣渭水是：

> 臺灣同胞非武裝抗日運動最具影響力、最能刺痛日據當局，並最能
> 喚醒寂靜的民族與社會良知的運動家，也是日據時代臺灣同胞之中
> 最堅持民族運動路線，而又最能發揮民族影響力的革命家。〔註16〕

終其一生，蔣渭水秉持純潔的理想主義與犧牲奉獻的精神，為臺灣同胞的命運奮鬥到底、鞠躬盡瘁，直至病危時仍念茲在茲地留下：「革命即將勝利，同志務須努力」的遺言，林衡哲即稱他為「臺灣現代政治史上的唐吉訶德」〔註17〕。

這樣一位具有理想主義與犧牲奉獻的抗日志士，始終是總督府眼中最危險的分子，一九二三年十二月十六日，臺灣總督府警務局忽以違反「治安警察法」的口實，對於「臺灣議會期成同盟會」進行風聲鶴唳大檢舉，北自宜蘭，南至高雄，造成了轟動全臺的「治警事件」，一網打盡「臺灣議會請願運動」的關係人，總共九十九人被捕，全部被移送臺北地方法院檢察局，並被扣留於臺北監獄。其中包括蔣渭水、賴和、石煥長、林篤勳、石錫勳、韓石泉、吳海水、周桃源、邱德金等九名醫生；包括蔣渭水、賴和前六名遭檢察官起訴請求預審，後三名則予以不起訴處分。第一審被告均獲判無罪；第二審蔣渭水被禁錮四月；第三審上訴則遭駁回〔註18〕。蔣渭水因「治警事件」

〔註15〕林瑞明，《臺灣文學的歷史考查》〈感慨悲歌皆為鯤島——蔣渭水與臺灣文學〉，頁215，臺北：允晨文化，1996。

〔註16〕黃煌雄，《蔣渭水傳——臺灣的先知先覺者》自序，臺北：前衛，1995.7。

〔註17〕林衡哲，《雕出臺灣文化之夢》〈臺灣現代政治史上的唐吉訶德——蔣渭水〉，頁29，臺北：前衛，1995.6。

〔註18〕有關「治警事件」始末，詳參蔡培火、陳逢源、林柏壽、吳三連、葉榮鐘等

計有二次入獄，第一次是事件發生時，被拘留在臺北監獄的六十四天，在獄中寫下仿古文之作，以及〈入獄日記〉〔註19〕、〈入獄感想〉〔註20〕；第二次是判刑後，被關在臺北監獄的八十天，出獄後寫下〈獄中隨筆〉。其中從〈獄中隨筆〉「這回出獄沒有手信了」一文得知，蔣渭水創作的因子在「治警事件」入獄時最為跳躍活絡：

> 我前回出獄的時候帶了很多的手信發表在民報上，讓讀者諸君鑑賞了，這回的入獄我打算多作幾篇，充做出獄的手信，因為四箇月，在獄裡的日子是確定的，也是夠久的，自信定必有滿載榮歸的作品，來做出獄的紀念，以奉贈讀者諸君。主意已定，心甚踴躍，入獄的第三天。墨水鐵筆和洋紙齊備，正要執筆寫稿，忽然獄吏來說；「今後不比未決時那末自由，須要謹慎，不得自由寫作」。這樣迫我的原來打算完全推翻。因此八十天獄囚只有讀的，沒有寫的，所以沒有可以呈贈諸君，這是一大遺憾事哩！這幾篇隨筆，是將獄中所感，印在腦裡，出獄後才寫出來的。（1950：8）

蔣渭水是近代臺灣民主運動史上第一位因政治信仰而入獄者，這兩度入獄，不只使他的思想得到武裝，成為他一生中寫作最多的時期，也成為「監獄文學的開啟者」。這些入獄散文大多刊登在當時有「臺灣人民的喉舌」：《臺灣民報》上，使一般民眾對「治警事件」的真相有深入的瞭解。

　　蔣渭水、賴和生平同樣有兩次入獄的經歷，並留下監獄生活記錄。一九二三年的「治警事件」，也是賴和生平的第一次牢獄之災，剛開始被囚於臺中銀水殿，之後轉繫臺北監獄，隔年一月七日出獄，遭囚禁二十多天，以無罪釋放，他在獄中寫下幾首漢詩，如〈囚繫臺中銀水殿〉（2000.五：424）、〈繫臺北監獄〉（2000.五：425）、〈囚中聞怡園籠鶴〉（2000.五：424）、〈讀佛書〉（2000.五：425），出獄之後又有〈出獄作〉（2000.五：426）、〈出獄歸家〉（2000.五：428）等，表白了在此事件中更堅定抗日的決心〔註21〕。賴和第二次入獄

　　　著《臺灣民族運動史》，頁201～280，臺北：自立晚報社，1993.12。
〔註19〕蔣渭水，〈入獄日記〉，《臺灣民報》2卷6－13號，1924.4.11～7.21。
〔註20〕蔣渭水，〈入獄感想〉，《臺灣民報》2卷7、8號，1924.4.21、5.11。
〔註21〕參林瑞明《臺灣文學的歷史考察》〈賴和漢詩初探〉，頁120～123，臺北：允晨文化，1996.7；陳淑娟《賴和漢詩的主題思想研究》，頁48～50，靜宜大學中國文學研究所碩士論文，2000.6。

是一九四一年十二月八日，正是日本偷襲珍珠港的當天，因為高等警察及憲兵追查他與臺灣總督府醫學校時代的同班同學翁俊明之間的關係〔註22〕，另一方面因為「反戰」俱樂部被抓，在獄中拘留五十餘日後，終因病重出獄；隔年（一九四三）一月三十一日齎志以歿。這次在獄中以草紙撰述從一九四一年十二月八日迄隔年的一月十五日，總共留下三十九日的記事，這分手記在戰後初期，由友人楊守愚整理，發表於蘇新主編的《政經報》，並題名〈獄中日記〉；也是賴和唯一見存的日記。賴和的〈獄中日記〉，隱隱吐現無可奈何、陰鬱凝重的生命質素，以及政治與經濟的雙重壓力〔註23〕，生命的鬥志已因健康因素較往昔消沉。

　　繼蔣渭水、賴和之後，曾被殖民統治當局拘捕入獄的臺灣文學作家，尚有楊華、吳新榮、張深切、王詩琅、王白淵、楊逵……等人，其中楊華、張深切都有留下縲絏之作。一九二七年二月，楊華因被疑違犯「治安維持法」而遭拘捕，在獄中撰寫小詩〈黑潮集〉五十三首，運用隱喻手法象徵政治社會環境的黑暗與無奈的悲情〔註24〕。同年五月，張深切因「臺中一中罷課」事件以及「青年團」相關人員，也被日本當局以觸犯「治安維持法」起訴，一九二九年年底出獄後寫〈鐵窗感想錄〉，主要是記述讀書的感想；另外〈獄中記〉，描寫獄中的生活〔註25〕。蔣渭水、賴和、楊華、張深切這些作品，為我們揭開鐵窗神秘的面紗，讓我們了解日治時期抗日志士的囹圄心聲，以及監獄生活與監獄內百態，不只可以視為優秀的「監獄文學」，同時見證總督府如何鎮壓臺灣逐漸覺醒的政治意識。尤其在蔣渭水的作品中更蘊含著威武不能屈的精神，以及從容出入的優容，足與文天祥的〈正氣歌〉媲美。歸納蔣渭水監獄散文的內容有以下二大特色：

（一）居苦自安，隨筆自勵

　　文天祥〈正氣歌〉，列舉歷史上十二位先賢的節烈事蹟，作為自我惕勵的

〔註22〕　翁俊明於 1941 年 4 月 2 日奉國民政府命令，在香港積極籌設中國國民黨臺灣省黨部，與港澳總支部諮辦對臺事務及進行各項布置。參黃敦涵編著《翁俊明烈士編年傳記》，頁 95，臺北：正中，1978。

〔註23〕　參林瑞明《臺灣文學與時代精神——賴和研究論集》〈賴和「獄中日記」及其晚年心境〉，頁 265～298，臺北：允晨文化，1993.8。

〔註24〕　參許俊雅《臺灣文學散論》〈「薄命詩人」楊華及其作品〉，頁 163～168，臺北：文史哲，1994。

〔註25〕　參陳芳明等人主編《張深切全集卷四——在廣東發動的臺灣革命運動史略．獄中記》，頁 405，臺北：文經社，1998.1。

對象；並以「鼎鑊甘如飴，求之不可得」，表明與宋共存亡的決心；所謂「風簷展書讀，古道照顏色」，蔣渭水亦曾以文天祥忠肝若鐵石的精神自勵，〈獄中隨筆〉「蕃薯糙米飯是我所好的」中說：

> 雖是下等的糙米，總是比南部勞苦農胞專喫蕃薯米，還好些。……
> 連飯中的小石，也一並吞下，文信國以鼎鑊甘如飴，石頭何嘗不是
> 營養品呢。（1950：11）

除了奉文天祥爲精神典範外，蔣渭水並以「苦樂本無相」的思想自勵：

> 諺曰：苦是樂之種，樂是苦之由，物極則反，樂極生悲，所以居安
> 要思危，居苦要自安，「艱難爲汝玉」，「樂自苦上生」，居苦不苦，
> 居樂不樂，嘗大苦，然後享大樂，是吾人應持的態度。（1950：7）

這即是蔣渭水「居安思危，居苦自安」的監獄生活態度。

在獄中蔣渭水的居苦自安之道，是以讀書爲文自娛，〈春日集監獄署序〉說：

> 夫人類者，萬物之靈長；光陰者，白駒之過隙。而青春易老，作事
> 幾何？……展南華以誦讀，揮禿管而著述。〔註26〕

感嘆時光如白駒過隙，唯以誦讀著述寄託情志，〈送王君（王敏川）入監獄序〉亦提及：「獄之窗，可讀可詠。……嗟獄之樂兮，樂且無憂。」據〈獄中隨筆〉「檢察官斷了我的食福」（1950：9）一文的敘述，「治警事件」判決有罪後，即搜羅書籍百數十本，充作獄裡的精神食物。第一次以社會科學類最多，其次有醫學類、宗教類、小說類、體育類；第二次帶著「平生所愛讀的，而未曾讀的，百數十本，用新聞紙裝成七包，充作獄裏精神的食物。」獄中讀書也寫下札記，如讀連雅堂寄來的幸德秋水《基督抹殺論》，即下筆直書說：

> 這書是秋水先生，在東京獄裡做的，我在獄裡讀獄裡人的書，也是
> 痛快。〔註27〕

又日讀《西鄉南州》三卷二千五百頁，終日與維新志士爲伍，豪氣萬千地寫下：

> 幾忘卻身在這跼天蹐地的獄裡，恍惚是在居天下之廣居，行天下之
> 大道的路上，做躍躍進取的工夫一般哩，……以這等身的獄房，當

〔註26〕蔣渭水，〈春日集監獄署序〉，《臺灣民報》3卷4號，頁16，1925.2.1。
〔註27〕蔣渭水，〈入獄日記〉，《臺灣民報》2卷7號，頁12，1924.4.21。

做廣大的梁山泊。〔註28〕

讀到拿破崙傳記時，他則以人情交融的筆調寫道：

> 且到晚上，奈破崙先生也一定來過訪開講他自己的履歷，也可藉知
> 他的故鄉，古爾志加島當時的境遇和現在的臺灣同樣的，所以互相
> 懷抱同病相憐的觀念，益覺親熱異常，可算我這牢中是談笑有英雄，
> 往來無白丁的家宅子了。〔註29〕

這些讀書札記的字裡行間，不但沒有沉淪於人間煉獄的灰心氣餒、精神煎
熬；反而是在與古今中外的英雄豪傑交心對話之餘，更激勵了追求民族理想
的意志，縲絏窄小封閉的空間，頓時顯得浩瀚無涯，志士的心靈始獲愜意的
解脫。

　　獄中讀書對蔣渭水最顯著的影響是，使得他在「文協」講座所講的科目，
從「通俗衛生」之類延伸至「文化講義」、「明治之文化」、「明治維新」、「日
本史概論」、「政治哲學概論」、「社會病」等，演講題目包羅萬象〔註30〕。林
衡哲曾論及「治警事件」對蔣渭水的影響：

> 對蔣渭水個人而言，治警事件是他一生的轉捩點，在此之前他只是
> 一位熱心的民主運動者，在此之後他變成了一位革命鬥士，雖然他
> 仍然主張以和平的方式進行與敵人的鬥爭，「治警事件」的二次入
> 獄，也使他由純粹的醫生知識分子，變成了放眼世界、博學多聞的
> 思想家，在醫校時，蔣渭水曾想要退學，到日本早稻田去念政治學，
> 但這次入獄，使他有機會飽讀政治、經濟方面的書，彷彿讓他覺得
> 他已自早到政治科畢業，得償生平素願。〔註31〕

由「熱心的民主運動者」，到「革命鬥士」；由「純粹的醫生知識分子」，到「放
眼世界、博學多聞的思想家」，得知獄中讀書對蔣渭水的影響，難怪他曾自喻
入獄有如入學，入獄讀書的成績較就學時更為充實。因此有「監獄是修養機
關」一文說：

> 曾子說：「吾日三省吾身」，現今的人連半省都沒有了，幸這世上還

〔註28〕蔣渭水，〈入獄日記〉，《臺灣民報》2卷8號，頁11，1924.5.11。
〔註29〕同前註。
〔註30〕參黃煌雄《蔣渭水傳——臺灣的先知先覺者》，頁28～30，臺北：前衛，1995.7；
　　　　林衡哲，《雕出臺灣文化之夢》〈臺灣現代政治史上的唐吉訶德——蔣渭水〉，
　　　　頁34，臺北：前衛，1995.6。
〔註31〕引自林衡哲前註書，頁34。

> 有兩個機會，可容我們修養的，就是入病院和入監獄，病院方面，
> 大病則危不暇修，小病則難久留，所以功效還不及監獄息交絕遊，
> 與世相違，清閒似仙，靜寂如佛，近在咫尺，遠似千里，衣服物質，
> 得享市井利便，內宮奧室，宛如幽谷深山，是修行冥想學禪的靈
> 地。……在這靜悄悄的床上，端坐入禪，追思過去所體驗的事蹟，
> 做實驗的材料，創造將來活動的新理想，或是家庭問題，政治問題，
> 戀愛問題，一一都可以溫故知新，其味之無窮，除非過來人，那能
> 嚐到呢。（1950：5）

透過這些文字，我們彷彿看到一個背負民族苦難十字架的高貴靈魂，堅持著
民族氣節，爲了追求生命意義的完成，監獄竟成了安樂國，所謂囹圄苦味，
他卻如嘗甘飴。如同甘地渴望過著遠離凡塵的牢獄生活〔註32〕，牢獄是賜予
抗日志士們充分閱讀、寫作和反省的地方。賴和在獄中最喜愛讀佛書，第二
次入獄的〈獄中日記〉屢有記載，又張深切在〈鐵窗感想錄〉「讀書──再讀
聖經（A）」也說：「在監獄裡最理想的消遣，莫過於閱讀書籍。它一方面又是
最好的聊天對象，也是獲得安慰之泉源。」〔註33〕

（二）控訴剝削，伸張人權

甘地因入獄而變成聖雄，蔣渭水也因入獄，而被臺灣人視爲救世主，〈獄
中隨筆〉曾描寫「治警事件」終審後，臨入獄時許多人來送行的場景：

> 那時微雨霏霏，四、五十位送我入獄的同志，都乘人力車，排列徐
> 行；途中遇著三、五女青年，看我是要入獄去，便跟到車側，叫我
> 要保重身體，並表示惜別。出于同志愛的感動，我下車脫帽致謝，
> 入去會見上內異族檢查官。（1950：9）

這一幕臨別依依的畫面，情景交融，臺灣同胞心連心、手連手的感情凝聚，
流露無遺。

誠如王白淵在〈甘地與印度的獨立運動〉一文說：「監獄能夠關閉的只是
軀體而已」〔註34〕，被臺灣人視爲救世主的蔣渭水，在仿蘇軾〈前赤壁賦〉

〔註32〕參陳才崑譯《王白淵・荊棘的道路》（上冊），頁203，彰化：彰化縣立文化中
心，1995.6。

〔註33〕陳芳明等人主編，《張深切全集卷四──在廣東發動的臺灣革命運動史略・獄
中記》，頁356，臺北：文經社，1998.1。

〔註34〕陳才崑譯，《王白淵・荊棘的道路》（上冊），頁203，彰化：彰化縣立文化中

作〈入獄賦〉，仍正義凜然的控訴殖民者的剝削：

> 藉一朝之權勢，舉暴威相戕；行惡虐於此地，負蒼生之希望；……
> 挾飛艇以相擊，執干戈而相攻，知不可乎以行得，託悲憤於悲
> 風！……且夫天地之間，人各有權；苟非法文所許，雖一毫而莫
> 侵……是島民者之無盡藏也，而任與你之所剝削。〔註35〕

〈快入來辭〉又說：

> 請結交與舊囚。眾與我無相違。惟解放兮要求。感同胞之情厚。

　　（1950：1）

字裡行間所蘊涵的「徹底的特質與不妥協的精神」以及「熱血男兒與革命性
格」〔註36〕，黃煌雄曾分析所謂「蔣渭水精神」的內涵：「一言以蔽之，便是
代表民族反抗精神，代表殖民地岐視政策下被壓迫民眾反抗精神。這種反抗
精神是徹底的、不妥協的，是有整套體系的，是不向威迫利誘低頭的，是不
半途而廢的。」〔註37〕

　　「治警事件」原本是要對臺灣知識分子的精英，進行集體的大迫害，然
而這一段「牢獄之災」反而更激發臺灣民氣，就賴和而言，經過「治警事件」
之後，更徹底的和日本統治者畫開了界線，他在自傳性小說〈阿四〉中寫道：

> 受到這次壓迫，對於支配者便非常憎惡。把關聯於他們的事務，一
> 律辭掉，決意也不和他們協作。覺得此後的壓迫一定加倍橫虐，前
> 途阻礙更多，但他並不因此灰心退縮，還是向著唯一光明之路前進。

　　（2000.一：274）

賴和並且於一九二四年十二月十六日事件一周年，參加同時於臺北、彰化、
臺南召開的「同獄會」，公然與總督府繼續抗爭〔註38〕。「治警事件」除了激
發臺灣民氣，同時也強化政治社會運動者的同仇敵愾、以及使入獄的志士們個
個被民眾視為英雄，對日後的政治社會運動的發展都有深遠的影響〔註39〕。

　　蔣渭水在監獄散文中，有多處以醫生關懷囚犯身心健康的立場，以及伸

　　　心，1995.6。
〔註35〕蔣渭水，〈入獄賦〉，《臺灣民報》3 卷 4 號，頁 16，1925.2.1。
〔註36〕黃煌雄，《蔣渭水傳——臺灣的先知先覺者》〈蔣渭水特質的探討〉，頁 161～
　　　186，臺北：前衛，1995.7。
〔註37〕同前註。
〔註38〕〈同獄會概況〉，《臺灣民報》3 卷 2 號，1925.1.11。
〔註39〕參黃煌雄《蔣渭水傳——臺灣的先知先覺者》，頁 26～28，臺北：前衛，1995.7。

張人權的觀點來立言，尤其針對監獄的改善最多，例如在〈入獄感想〉「未決囚處置的缺憾」中，理直氣壯地反映：

> 每晨對囚犯施行的裸體檢查，在冬寒的時候，對於健康大有妨害。
> 而且又是一種人權蹂躪，究竟有什麼必要來施行這殘酷的檢查呢？
> （1950：2）

除此，文中亦批判無時不刻的監視，不只是蹂躪人權，更是下級官吏的酷政。

另外，蔣渭水又從後代的出生權，以及人類的生理需求、配偶的人權，甚且提出「減少人口，損害國家」的理由，認爲監獄要爲「五年、十年、十五年，乃至無期徒刑的重犯」設置生殖的機關，他說：

> 這生殖一途，乃上天好生之德，是天賦的大權，是生理的、自然的、本能的，孔子云：「不孝有三，無後爲大」，這生殖的權，是在監獄的目的以外，怎能矯角殺牛，連這治外法權，也一併侵害呢？實在太不合理。（〈入獄感想〉「監獄内要設生殖的機關」1950：4）

〈獄中隨筆〉「初嘗法索之風味」中，對綑綁囚犯的縛法也提出改善的意見：

> 上内大人不縛我，是他的好意，執行查公要縛我，也許也是好意，使我得這體驗，我應該，感謝他。但是他的縛法太不合衛生，縛在胸部有礙呼吸，對犯人的體育上，大有害處。我本要教授他衛生的縛法，後來看他牽出的犯人，卻都縛在腹部，我才作罷論。（1950：10）

由這段内容可知蔣渭水並不要求特權，反而視被綁爲體驗的機會，並從親身體驗中強調合乎人體健康的綁法，歸結仍以伸張人權爲出發點。

「監獄文學的驍將」蔣渭水，走在這一條鋪滿荊棘的政治路上，始終是一位冒險犯難的急先鋒，他秉持一股浩然正氣，爲臺灣同胞找尋自由人權的座標，扭轉歷史民族的自尊心。〈入獄感想〉、〈獄中隨筆〉的人權申訴，有如一根擎天巨柱，給予無助無告的入獄伙伴莫大的精神鼓舞。又黃得時在論述《臺灣民報》時代的散文表現，特別注意蔣渭水的〈入獄日記〉，他說：「關於散文方面，在這個時期，使人不能忘記的是故蔣渭水氏的〈入獄日記〉（民國十三年四月十一日第二卷第六號、七、九、十、十一）這是社會運動家在日人壓迫下如何過著獄中生活的報告文學，其描寫雖然只限於身邊雜事，極其平淡無奇，可是字裏行間，卻包藏著一顆不撓不屈，如火如荼的反日意識。像這種作品，實在是不可多得的。」〔註40〕再者，林瑞明也肯定蔣氏這些入

〔註40〕黃得時，〈臺灣新文學運動概觀〉，《臺北文物》3卷3期，頁25，1954.12。

獄作品，不只是「臺灣新文學啓蒙時期的散文代表作，更可貴的是首開臺灣人權文學的一頁。」〔註41〕

四、在臺灣新文學史上的地位

　　蔣渭水缺乏長篇偉構，也沒有以量取勝的文學成績單，不夠去觀測完整的蔣渭水文學；然而在未經墾拓的文學荒地上，如果我們能拓寬文學的觀念，那麼他在二〇年代散文文壇，確實有他開創的取材對象與表現形式。在本節中筆者要肯定蔣渭水的兩大散文特色：第一、能夠結合醫學專業與文學創作，寫下〈臨床講義〉，開啓日後醫生作家賴和、吳新榮、王昶雄、詹冰等人醫事主題的寫作。第二、繼承文天祥的〈正氣歌〉，並開啓賴和、楊華、張深切等人監獄文學的問世；戰後至今，監獄文學的題材陸續問世，如吳新榮因二二八事變而身繫囹圄時，有漢詩〈獄中吟〉四首、〈獄中作〉五首；白色恐怖入獄的小說家葉石濤有〈獄中記〉〔註42〕，詩人曹開有《獄中幻思錄——曹開新詩作品集》〔註43〕等。蔣渭水在臺灣監獄文學的表現上誠有開啓的地位。另一方面，林瑞明則從「臺灣文化協會」的出版刊物《臺灣民報》，登載作品的廣大影響，認為蔣渭水亦稱得上是一位「臺灣新文學運動的褓姆」：

　　　　蔣渭水從來不以文學家自居，他是臺灣文化協會的核心人物，人稱「文化頭的蔣渭水」，在他的大力推動之下，文協不管在文化或社會、政治運動中，皆表現得有聲有色，他確實是運動型的健將。由於他的建議與努力，文協全力經營《臺灣民報》，以發揮輿論的力量。一九二五年八月底《臺灣民報》由初期發行三千五百部，增加到一萬部，已躍居為全臺灣第三大報，蔣渭水亦不客氣的地自稱是「民報的褓姆」。由於發行量的激增，除了擴大社會、政治運動的影響之外，萌芽中的臺灣新文學運動，亦隨之茁壯，作品的量與質都相對的提升。從此觀點，蔣渭水亦算得上是臺灣新文學運動的一個褓姆。〔註44〕

〔註41〕林瑞明，《臺灣文學的歷史考查》〈感慨悲歌皆為鯤島——蔣渭水與臺灣文學〉，頁217，臺北：允晨文化，1996.7。

〔註42〕葉石濤，〈獄中記〉，收錄於《臺灣作家全集——葉石濤集》，頁37～82，臺北：前衛，1994.10。

〔註43〕曹開著、呂興昌編，《獄中幻思錄——曹開新詩作品集》，彰化：彰化縣立文化中心，1997.7。

〔註44〕林瑞明，《臺灣文學的歷史考查》〈感慨悲歌皆為鯤島——蔣渭水與臺灣文

　　總體而言，蔣渭水雖然不是臺灣白話文的發起人，卻可以說是參與開拓者之一；他雖然是日治時期臺灣人政治界的精神領袖，然而我們亦應肯定他在臺灣新文學的發展具有開啓、促進的作用。

第二節　臺灣新文學之父——賴和

　　賴和（一八九四～一九四三），彰化人，出生於馬關條約割讓臺灣的前一年，死於臺灣光復的前二年，他的一生正是貫穿日本對臺的統治，唯一的遺憾是沒有目睹臺灣的光復。一九一四年（二十一歲）比蔣渭水早一期畢業於臺灣總督府醫學校，蔣氏以政治聞名，賴和則以文學傳世。在臺灣醫學史上，賴和是活人無數，仁心仁術的「彰化媽祖」。在抗日運動史上，他是「反日民族解放戰士」。在臺灣新文學的園地裡，他創作了第一篇白話小說〈鬥鬧熱〉，首先以反映臺灣現實的文學創作崛起文壇，並以身兼作家與編輯的雙重地位，提攜後輩，奠定臺灣新文學發展的基礎，因而被尊稱爲「臺灣新文學之父」。一九三四年朱石峰在〈回憶懶雲先生〉文中提及：「懶雲先生不但足以許爲臺灣新文學之父，也是楊逵君把中文作品介紹到中央文壇的第一人。」〔註45〕臺灣新文學有今日的隆盛，賴和居功厥偉〔註46〕。本節重點乃在探討賴和從漢詩，經新詩、散文，至小說，甚至結束新文學寫作，從事民間文學以及回歸漢詩的文學歷程。

一、漢詩期

　　賴和的文學創作歷程，乃自漢詩寫起。畢生留下來的漢詩作品最爲可觀，今可見於林瑞明編《賴和全集》第四、五兩冊（前衛版）。

　　賴和十四歲至十六歲時（一九〇七～一九〇九）接受書房教育，拜小逸堂黃倬其先生學習漢文，不只具備寬廣的中原文化視野、強烈的民族意識，更

　　　　學〉，頁216，臺北：允晨文化，1996.7。
〔註45〕朱石峰，〈回憶懶雲先生〉，《臺灣文學》3卷2號，1934.4.28。收錄於李南衡編《賴和先生全集》，頁422，臺北：明潭，1979.3。亦收錄於賴和紀念館編《賴和研究資料彙編》（上），頁34，彰化：彰化縣立文化中心，1994.6。
〔註46〕王詩琅推崇賴和說：「臺灣的新文學能有今日之隆盛，賴懶雲的貢獻很大。說他是培育了臺灣新文學的父親或母親，恐怕更爲恰當。」見王詩琅著、明潭譯，〈賴懶雲論——臺灣文壇人物論述（四）〉，《臺灣時報》201號，1936.8。收錄於李南衡編前註書，頁400。亦收錄於賴和紀念館編前註書，頁7。

奠定了漢文的基礎，對日後新文學的表達灌注駕輕就熟的養分。

　　黃倬其是賴和漢詩啓蒙的重要人物，在〈小逸堂記〉中說：「因夫子教導有方，我等學生皆甚契洽，遂成一系無形之統。」（2000.二：197）進入書房的第二年，賴和嘗試寫了第一首漢詩〈題畫扇〉，在隨筆〈未命名（五月）〉曾言及恩師對於漢詩寫作的刪改指正：

> 一般社會的事既不容我們出手，餘閒的時只有吟風弄月，聊寫胸中的牢騷，而以耽之既久的，更自成藝，凡有所做，呈請我先生刪改，有的乃能蒙他褒獎一兩句，我的心中很是滿足，不覺放下幾他，一切專力於此，遂亦得了同臭味者兩之相好。（2000.二：194）

黃倬其在一九二○年逝世之後，賴和在詩文中亦屢次提及，如散文〈小逸堂記〉即有：「噫！事之不可測乃如此，豈天果欲斯文喪也，胡不憖遺一老以保我後生耶！」（2000.二：199）的強烈感嘆。一九二二年六月以〈劉銘傳〉兩首應《臺灣》雜誌徵詩，分別獲選第二名、第十三名，作品始在騷壇上發表。自此漢詩的寫作，成爲賴和行醫之餘的心靈寄託，自廈門博愛醫院行醫回來所寫的〈歸去來〉詩，最後兩句說：「鉋來抱膝發狂吟，篋底殘篇閒自理」（2000.五下：394），可知這一段時間賴和仍一如傳統文人，以漢文化遺民自居，寫漢詩自娛。

　　除了得力於黃倬其先生的博約善誘外，小逸堂的共學者以詩會友，相互切磋勉勵，對漢詩寫作的精進亦有助益；其中詩友詹阿川與賴和同時於一九○九年考進醫學校，一九一○年後，魏金岳、黃文陶、楊樹德、石錫烈、詹阿本、楊木等人又陸續考入；從賴和的〈寄小逸堂諸兄〉、〈寄石黃二藝兄〉、〈寄錫烈藝兄〉、〈得錫烈阿本二兄書以此報之〉等詩，可知到了醫學校時期甚至畢業後，賴和仍時常與同窗故舊相互聯繫，情感深厚。賴和漢詩內容至少十六首與小逸堂相關，再加上與詩友交遊者，更是不勝枚舉。從這些詩歌內容，可見小逸堂對賴和的啓發與影響，實爲深遠〔註47〕。

　　至於賴和的漢詩觀，根據一九三九年秋天「應社」成立時，在〈應社招集趣意書〉一文說：

> ……請看，現在我們的彰化。文風不振，詩道萎靡，致使人心敗壞，世風日下。那些人們，不是身耽聲色，即便心迷利慾，把趨附認作

〔註47〕參陳淑娟《賴和漢詩的主題思想研究》，頁37，靜宜大學中國文學研究所碩士論文，2000.6。

識時務，把賣節當作達權變，是好久的了。當這時代，能獨標勁節，

超然自在，不同季世沈淪的，惟有眞正詩人啦。（2000.三：109）

漢詩在賴和心目中「是文學上的精粹，思想上的結晶」，創作時不只「講求吟詠的趣味，琢勵詩人的節操」，並且要求「凡所吟詠，以能表現個人的情感思致爲主旨」（2000.三：109），可見賴和對漢詩的寫作已有深入的體驗。

就賴和漢詩創作的形式而言，包括絕句、律詩與古詩。至於內容題材則極富變化，大約可歸納爲寫實、感懷、詠物、寫景、詠史、酬贈、議論等七種〔註48〕。其中廈門行的幾首寫實漢詩，強烈傳達其憤慨激昂的抗日意識，以及憂國憂民的情操。如〈廈門雜詠〉一詩：「數聲野哭雲沈黑，滿眼田荒草不清。匪患初安兵又到，一村雞犬永無寧。」（2000.五下：384）表達了對於當時軍閥割據下的中國政情極爲失望。另外在同安見到有人公然爲人注射嗎啡，趨之者絡繹不絕，身爲醫者的賴和面對這群嗜毒甘如飴的鴉片迷，不禁有：「人病猶可醫，國病不可醫……受者滋感悅，我淚滂沱垂」（2000.五下：393）的傷痛。再加上廈門的一些臺灣籍民仰仗日本勢力欺壓中國人，賴和對此類人的行徑曾有詩加以譴責：「背後有人憑假借，眼中無物任縱橫。」（2000.五下：385）五四運動以來日漸高昂的反日思潮，促使賴和二十五歲（一九一八）渡海前往廈門，以醫官身分服務於博愛醫院，這一年的時間，不只觀察中國的政情，也深切感受到中國五四新文學運動對於文化、社會的影響力。然而祖國的幾個歷史畫面卻使他的內心產生痛苦的糾結。透過漢詩，賴和以舊形式來表達新思想，不但有新題與新意，而且走到民間，親近人民與鄉土，兼有新舊文學的互滲互補〔註49〕。

二、新文學期

一九二五至一九三五年間，是賴和從事新文學創作最頻繁的時期，所發表的新文學作品在《臺灣民報》、《臺灣新民報》、《南音》、《臺灣文藝》等刊物，隨處可見。包括小說、新詩、散文（日記、隨筆、書信），分別收錄於林瑞明編《賴和全集》第一、二、三冊（前衛版）。

賴和新文學的蘊育，應當與以下因素相關：一、年少在小逸堂學習漢文；

〔註48〕參施懿琳〈賴和漢詩的新思想及其寫作特色〉，《中正大學中文學術年刊》2期，頁4～5，1999.3。

〔註49〕同前註。

二、醫學校階段學過短期國語正音以及閱讀中外文學的興趣；三、在廈門博愛醫院服務，深受五四文學革命的衝擊；四、接觸五四新文學刊物。由此，奠定了日後良好的新文學寫作基礎。就閱讀中外文學而言，賴和自傳體小說〈彫古董〉，曾道出自己愛讀小說的嗜好。就讀醫學校時期，繁重的課業之外，賴和已偷看小說，曾將自己的閱讀經驗融入小說〈惹事〉中：「看小說，尚在學校的時代，被課程所迫，每恨沒有時間，常藏在衣袋裏，帶進教室去，等先生注意不到，便即偷讀。」（2000.一：184）至於醫學校時代曾看過那些作品，賴和並未明講，不過藉由其文字提及以下這些翻譯小說，如《玉梨魂》、《雪鴻淚史》、《定夷筆記》、《灰色馬》、《工人綏惠洛夫》、《噫！無情》、《處女地》、《紅淚影記》以及《克拉格比》〔註 50〕等，賴和閱讀之餘並將心得寫成詩，如〈讀小說紅淚影〉〔註 51〕；另外，法國作家安那托爾‧法朗士（Anatole France　一八四四～一九二四）一九○一年的《克拉格比》（《恐怖事件》L'AffaireCrainquebille），也蘊育了賴和的名著〈一桿「稱仔」〉。日後賴和在新文學上的成就以小說最為出色，這當與其平日閱讀小說的喜好密切相關。

　　就接觸五四新文學刊物而言，一九二○年回到彰化行醫之後，仍然繼續不斷的閱讀中國新文學雜誌。經其五弟賴賢穎透露，一九二二年賴和鼓勵他到廈門集美中學讀書，而後於一九三○年進入北京大學英文系，這段期間，賴賢穎不時寄五四運動頗具影響力的新文學刊物，如《語絲》、《東方》、《小說月報》等給賴和閱讀〔註 52〕。博覽古今中外的文學根基，使賴和的新舊文學皆有成就，陳芳明即說：

> 賴和文學流域之所以壯觀，就在於他的源遠流長。他對漢學傳統毫
> 不排斥，對現代思想勇於吸收，對同時代作家的影響也特別鉅大。
> 他的文學成就受到肯定，原因就在於此。〔註 53〕

賴和在一九二一年底開始練習新文學寫作，一九二五年正式發表新文學作

〔註 50〕　參賴和〈彫古董〉、〈一桿「稱仔」〉後記，收錄於林瑞明編《賴和全集一——
　　　　　小說卷》，頁 107、55。賴和文學藏書書目，可參見林瑞明編《賴和全集三——
　　　　　雜卷》，頁 275～327，臺北：前衛，2000.6。
〔註 51〕　賴和，〈讀小說紅淚影〉，收錄於林瑞明編《賴和全集五——漢詩卷》（下），
　　　　　頁 431，臺北：前衛，2000.6。
〔註 52〕　參黃武忠《臺灣作家印象記》，頁 66，臺北：眾文，1984.5。
〔註 53〕　陳芳明，《左翼臺灣——殖民地文學運動史論》，頁 47，臺北：麥田，1998.10。

品。他的文學創作語言基於抗日意識，只用漢文，絕不用日文；寫作過程最初用文言文起稿，再改用白話文，後來就用白話文直接書寫。

（一）新　詩

賴和新文學寫作的最早記錄，一九二一年年底已有嘗試用白話寫的祝賀詞〈祝南社十五週年〉，提出「精神的發露就在──詩──」的詩觀，雖然文白夾雜，讀來拗口，語義不清，但是開創與嘗試的勇氣可嘉。賴和爲何在一九二一年底開始以白話書寫？這因素或與一九一九年七月──一九二○年五月在廈門博愛醫院行醫期間，直接感受到五四新文化運動的衝擊有關。至一九二三年已夾雜三首白話詩，一九二四年則大量出現，這個現象「已充分顯現出在張我軍一九二四年十一月二十一日發表〈糟糕的臺灣文學界〉以前，賴和已經直接從五四新文學運動的源流裡吸收養分，並勤加練習。」〔註 54〕賴和正式發表新詩是始於一九二五年十二月的〈覺悟下的犧牲〉，刊載於《臺灣民報》八十四期，乃爲支持二林蔗農事件而寫。總體而言，賴和的新詩代表了臺灣民眾追求追求自由人權的心聲，如〈歡迎蔡陳王三先生的筵間〉、〈代諸同志贈林呈祿先生〉；並且經常反映重大的歷史事件，如〈低氣壓的山頂（八卦山）〉、〈覺悟下的犧牲〉、〈南國哀歌〉，卻表達激昂的抗議精神。

（二）散　文

散文方面，〈無題〉是最早發表的一篇，刊載於一九二五年八月《臺灣民報》六十七期。作者將面對心愛人出嫁時的百感交集，描述細膩，結尾則以情詩作結，同時展現散文與新詩寫作的成果，內容可窺探作者的感情世界，在其寫實文學中別具一格，被同時起步創作新文學的楊雲萍讚許爲：「臺灣新文學運動以來，頭一篇可紀念的散文，其形式清新，文字優婉。」〔註 55〕賴和的散文以隨筆雜文居多，內容或記求學歷程，如〈小逸堂記〉、〈無聊的回憶〉；或對人物的感懷，如〈輓李耀燈君〉、〈我的祖父〉、〈高木友枝先生〉；或對反殖民運動的批判，如〈前進〉、〈希望我們的喇叭手吹奏激勵民眾的進行曲〉二篇反映政治議題的散文，尤其〈前進〉一文結合象徵與隱喻技巧，是散文佳作。其餘尚有對臺灣新文學運動、文明社會、婦女地位、宗教信仰等問題的反思。另外，三十九天的〈獄中日記〉，乃大東亞戰爭之際，賴和被

〔註 54〕林瑞明，《臺灣文學與時代精神──賴和研究論集》，頁 51，臺北：允晨文化，1993.8。
〔註 55〕楊雲萍，〈臺灣新文學運動的回顧〉，《臺灣文化》1 卷 1 期，1946.9。

日本官憲拘禁在彰化警察署留置場，於一九四一年十二月八日至隔年一月十五日所寫成的，也是賴和獻給臺灣新文學最後的作品。

（三）小　說

小說方面，〈鬥鬧熱〉是最早發表的一篇，刊載於一九二六年一月一日《臺灣民報》八十六期，內容批判日本統治的威權。但在這之前，於一九二三年九月十五日已嘗試〈僧寮閒話〉的創作，內容透過我、朋友、和尚三人的對話形式，表達對霸地主的告誡以及控訴法律的不公不義，其中和尚說：「現大千世界裡，有何法律？但有維持特別階級之工具而已，亦不過一種力的表現罷。」（2000.一：5）這兩篇小說主題在往後的創作中一再出現。賴和身為日本帝國主義殖民統治下的醫生，和民間窮苦的農民、小販、工人各層面的人物，接觸越多，越能體會社會民眾的苦況，這些行醫的所見所聞，自然而然成為取材對象，他說：

> 自己雖然有時也寫些東西，也是無聊的結果，自己排遣的方法，不是被什麼創作衝動所驅使，設使（假使）所寫的有點足使人留意，這也是自然的材料，所構成的事跡，不是我的腦力產生出來。（2000.一：110）

賴和本著知識分子的道德勇氣與道德良知，採取寫實的手法、理性的反抗、鄉土的色彩、以及人道的精神，一則揭露日本殖民者的政治壓迫、人權摧殘和經濟榨取，如〈豐作〉、〈辱？〉、〈惹事〉、〈不如意的過年〉、〈補大人〉等。一則反映異族統治下臺灣民生的疾苦，如〈可憐她死了〉、〈一桿「稱仔」〉、〈不幸之賣油炸檜的〉等。這兩類作品，表現了不屈服的抗議、抵抗以及控訴的精神。

賴和新文學上最顯著的成就，還是在短篇小說的創作，一九四三年楊守愚在〈小說與懶雲〉說：「賴懶雲是臺灣新文藝園地的開墾者，同時也是養育了臺灣小說界以達於成長的褓姆。」〔註56〕因此，研究臺灣現代小說的創始，就得以賴和的作品為起跑點。賴和的寫實意識、嘲弄筆法、不屈不撓的抗爭精神，影響日後的作家，如楊守愚、陳虛谷、朱點人、楊逵、呂赫若、蔡秋桐、吳濁流、葉石濤等人。楊守愚在「賴和先生悼念特輯」中，極力肯定這

〔註56〕楊守愚，〈小說與懶雲〉，《臺灣文學》〈賴和先生悼念特輯〉3卷2號，1943.4.28。收錄於賴和紀念館編《賴和研究資料彙編》（上），頁41，彰化：彰化縣立文化中心，1994.6。

位「臺灣新文學之父」大膽嘗試創作小說的勇氣，以及領導臺灣小說發展的
貢獻：

> 第一個把白話文的真正價值具體地提示到大眾之前的，便是懶雲（賴
> 和）的白話文學作品。在一個文言文的世界中，以先人所以爲淺薄
> 粗鄙的白話文爲文學表現的工具；寫大人先生輩以爲鄙野不文而唾
> 棄的小說，不能不說是一種大膽的、冒險性的嘗試。而由於他的創
> 作天才和文學上的素養，幸而成功地完成了這個嘗試，並且多少給
> 予白話文陣營以自信，並煽起無數青年對於「小說」的熱烈的愛好。
> 〔註57〕

綜觀賴和作品的最大特色，是具體實踐了他的新文學觀，無論散文、新
詩、小說，皆扣緊時代、反映現實，和臺灣社會脈動緊密關聯，富有強烈的
現實感。就新文學觀而言，在一九二五年〈答覆臺灣民報特設五問〉一文中，
賴和明確的揭示他個人的新文學觀，那就是強調「有臺灣地方色彩的文學」，
反對「歌功頌德、粉飾太平的文學」（2000.三：85）。接著在一九二六年《臺
灣民報》八十九號中的〈讀臺日紙的「新舊文學之比較」〉一文，又進一步發
表其創作的理念，即：「文學就是社會的縮影」，要以「民眾爲對象」，力主反
映「現社會待解決，頂要緊的問題」（2000.三：88-89）。檢視賴和的作品，他
的創作不只呼應了新文學運動中陳炘、黃呈聰、黃朝琴、張我軍等文學改革
的主張，同時他也將文學理論，轉化爲作品實踐，從而取得個人輝煌的文學
成就，也爲臺灣新文學的發展立下開墾的貢獻。

三、回歸期

在鄉土文學與臺灣話文論戰的喧嘩聲中，賴和充分意識到作爲表現社會
現實的文學，如何尋求「言文一致」，以達到文藝大眾化的效果，並凸顯臺灣
本體的重要議題。一九三二年二月賴和於《南音》一卷三號，發表〈臺灣話
文的新字問題〉，一九三二年即寫成未發表的臺語詩〈冬到新穀收〉，一九三
五年十二月並嘗試以臺灣話文創作小說〈一個同志的批信〉，發表於《臺灣新
文學》創刊號，由於臺灣的語言無法充分以漢字來表達，造成讀者看不懂的
缺憾，因而回歸傳統詩文的創作形式。

〔註57〕《臺灣文學》3 卷 2 號，譯文收錄於李南衡編《賴和先生全集》，頁 425，臺
北：明潭，1979.3。

　　回歸傳統詩文之餘，賴和也發表〈田園雜誌〉、〈新竹枝歌〉等帶有民間風格的歌謠體；以及取材自滿清時代臺灣三大訴訟之一的小說〈善訟的人的故事〉〔註58〕。其實賴和早年就對民間文學的收集十分有興趣，一九三五年十月爲李獻璋編著的《臺灣民間文學集》寫序文，曾表達說：「從前，我雖然也曾抱過這麼野心，想跑這荒蕪的民間文學園地去當個拓荒者，無如業務上直不容我有這樣工夫，直到現在，想來猶有餘憾。」（2000.三：106）又參閱賴和給《臺灣新民報》編輯黃周的信上提及：

　　　　講要把民間故事和民謠整理一番，這是很有意義的工作，我是大贊
　　　　成，若不早日著手，怕再幾年，較有年歲的人死盡了，就無從調查，
　　　　現時一般小孩子所唱的豈不多是日本童謠嗎？想著了還是早想方法
　　　　纔是。〔註59〕

這段文字賴和表達了早年對保存民間歌謠傳說的關心。然而賴和何以在臺灣話文論戰之後的三○年代，才開始嘗試民間文學的寫作？首先，應當與凸顯臺灣本體的議題有內在關聯，林瑞明說：

　　　　顯然不是創作力枯竭的問題，應該是他在臺灣話文論戰之後，更加
　　　　強了他臺灣主體的意念，但是臺灣話文新字的問題沒有解決，繼續
　　　　寫一些「不好懂」的作品，倒不如轉寫舊形式的歌謠體；雖以臺灣
　　　　話文爲主，因有韻腳的關係，還容易讀，我以爲他這些田園歌謠、
　　　　竹枝詞大有舊瓶裝新酒的意味。〔註60〕

其次，與爲達到文藝大眾化的效果有必然關係，黃琪椿《日治時期臺灣新文學運動與社會主義思潮之關係初探（1927～1937）》說：

　　　　三○年代知識青年在社會主義思潮影響下，開始思索文藝和無產大
　　　　眾的關係。由此思考出發，臺灣話文運動和文藝大眾化議題成爲知
　　　　識青年有意識采集民間文學的契機。因此，在以大眾爲中心的思想
　　　　基石上，民間文學采集分別對應了在大眾中尋求共通語之建立與書
　　　　寫，以及大眾題材及形式的探索。〔註61〕

〔註58〕賴和，〈善訟的人的故事〉，《臺灣文藝》2卷1號，1934.12。後來收錄於李獻
　　　　璋編著《臺灣民間文學集》。
〔註59〕醒民（黃周），〈整理「歌謠」的一個提議〉，《臺灣新民報》34號，頁18。
〔註60〕林瑞明，《臺灣文學與時代精神——賴和研究論集》，頁346，臺北：允晨文化，
　　　　1993.8。
〔註61〕黃琪椿，《日治時期臺灣新文學運動與社會主義思潮之關係初探（1927～

在三〇年代臺灣民間文學蔚然成風的時期，賴和從理論到實踐，隨著文藝大眾化議題一步步的落實，體現采用民間文學爲題材的創作方法。

雖然減少新文學的寫作，可是賴和對新文學的發展仍是耿耿於懷。一九四三年元月，賴和病重住於臺北帝大附設醫院（今臺大醫院）時，楊雲萍前往探望，記錄其臨死之前關心文學的畫面：

> 賴和先生突然高聲說：我們所從事的新文學運動，等於白做了！我詫然地注視著賴和先生。他把原來躺臥著的身體，撐起上半身來，用左手壓住著苦痛著的心臟。我慌忙地安慰他：不，等過了三、五十年之後，我們還是一定會被後代的人紀念起來的。〔註62〕

楊雲萍的預言，果眞在歷經三、五十年之後實現。一九七九年三月，李南衡首先將賴和部分作品整理出版《賴和先生全集》，掀起日本殖民地統治時期臺灣文學研究的熱潮，如今邁入二十一世紀，我們透過林瑞明編纂的前衛版《賴和全集》，足以告慰賴和在天之靈，更重要的意義是得以讓臺灣的後代子孫覽讀「臺灣新文學之父」文學的全貌。

四、在臺灣新文學史上的地位

黃得時〈輓近の臺灣文學運動史〉將賴和比擬爲「臺灣的魯迅」〔註63〕，同樣寫漢詩也邁向新文學的陳虛谷，同時肯定賴和的漢詩與新文學的成就：「賴和生於唐朝中國則可留名唐詩選；生於現代中國則可媲美魯迅。」〔註64〕誠爲知音之言。一九四八年，既是醫生也是作家的吳新榮，亦曾推崇賴和：

> 賴和在臺灣，正如魯迅在中國，高爾基在蘇聯，任何權威都不能漠視其存在。賴和路線可說是臺灣文學的革命傳統，談臺灣文學，如無視此一歷史上的事實便不足瞭解臺灣文學。〔註65〕

就作品數量而論，賴和比起魯迅或高爾基，的確有所不足；就語言表現而論，賴和面臨日本高壓統治、仍堅持漢文創作的苦心，以及面臨臺灣新文學發展

1937)》，頁104，清華大學中國文學研究所碩士論文，1994.6。

〔註62〕楊雲萍，〈追憶賴和〉，收錄於李南衡編《賴和先生全集》，頁410，臺北：明潭，1979.3。

〔註63〕黃得時，〈輓近の臺灣文學運動史〉，《臺灣文學》2卷4號，頁6，1942.10.19。

〔註64〕陳逸雄，《陳虛谷選集》〈我對父親的回憶——陳虛谷的爲人與行誼〉，頁496，臺北：鴻蒙，1985.10。

〔註65〕《臺灣文學》第二輯〈文藝交通訊〉欄，頁12，1948.9。

之際、在日常語言與文學語言間轉化的負荷，誠非他們兩位可以相比的；至於以文學的抵抗精神來帶動整個文學世代前行的影響力，乃三者相通之處〔註66〕。

　　日治時期醫生作家中，賴和受魯迅的影響最深，一直到臨死前，心中都有魯迅存在。楊雲萍曾有一段追憶的文字：

> 先生生平很崇拜魯迅先生，不單是創作的態度如此，即在解放運動一面，先生的見解，也完全和他「……所以我們的第一要著，是在改變他們（國民）的精神，而善於改變精神的，當然要推文藝……」合致。〔註67〕

可見魯迅在賴和心目中的分量。魯迅（一八八一～一九三六）生於浙江紹興，日本仙臺醫校肄業，大賴和十三歲；魯迅後來棄醫從文，賴和則是開業醫生；兩人素昧平生，唯有透過《臺灣民報》轉載魯迅的作品與其進行精神交流。魯迅出生年代正處於中日甲午戰爭之後，中國被列強豆割瓜分的境地，孫中山先生領導的革命屢仆屢起，中華民國處於臨產前的陣痛之中；賴和出生年代正處於臺灣被日本帝過國主義統治的處境，抗日運動風起雲湧之際。所以他們共同的文學取材，大多揭露動盪社會中的不幸人們的病苦，尤其對於踐踏人的自由、權利、尊嚴、價值、幸福，這種種的不合理制度進行邊緣戰鬥，同具感時憂國的文學特色。

　　其次，舉觀世界醫事作家中，我們發現賴和與俄國傑出醫事作家契訶夫也有許多雷同之處。契訶夫是俄國短篇小說的開山鼻祖之一，俄國批評家譽之為「俄國文學古典時代的最後一位文學家」、「俄國作家群中大約只有普希金、托爾斯泰、杜思妥也夫斯基和高爾基可以和他相提並論。」〔註68〕可見其作品被受愛戴的程度。他雖然擁有莫斯科大學醫科的文憑，可是始終沒有真正成為一名職業醫生，文學對他的誘惑使他棄醫從文。做為一個作家，契訶夫在生活中獲取巨大的創作泉源與營養，他通過寫實的筆法描寫形形色色的俄國小老百姓，揭發農村生活的陰暗面。充滿對弱小人物的同情，乃契訶

〔註66〕參林瑞明《臺灣文學與時代精神——賴和研究論集》，頁296，臺北：允晨文化，1993.8。

〔註67〕楊守愚，賴和〈獄中日記〉序文，收錄於林瑞明編《賴和全集三——雜卷》，頁6，臺北：前衛，2000.6。

〔註68〕黃書津，〈契訶夫的一生〉，收錄於康國維譯《契訶夫短篇小說選》，頁21，臺北：志文，1987.1。

夫作品的基調。契訶夫並強調人的最高目的在於:「自由、絕對的自由－不受強迫、不存偏見、不見蔽於愚昧、不受魔鬼誘惑。」〔註 69〕他的作品對於專制、黑暗的沙皇統治有最露骨的抗議和控訴。

契訶夫、魯迅、賴和這三位醫生小說作家,雖然他們所處的時空背景不一,所反映的時代問題也有別,但是他們各在其國度的文學地位與影響力恰可互相比擬。其次,他們的小說表現皆善用寫實的筆法,以及諷刺又不失詼諧的技巧。而且共同以熱愛眞理與人道主義爲創作骨架,以觀察生活、解剖社會爲創作泉源。賴和是臺灣的魯迅,也是臺灣的契訶夫。

第三節　鹽分地帶文學的領導人——吳新榮

以科學人、文化人自居的醫事作家吳新榮(一九〇七~一九六七),字史民,號震瀛,出生於北門郡將軍庄,在六十一歲的生涯中,經歷光復前後兩個不同的政治型態,一生追隨　國父、魯迅、蔣渭水、賴和等幾位前輩醫生,實踐醫人醫國的理想與文學創作的志趣。這位思想「眞」,做人「善」,氣質「美」的文化人,光復前是佳里「鹽分地帶文學的領導人」,臺灣新文學發展高潮期、戰爭期的開墾園丁;光復後他是臺南縣誌重要的奠基者,也是臺灣文獻史上的開拓者。

文章乃不朽之盛事,吳新榮體認唯有文章可同歷史一樣久長,因此勵行契訶夫「醫學是妻子,文學是情婦」的生活〔註 70〕,積極投入文壇活動,鼎力推動新舊文學的發展。先後成立「青風會」、「佳里詩社」、「鯤瀛詩社」,敦睦地方風雅人士,發揚地方文化;組織「臺灣文藝聯盟佳里支部」,鼓吹鹽分地帶的文學風氣。他的作品包含漢詩、散文(隨筆、日記、文獻)、新詩、小說等,數量之多使得張良澤在《吳新榮全集》序言說:「就量而言,我敢說日

〔註69〕同前註,頁22。

〔註70〕1965 年 11 月 20 日吳新榮寫給兒子南河、媳婦昭美的信中說:「我時常說『醫生是我的正妻,文學是我的情婦』這是一俄文豪曾言之句。醫術任你多高技也不能留於永世,只有文章可同歷史一樣長久。」收錄於張良澤主編《吳新榮全集卷8——吳新榮書簡》,頁 57,臺北:遠景,1981.10。吳新榮對文學的熱愛又見於〈談詩〉:「至現在我還有一種幻想及悔悟。幻想是假使我當時不選擇醫科而選擇文科,或者我現在已不是個田莊醫生,而是個文學教授。因爲在日據時代我們所爭取的文壇,雖然是小小的一角落,但由此一角落所孕出的人才,現在都是大學教授。」收錄於張良澤主編《吳新榮全集卷2——瑣琅山房隨筆》,頁 99~100,臺北:遠景,1981.10。

據臺灣新文學作家群裏，一生寫文字最多的人便是吳新榮先生。」總體而言，吳新榮的文學表現戰前以新詩、隨筆最爲傑出，戰後除了持續書寫日記、隨筆的習慣，更專注於鄉土文獻的考證以及自傳小說的書寫。本節重點在於探析吳新榮從漢詩、經散文、新詩至小說的寫作歷程，從中可見其從戰前走到戰後，在各個不同階段的歷史演變中，如何從文化活動中獲得調節自適之道。

一、漢詩期

吳新榮小時候並未如蔣渭水、賴和上漢學堂讀四書五經，其漢詩的造詣完全得自父親的陶染，〈談詩〉一文表示：「假使先人對我有多少影響的話，就是給我愛詩的精神這一點。」（1981.二：99）又說：

> 在日據時代，先父等爲要保存漢學喚醒國魂，在此地方號召同志組織詩社，至今已有五十多年的歷史。當時詩社名爲「白鷗吟社」，至光復後改爲「琅環詩社」，先父逝世後改爲「佳里詩社」。在此五十年的半世紀中，不但在異族統治的環境中，使漢魂一系不斷，而且現在還在此地方遺留多少的文化傳統，這是值得驕傲的。（1981.二：100）

父親吳萱草是著名的漢詩人，吳新榮後來亦繼承衣缽，擔任詩社社長。其次，就讀臺南商業專門學校時，爲了因應對華及對南洋的經濟發展爲目的，有教授北京話、習字，以及中國習慣、民間故事。另外，在備考東京醫專的那段時間，熱衷於閱讀《三國誌》，使他見識祖國文化的偉大〔註71〕。吳新榮從家學淵源、商專課程到涉獵古典小說，足見吳新榮學習漢文的環境，潛移默化中當有助於漢詩的寫作。

據呂興昌編訂《吳新榮選集一》〔註72〕，收錄漢詩四十首。吳新榮漢詩的創作早於新詩，二十一歲（一九二七）留學日本金川中學時，便在校刊《秀芳》三十期發表五首七言四句的漢詩：〈偶成〉、〈仲秋有感〉、〈初至關門〉、〈金川有感〉、〈金川雪夕〉，內容不外是發抒去國離鄉的愁緒。吳新榮的漢詩創作貫串了戰前、戰後的文學生涯，其內容大皆來自對時代的感懷。如戰前，在

〔註71〕 參黃勁連編訂《吳新榮選集三——震瀛回憶錄》，頁56、77，臺南：臺南縣立文化中心，1997.3。

〔註72〕 呂興昌編訂，葉笛、張良澤漢譯，《吳新榮選集一》，臺南：臺南縣立文化中心，1997.3。

一九三七年十二月十三日的日記中寫下〈國破〉一詩:「國破山何在,風去雨
又來;永年功如夢,萬代歌聲哀。」(1997.一:195),即仿自杜甫的〈春望〉,
點出一九三七年在戰爭體制下,家國破碎、時代動盪的寫照。戰後,歷經二
二八事變而身繫囹圄時,有〈獄中吟〉四首、〈獄中作〉五首,其中〈獄中作〉
之四、之五說:「草虱一跳起,三尺有餘高;吸盡人間血,滿腹而不歌。廿八
事變起,三臺意氣高;流盡青年血,滿監革命歌。」(1997.一:212)揭露視
人命如草芥的國民政府,如吸人血的虱子,吳新榮藉此詩高唱抗議之歌。

吳新榮的漢詩創作觀,隨筆〈養病自語〉說:「不重典故不必平仄」(1981.
二:3)所以作品不合傳統詩的格律,唯採取五、七言的形式而已〔註73〕;然
其結合時代的創作內容〔註74〕,與賴和是一致的。

二、散文期

除了前述的漢文奠定根基背景外,吳新榮十六歲至十九歲(一九二二~
一九二五)在就讀臺南商業專門學校時,由於與來自「革命之鎮」彰化的同
學們互動影響下,不只關心「臺灣文化協會」的動態以及中國革命的發展,
還經常閱讀在東京、上海發行的雜誌,養成「愛讀思想文藝的作風」,吳新榮
從「當時日本的國民主義、自然主義、現實主義的文藝作品」,「到中國的虛
無主義、革命主義的社會思想」(1997.三:57),無不廣泛的閱讀,從中啟迪
了新文學創作的動機。

新文學的寫作,吳新榮最早從散文入手。第一篇散文乃以日文書寫的〈朋
友呀!睨視那爭鬥的奔流啊!〉一文,一九二七年同五首漢詩發表於金川中
學校刊《秀芳》第三十號,受過美國自由主義的服部純雄校長特將之登在卷
頭,對第一次投稿的吳新榮產生莫大的鼓勵。特別值得一提的是,這篇文章
的寫作背景是作者在一九二七年,聆聽 國父(五十九歲)在神戶主講「大
亞細亞主義」之後,熱血奔騰、振筆疾書而成。全文以寬廣的歷史視野,呼
籲日本人應該停止侵華的野心,民族主義的精神深蘊其中;並且公然反抗日
本對臺灣同胞的欺凌與榨取,其膽識與氣魄貫穿全文,足見在吳新榮的首篇
散文中已充滿抗日精神。

〔註73〕 參呂興昌〈吳新榮「震瀛詩集」初探〉,收錄於呂興昌編訂,葉笛、張良澤漢
　　　　 譯《吳新榮選集二》,頁233,臺南:臺南縣立文化中心,1997.3。
〔註74〕 參吳新榮〈談詩〉,收錄於張良澤主編《吳新榮全集卷2——瑣琅山房隨筆》,
　　　　 頁101,臺北:遠景,1981.10。

戰前，吳新榮的散文以〈亡妻記〉最爲精彩出色，原以日文寫成。本文創作背景乃作者在三十六歲追念喪妻雪芬時的心情，該記一共分爲兩部：前部爲「逝去春春的日記」（1981.一：121），是從妻逝世後一個月的日記（一九四二年三月二十七日～四月二十七日）；後部爲「回憶前塵」（1981.一：155），是追敘他和妻子認識到結婚的經過。一是深陷於眼前死別的痛苦，一是沉醉於往昔共處的甜蜜，今昔對比，纏綿脈脈的詩情扣人心弦，哀惋悲慟的心境躍然紙上。〈亡妻記〉在《臺灣文學》一九四二年七月、十月（第二卷第三、四號）刊登以後，引起當時臺灣文壇的注目，如葉石濤曾在他的論叢中說：「吳新榮的散文，求眞、求善、求美，發表在《臺灣文學》的〈亡妻記〉，把人的至純表露無遺。」〔註75〕又黃得時在〈輓近の臺灣文學運動史〉，其中有言：「吳氏的〈亡妻記〉，可比美〈浮生六記〉，賺讀者眼淚。」〔註76〕誠然是難得的抒情散文。

戰前，吳新榮的隨筆〔註77〕成就亦頗受文壇注意，黃得時在〈輓近の臺灣文學運動史〉一文中，即將吳新榮列入隨筆家〔註78〕。其隨筆取材的範圍大部分是醫學雜感或文學評論，如〈醫箴〉、〈模範醫師〉、〈良醫良師〉、〈三十年來〉等文，乃敘述對國家醫療環境的改善，以及記錄個人行醫的經驗，信手拈來，筆調幽默而諷刺，而且富於機智。吳新榮不只喜歡以「隨筆」表達，同時也收集數十冊日本醫家的隨筆集，基於長久的閱讀與撰寫，使他對「隨筆」的地位、本質與方式，有獨特的論述，〈情婦〉一文即明晰地說明：就地位而言，隨筆「和詩歌固不同，和小文（Conte）又有異，其地位差不多在兩者之間。」就本質而言，隨筆即「用其機智、諷刺、幽默、教養等來批評人生，而其批評的結果，再來具現新的人生」。就方式而言，即「隨與之所至、意之所至，隨即紀錄，因其後先無復詮次，故曰隨筆。」（1981.二：172）足見吳新榮針對「隨筆」的寫作別有意會。

另外，吳新榮的隨筆內容，有一部分是文學評論，如〈養病自語〉、〈情

〔註75〕見林芳年〈吳新榮評傳〉，收錄於張良澤主編《震瀛追思錄》，頁98，佳里：琑琅山房，1977.3。

〔註76〕見吳新榮1942年11月1日日記，收錄於張良澤主編《吳新榮全集卷6——吳新榮日記（戰前）》，頁135，臺北：遠景，1981.10。

〔註77〕吳新榮散文、隨筆作品，皆收錄於張良澤主編《吳新榮全集卷1——亡妻記》、《吳新榮全集卷2——琑琅山房隨筆》，臺北：遠景，1981.10。

〔註78〕參吳新榮1942年11月1日日記，收錄於張良澤主編《吳新榮全集卷6——吳新榮日記（戰前）》，頁135，臺北：遠景，1981.10。

婦〉、〈致吳天賞〉、〈新詩與我〉、〈談詩〉等，其中〈致吳天賞〉一文，強調文學的社會性以及思想性：

> 到底文學抽掉了社會性乃至思想性，則還剩下什麼呢？那不是只有
> 文字的殘骸嗎？如果否定了「爲人生而藝術」又否定了「爲藝術而
> 藝術」，則藝術最後的目的是什麼？（1981.一：231）

這段話爲吳新榮的文學觀下了具體的注腳。誠如他在新詩〈思想〉中所言：「從思想逃避的詩人們喲／假使做夢就是你們的一切／就多做夢吧／然而最後你們會清醒／那時你們會爲驚駭而顫抖吧／你們所寫的美麗的詩屍／爲什麼只有無聊的人才戲弄它」（1981.一：41）在此吳新榮指出詩應具備的重要條件就是「思想」，沒有「思想」的詩即使有再多華麗的辭藻，仍只是沒有生命的詩屍。又〈新詩與我〉、〈談詩〉二文，一致主張無論新舊體詩，詩的精神一定要提倡：「高潔的風度，豪傲的意志，素樸的氣品，這都可爲詩精神的基本條件，又是我們起碼的需求。」（1981.二：101）可見吳新榮的文學觀強調思想、精神的表現。

　　日記方面〔註 79〕，戰前日記：起自一九三三年九月四日，終至一九四五年八月十五日日本宣佈無條件投降。戰後日記：起自一九四五年八月十六日臺灣光復，終至一九六七年三月十五日作者逝世前十二日。吳新榮曾在〈亡妻記〉前言說：「日記是生活的眞實記錄。日記是自我心靈的過濾器。日記是給子孫的悲哀遺書。日記是人生的過程表。」吳新榮的遺作中，留下豐厚的日記，逐字逐句是他生命的記錄，生活的反省，也是歷史的見證。這些日記內容成爲一九五二年撰寫長篇自傳體小說《此時此地》的重要資料〔註 80〕，內容分黃（祖代）、白（父代）、青（子代）三單元，不僅濃縮了吳家的三代人物，其最大的價值乃在於貫串了臺灣三百年的歷史，以及鉅細靡遺記錄了吳新榮的生命歷程，其創作大河小說的功力不可忽視。

　　文獻方面，張良澤主編的《震瀛採訪記》，輯錄吳新榮一九五二年至一九六六年之間從事田野調查的記錄；至於《南臺灣采風錄》所輯的文章，包含民間傳承、南部農村俚諺集、南縣語言系統、平埔族系統、南縣地名沿革總論、南部臺灣的聚落型態、臺南縣寺廟神考、鄉土民俗雜考等。此二書〔註81〕

〔註79〕收錄於張良澤主編《吳新榮全集卷 6──吳新榮日記（戰前）》、《吳新榮全集卷 7──吳新榮日記（戰後）》，臺北：遠景，1981.10。

〔註80〕收錄於張良澤主編《吳新榮全集卷 3──此時此地》，臺北：遠景，1981.10。又見黃勁連編訂《吳新榮選集三──震瀛回憶錄》，臺南：臺南縣立文化中心，1997.3。。

〔註81〕收錄於張良澤主編《吳新榮全集卷 4──南臺灣采風錄》、《吳新榮全集卷 5

都是記錄臺南縣鄉土文獻的重要資料，也奠定了臺南縣地方史的基礎。探索吳新榮何以在戰後投注心力於文獻撰寫，當與以下二項因素有關：

第一、戰爭期參與《民俗臺灣》。一九四一年在文學活動呈顯消沉的狀態之下，除了《臺灣文學》成為吳新榮的重要精神支柱外，《民俗臺灣》亦成為其生命中重要的「情婦」。《民俗臺灣》（一九四一～一九四五）由池田敏雄創辦，以「風俗習慣的研究與介紹」為旨趣，刊行臺灣及相關地區的民俗、鄉土史、地理、自然誌等的文章。吳新榮與楊雲萍、楊逵、黃得時、廖漢臣、朱鋒、張文環、呂赫若、巫永福、郭水潭等人〔註82〕，齊聚一堂，熱心參與鄉土史的調查探訪，從中了解臺灣的歷史，聊以慰藉皇民化的苦悶與徬徨，進而尋得自我文化的認同。《震瀛回憶錄》說：

> 同時日本人專辦的「民俗臺灣」也帶給夢鶴「情婦」來，這雖然是日本人，他們比較有良心的。這是一群的科學者和文化人：金關丈夫、國分直一、池田敏雄、立石鐵臣諸人。這個「情婦」不論政治、不說戰爭，所以很受臺灣人的歡迎，一時全臺的英俊均走入其傘下，不輸（很）像文化人的逃避處。夢鶴還是無條件地和這個「情婦」結合，跟著他們採訪民俗，跟著他們寫寫稿件，以支持這非官式的發刊物，出版到四十二號了，這也可說日本人留給臺灣人最大的文化禮物。（1997.三：126）

《民俗臺灣》在保存臺灣傳統文化上甚具價值與意義，深獲吳新榮的認同與肯定，從中也奠定了日後編修臺南文獻的基礎。

第二、二二八事變的磨難以及競選的失敗。二二八受難雖然使吳新榮彷徨、消極，但是知識分子的良心並未因此而滅絕；在調整生活和待人處事的原則之後，吳新榮又重新燃起政治的熱情，一九四七年十一月幫助吳三連出馬競選國大代表，甚至在一九五○年親自出馬參加臺南縣議會議員的競選，其競選的主要動機，莫過於要打破封建勢力以及打倒金權主義，進而確立法治精神來完成地方自治建設、科學文化來提高人民生活，競選中提出了耕者有其田、學者有其書、病者有其醫、飢者有其食等以民為本的政治主張，然而吳新榮光明磊落的人格與民主思想的理念，終究被金錢賄選所打敗，使得他

——震瀛採訪錄》，臺北：遠景，1981.10。

〔註82〕參王昭文《日治末期臺灣的知識社群山 1940～1945》——《文藝臺灣》、《臺灣文學》及《民俗臺灣》三雜誌歷史的研究》，頁76，清華大學歷史研究所碩士論文，1991.7。

徹底對政治失望（1997.三：269）。

處於人生的轉捩點，吳新榮選擇踵隨前輩醫事作家魯迅與賴和以文字改革時代的精神，再回歸文化人的身分，一九四七年二月八日的日記中他自我期許說：「文化人不是高尚生活的人，也不是學理深奧的人。文化人應當和時代的煩悶而煩悶，和人類的苦痛而苦痛。……最後結論文化人要繼承魯迅、賴和等的革命傳統底文化遺產。」（1981.七：25）他的生命永遠致力於關懷群體的命運，與時代、民眾共體時艱。爲了建設合理的文化生活，熱誠負起文化人先覺者的責任，無怨無悔地爲維護地方文化與發展臺灣文學出錢出力，如維持吳濁流《臺灣文藝》繼續發行，甚至助印詩文友選集，一九六四年十一月四日日記說：「我雖是個村莊醫師，但爲維持地方文化及發展臺灣文化，這是願犧牲的。」（1981.七：153）一九六〇年六月十七日日記又說：「在此個人上、社會上的精神打擊之下，這又使我閉在文化工作的軀殼中，而且此工作最愉快，給我每時無限的安慰。」（1981.七：114）所謂弱者困於環境，智者利用環境；在理想與現實的擺盪之間，吳新榮運用智慧，決定下一步的計劃表，繼續邁向自己人生的理想，那就是整理地方文史，再次開展另一階段有意義的新生活。

一九五二年起擔任臺南縣文獻委員兼編纂組長，他將這分文獻工作視爲個人的文化事業，積極投入，爲了編輯《臺南縣志稿》、《南瀛文獻》，整天樂此不疲地埋首於考察史蹟，研究鄉土民俗，收集農村俚諺，或組織田野採集隊下鄉查訪，尤其他的研究方法與方向，受《民俗臺灣》的日本學者金關丈夫、國分直一、池田敏雄、立石鐵臣諸人的啓導不少，又研究過程所使用的科學方法，更展現了他向來對科學精神的重視，其著作《震瀛採訪記》、《南臺灣采風錄》，不只是記錄臺南縣鄉土文獻的重要資料，同時也是他熱愛鄉土的見證，一九三六年一月二十三日的日記說：「人生最初愛護的也是故鄉，人生最後戀慕的也是故鄉，故鄉和人生絕不可離開的關係。」（1981.六：29）誠然，生於斯長於斯的故鄉是吳新榮一生的愛戀，永遠無法割捨。

三、新詩期

根據呂興昌編訂，葉笛、張良澤漢譯的《吳新榮選集一》〔註83〕，就語言形式區分，日文詩六十四首數量最多，其次爲傳統詩四十首，再其次是華

〔註83〕呂興昌編訂，葉笛、張良澤漢譯，《吳新榮選集一》，臺南：臺南縣立文化中心，1997.3。

語新詩十五首、臺語新詩六首，是現今保存吳新榮新詩最完整的本子〔註84〕。至於吳新榮的新詩寫作分期〔註85〕，大約可分為東都游學時期、鹽分地帶時期、皇民化時期三個階段，各期有不同的主題思想與創作特色。

（一）東都游學時期

東京醫專時期（一九二八～一九三二），吳新榮因加入了「臺灣青年會」及「學術研究會」，之後受到日本「四一六」共產黨大檢舉的牽累，入獄二十九日，經歷人生第一次的政治衝擊，吳新榮更確立社會主義的信念，同時也轉將心力投注於新詩創作。

這個階段的新詩作品，值得注意的是其語言特色，吳新榮生平的六首臺語詩全都集中在一九三〇年，詩題是〈霧社出草歌〉、〈阿母呀！〉、〈不但啦也要啦〉、〈故鄉的輓歌〉、〈躍動〉、〈美人〉。吳新榮何以身在異鄉用母語進行創作？其因素或有三項，首先，是基於思鄉情懷；其次，是因這六首臺語詩均發表在學生同鄉會刊物《南瀛會誌》以及《里門會誌》上，宜以母語創作；再者，應當是受了社會主義思潮的影響，選擇臺灣話文作為表達工具，一如賴和，試圖採取「言文一致」的策略，以達到文學大眾化的目的。

東都游學時期，吳新榮「萬事都天真浪漫、青春潑剌，在這時代所愛的是戀愛、純情，所好的是悲壯、冒險，……最愛『力拔山兮氣蓋世』那樣的詩歌。」（1981.二：172）這時期新詩作品，多半發表在同人雜誌或學友會誌上；內容除了青春浪漫的愛情詩，大多是富有理想、戰鬥與反抗的精神，如〈試中雜詠〉，表達為國家為民族的戰鬥到底；〈霧社出草歌〉、〈故鄉的輓歌〉，譴責日本殖民政府對殖民地的壓迫；〈亡靈在徘徊〉，批判殖民體制下的階級問題；又如〈新生之力〉，呼籲陷於考試壓力下的臺灣留學生提振創造的力量。這些作品往往是關懷弱者，批判強權，與三〇年代世界左翼文學的精神主題毫無二致。

〔註84〕1981 年《吳新榮全集卷 1──亡妻記》（臺北：遠景），只收錄新詩二十三首。
〔註85〕有關吳新榮的新詩分期，根據他在一九四三年七月一日的日記曾提及有意編印《震瀛詩稿》，詩集打算分為下列四期：「第一、搖籃期──東都游學時代；第二、前期──鹽分地帶時代；第三、中期──臺灣文學時代；第四、後期──。現在是第三期，故第四期尚未可知。」（1981.六：145）又在〈新詩與我〉敘及新詩分期：「第一期：青年時代，也可謂浪漫主義期；第二期：壯年時代，也可謂理想主義期；第三期：老年時代，也可謂現實主義期。」見張良澤主編《吳新榮全集卷 2──琑琅山房隨筆》，頁 172，臺北：遠景，1981.10。

（二）鹽分地帶時期

鹽分地帶時期（一九三二～一九三七），亦即歸臺之後至戰爭末期。一九三二年，二十六歲的吳新榮在家人召喚下，結束了山本宣治紀念病院的工作，回臺之後，繼承叔父的佳里醫院，正式開業行醫。這時期的思想「已由乳臭時代漸變化成個主張人權的人」（1981.二：175），因此代表作〈急馳的別墅〉、〈煙囱〉、〈故鄉與春祭－謹以此篇獻給鹽分地帶的同志〉、〈四月二十七日南鯤鯓廟〉、〈農民之歌〉等，內容主要在控訴資本主義的剝削，以及反抗日人對臺人橫暴的政策。與前期比較，內容雖皆環繞在關懷弱者與批判強權，然這一期更有眞實的民眾生活體察。就技巧而言，也一改前期白描、吶喊方式，取而代之的是透過意象傳達更深邃的寫實精神與鄉土色彩。

這段時期吳新榮除了忙於行醫、積極創作之外，一九三三年還邀集地方文人成立「青風會」，企盼透過非政治性的文化活動，反抗日本的殖民統治，喚醒本省同胞的民族意識。吳新榮曾在《震瀛回憶錄》中提及「青風會」的成立動機、主旨以及結果，他說：

> 日本人本來看夢鶴是一個眼中釘，看他事業上的成功，不無感覺恐慌。任意爲難，說他不法設備病室啦，說他故意收容犯人啦。他竟決意糾合同志來領導，團結同胞來鬥爭。但在這高度帝國主義統治下的殖民地，唯一的出路只有非政治性的文化工作這一條而已。所以他呼籲東京里門出身的同志爲中心，並求這地方的進步青年來合作，組織一個「青風會」。「青風會」以鼓勵文藝思想並作社交機關爲主旨，以交換社會智識，養成青年風氣，建設文化生活，嚮導知識分子爲目的。這是初期社會運動的一個原始形態，但在這個農村地方卻是一開天地以來的組織了。「青風會」雖是一個文化運動的搖籃，但日本官憲都恐怕成爲政治活動的背景，每時都派郡役所的高等特務來監視他們，甚至不過兩個月日，竟將這個可愛的嬰兒扼死了。（1997.三：92-93）

由此可見，「青風會」的性質基本上有延續「臺灣文化協會」啓蒙思想的用意，帶動文學發展的主旨。雖然只維持兩個多月即被迫解散，由於參與成員如吳新榮、郭水潭、徐清吉等人，皆擁有文學創作的熱情，在短暫的集會討論中已在「鹽分地帶」播下了新文學的種子。

一九三四年，「臺灣文藝聯盟」成立，「青風會」解散後剩下的幾個文學

青年旋即於第二年加入「臺灣文藝聯盟」，成爲「臺灣文藝聯盟佳里支部」，與吳新榮同輩的作家郭水潭在〈談「鹽分地帶」追憶吳新榮〉一文中，追溯「臺灣文藝聯盟佳里支部」成立時的背景、成員，以及「鹽分地帶」文學的由來，他說：

> 日據新文學運動鼎盛時期，佳里鎮上有十數多人的文學同志，以佳里醫院做爲連絡中心，常集會談文學，進而與全省的文學同道連繫結交。所謂「鹽分地帶」同人，計有吳新榮、郭水潭、王登山、林精鏐、王碧蕉、陳培初、莊培初、陳桃琴、黃炭、葉向榮、徐清吉、鄭國津、郭維鐘、曾對等。這班人均參加新文學運動，一九三四年臺灣文藝聯盟結成時，成立佳里支部。……我們傾向普魯文學，故被世人稱爲「鹽分地帶」派。其所謂「鹽分地帶」另有原由。惟佳里本來是個富庶的地方，但其接鄰的鄉村，如七股、將軍、北門等鄉，臨近海邊，土壤多含鹽分，嘉南大圳未開鑿以前，在行政劃分上稱「鹽分地帶」，而佳里鎮上的文學同人，其文藝作品，多取材於「鹽分地帶」，且帶有濃厚的鹽分氣質，所以文藝批評家，冠以「鹽分地帶」文學，我們也樂以接受這一名稱，由來如此。〔註86〕

由以上這段話可以明瞭「鹽分地帶」文學所涵蓋的二個意義，一、是在地理上以鹽分地帶的生活爲中心的文學活動。二、是在思想上以具有普羅思想色彩的文學作品爲主，所謂普羅（Pro-ietariate），指的是無產階級，亦即富有社會主義傾向的〔註87〕。「鹽分地帶」同仁主張文學須走向民眾，植根鄉土的左翼思想，這也正是吳新榮鹽分地帶時期新詩的最大特色，充分體現了其隨筆〈致吳天賞〉、新詩〈思想〉強調社會性、思想性兼具的文學觀。

（三）皇民化時期

　　一九三七年七月七日蘆溝橋事件爆發後，進入皇民化時期，社會上瀰漫著一股驚惶不安的氣氛；隨著戰爭的擴大，臺灣實施戰時體制，總督府對臺灣的控制也到達極度，尤其對文化的建設，社會運動的監視無所不至。在如

〔註86〕郭水潭，〈談「鹽分地帶」追憶吳新榮〉，收錄於張良澤主編《震瀛追思錄》，頁217，佳里：瑯琅山房，1977.3。

〔註87〕參陳芳明〈吳新榮的左翼詩學－臺灣新文學運動的一個轉折〉，收錄於呂興昌編訂，葉笛、張良澤漢譯《吳新榮選集二》，頁254，臺南：臺南縣立文化中心，，1997.3。

此的時代氛圍下，以往意氣軒昂的吳新榮，態度轉趨消沉、被動，直到彰化拜訪賴和之後，前輩們爲民族爲自由的犧牲奮鬥，再度煥發他那熱情奉獻的處世精神與義高志潔的生命情操，《震瀛回憶錄》記載著：

> 最初他到彰化找一位東京時代的舊友賴東曉，叫他介紹他的哥哥賴
> 和先生。他們到賴和先生的醫院時，恰巧先生像要準備出外往診，
> 但先生撥工（忙中抽空）和夢鶴見面，並應夢鶴之請寫一首舊作給
> 他做紀念：李艷桃濃跡已陳，寒梅零落委埃塵；枝頭燦爛紅雲麗，
> 卻讓櫻花獨占春。可恨先生未見零落的寒梅，再遇陽光一復能夠放
> 香；又可惜先生不知燦爛的櫻花，一旦被摧折永久就不會再紅。
> （1997.三：102）

> 賴和的本業是醫生，但他爲臺灣新文學運動所下的功績非常宏大，
> 所以被稱爲「臺灣的魯迅」。夢鶴想到這裏又想起一位大前輩蔣渭水
> 先生，他本業也是醫師，但他爲臺灣政治活動，所下的功績也非常
> 宏大，所以他也曾被稱爲「臺灣的孫文」。夢鶴由日本回臺的那一年，
> 曾同陳亦常訪問過蔣渭水先生，不久這位前輩已不在世間了，……
> 可是這時候在夢鶴的心頭去來的一事，就是孫文、魯迅、蔣渭水、
> 賴和，連他自己都是醫家出身的。（1997.三：104）

這段消沉的時期，　國父、魯迅、蔣渭水、賴和等前輩醫生的精神，顯然對吳新榮起了激勵的作用，鼓舞著他繼續爲關懷人類、社會、國家，爲有意義的工作而活。

　　皇民化時期的詩作，如〈若有支配我思想的人格者〉、〈盜心賊〉、〈獻給大東亞戰爭〉等，雖表現時代苦悶，個人驚慌徬徨，但不失堅持原則的自信，他說：「我所相信的是眞理的實行家」，足見從東京醫專、鹽分地帶至皇民化時期，無論外在環境如何轉折，吳新榮堅持正義眞理的創作精神始終一致，唯觸及戰時體制的影響，皇民化時期的表現方式顯得相當隱微，內容由對外在社會的關注轉向個人心緒的表露爲主。

四、戰前戰後文類的轉變

　　基於戰前中文根基深厚，加上以日文、中文爲創作語言，因此，吳新榮在戰後沒有面臨跨語的調適；然而卻已少見詩作，轉將心力投注於自傳以及文獻的撰寫。

　　戰後少見的詩作中，有一首〈誰能料想三月會做洪水〉（1997.三：201-202），寫於一九五二年，道盡「二二八」事變的血淚歷史，重現國民政府那慘絕人寰的殘酷暴行，是頗值得注意的作品。臺灣光復，吳新榮在濃烈的民族意識驅動下，喜悅的完成〈祖國軍來了〉，迎接祖國軍來接收；並挺身而出組織北門區的「三民主義青年團」，以維持地方治安；之後曾擔任第一屆臺南縣參議員、臺南縣醫師公會負責人，積極發揮知識分子的使命，希望重建一個新臺灣，一九五○年六月二十九日日記說：「我們永久主張臺灣是臺灣人的臺灣，也是中國人的臺灣了，為此主張我願意犧牲我一生」（1981.七：51），這些話正可代表吳新榮在遭受異族侵凌，以至重歸祖國懷抱的心聲。然而隨著國民政府的政治腐敗、經濟萎縮、社會不安，尤其接踵而至的軍事鎮壓和逮捕行動，使臺灣知識分子的心靈遭受強烈的衝擊，導致對政治失望、恐懼和冷漠。鹽分地帶文人鄭國津在〈才高人善──回憶吳新榮君生前不尋常的事〉一文，曾憶及吳新榮「二二八」受害時的情景：

> 卻說「二二八」臺灣板蕩當時，在佳里主管行政的區長，與主管治安的警察所長，恐惶萬一。某夜，派人出來邀集地方人士數十名於區長公館裡會議對策，叫民間要做政府的後盾抗制暴亂，組織一個會名稱「二二八處理委員會」。公推我為主任委員而吳君副之。幸得同心合力處理。所以在佳里附近沒發生重大事件。平平安安度過亂期。至雨散雲消時候，大家自慶功成而將此會解散了。大約經過一個餘月，不知何故，某日凌晨，突然間一隊官兵來包圍佳里，路頭安機關槍，斷絕交通；另一方面，叫警察引導，帶委員名簿，按戶打門入室搜查，風聲鶴唳之間，將會員一個一個綁到區公所外庭集合，然後投入大卡車載往臺南入獄。同時協助搜索工作的警察所長、刑事組長最後也受官兵縛入卡車內與我們同往。到監獄公廳前脫下官服官帽入牢，真是無救天尊。這樣不測之禍，竊聞是有人向軍部投書濫告，而軍部誤解我們，在戒嚴地區組會集會是違法，有叛亂之嫌而來逮捕的。卻說我們一批入獄後，只審訊一次就有頭無尾。閒閒關禁約五個月之久即放釋出來，說是誤會。但我們不敢再追究責任，自嘆倒霉，回家後往寺廟消災了事。……吳新榮君聞官兵大隊來佳里，就感覺不好事。不敢在自己的家裡住宿，遠走高飛到野外避難，匿藏於某農戶的柴堆下，日與雞豕同食，夜與蚊蟲同眠。經過一個多月，才拜托某要人向軍部說情自新。但吳君後來亦入圖

> 圖，其慘狀驚險，料想比我們更甚。當時警察所長邀我們去協助政
> 府，出於善意。我們樂意去協助，也是善行。後來因何變成如此的
> 惡果呢？全然不能自解。〔註88〕

在理念上吳新榮雖有滿腔熱誠參與時政，願爲社會服務，甘爲國家犧牲；然
而在臺灣民主政治佈滿荊棘的路程中，他遭遇二二八的不測之禍，以及接踵
而至的白色恐怖，使他不願與貪官污吏之輩同流，與假公弄私之輩分利，與
強情模理之輩爭功。〈誰能料想三月會做洪水〉一詩，即是他個人精神上的不
快以及政治不安的表露。日後他唯有將心力轉向臺南文獻的編修與自傳小說
的撰寫，寫作歷程至此，誠與大時局的驟變有密切的內在關聯。

五、在臺灣新文學史上的地位

　　蔣渭水、賴和在戰爭中早逝，未能目睹臺灣人復歸中國的慘況；吳新榮
一九六七年去世，卻經歷了戰後最悲慘的時期。在抗日運動史上，他們三人
同樣懷有「生爲臺灣人，死爲臺灣鬼」（吳新榮語）的堅強信念。在臺灣新文
學史上，吳新榮一如賴和，邊行醫邊寫作，並投入文學陣營；值得注意的是，
吳新榮重視鹽分地帶的地方特色，致力臺灣鄉土文學的創作，使他不只成爲
一位「鹽分地帶文學的領導人」，更是一位名副其實的「鄉土詩人」，呂興昌
說：

> 吳新榮是日據時期臺南地區鹽分地帶詩人群的核心人物，在文學運
> 動的推展上貢獻極大，這不只是他作爲醫生的社會地位使然，也不
> 僅是他對於臺灣文化、文學強烈的使命感與旺盛的活動力使然，更
> 重要的是他本身以相當數量的詩篇，證明了他是一位優秀的「鄉土
> 詩人」。〔註89〕

又楊逵曾言：「鹽分地帶」由於以佳里吳新榮爲中心，而成爲最堅強的一個據
點〔註90〕。在臺灣新文學史上，「鹽分地帶」之所以成爲文學重鎮，除了與當
地文學風格的建立有密切的關係，其中扮演領導角色，影響最大的人正是吳

〔註88〕鄭國津，〈才高人善——回憶吳新榮君生前不尋常的事〉，收錄於張良澤主編
　　　　《震瀛追思錄》，頁6～7，佳里：瑯琅山房，1977.3。

〔註89〕呂興昌，〈吳新榮「震瀛詩集」初探〉，收錄於呂興昌編訂，葉笛、張良澤漢
　　　　譯《吳新榮選集二》，頁208，臺南：臺南縣立文化中心，1997.3。

〔註90〕參楊逵〈三個臭皮匠〉，收錄於張良澤主編《震瀛追思錄》，頁40，佳里：瑯琅
　　　　山房，1977.3。

新榮〔註91〕。

第四節 打開戰爭期的心窗──王昶雄

　　在臺灣醫學史上，王昶雄（一九一六～二○○○）是位牙醫，從一九三九年（二十四歲）以日文小說《淡水河的漣漪》崛起文壇，直至一九九九年（八十四歲）十二月二十六日，在《臺灣日報》的副刊上發表詩作〈古井札記〉為止；戰後雖一度銷聲匿跡，但他創作生命並未枯竭，改用中文寫作，復出文壇，成績斐然。基本上，王昶雄的寫作精神鍥而不捨，關懷臺灣文學的傳承不遺餘力。進入王昶雄的文學歷程之前，且讓我們先探究到底是什麼樣的內在動力驅使著他筆耕不輟呢？這個問題我們可以從〈童年一個夢〉、〈打頭陣的賴和──哲人「走得其時」〉二文得到答案。

　　本名王榮生的王昶雄，出生於淡水鎮九坎街（今永吉里重建街）的海商家庭，在俗氣熏人的環境中，獨愛好藝文。從小的誓願不是當英雄豪傑、也不是顯要富翁，而是立志效法達尊唐三藏的堅苦卓絕的取經精神〔註92〕。走在寫作的路上，有時崎嶇難行，甚至荊棘沒徑，王昶雄不但沒有成為文學的逃兵，反而懷抱著柳暗花明又一村的無限憧憬，應當與童年藝文的喜好與《西遊記》的啟示密切相關。另外，前輩醫事作家賴和，也深刻地影響他的志向，年輕時代，曾經由杜聰明博士的介紹，拜訪這位「臺灣新文學之父」，兩次的見面，使他「好像在風雲詭譎的時代裡，看到了射破陰霾的陽光似的。」（1998：126）賴和以醫術救治人的肉體，以文學安慰人的靈魂，以反日為職志的風範，成為他日後追隨的對象，〈打頭陣的賴和──哲人「走得其時」〉一文說：

> 他看病時，目不轉睛，紋絲兒不動，就像文學家在創作一樣，所謂「春蠶到死絲方盡，蠟炬成灰淚始乾」，仁醫做到「仁至義盡」的境界。題額橫寫著四大字「妙手佛心」，這意味著醫術高明加上善於施行菩薩心腸之道。……賴和時常以詩為劍、以文為槍地批判殖民者的殘酷，一如「虎狼鷹犬」，因此，在他一生中曾兩度被捕下獄。這

〔註91〕參林芳年〈抗戰時期的鹽分地帶文學人物－兼談我前半輩子的文學活動〉，《文訊》7、8期，1984.2。

〔註92〕參王昶雄〈童年一個夢〉，收錄於《驛站風情》，頁296，臺北：臺北縣立文化中心，1993.6。

> 種強烈的民族意識，成為他思想的底流，不論在社會運動或新文學
> 運動裡，都貫流其中。（1998：125、128）

而在談及寫作的經驗時，賴和更謙卑的提出持之以恆的原則：

> 我自小就喜愛文學，後來赤手搏得醫道與文學的龍蛇，將來得不得
> 到歷史上的肯定，那都無所謂。其實，我很笨，天賦有限，只是老
> 老實實的去做，持以恆心而已。（1998：127）

「哲人日已遠，典型在夙昔」，賴和、王昶雄兩人年齡即使差距有二十二歲之
多，但是仁心濟世的胸懷，反殖民、重鄉土的創作精神，卻是一脈相承的。

從王昶雄的文學歷程來看，約可分為戰前、戰後兩個階段，各參與不同
的文學活動，也各有不同的寫作心境、語言、型態與風格。

一、戰　前

（一）負笈日本時期

一九二九年王昶雄赴日求學，考入郁文館中學，至一九四一年自日本大
學齒學系畢業，與吳新榮、詹冰這兩位赴日求學的醫事作家比較，王昶雄停
留日本十二年最久。這段時間他曾面臨了文學與醫學的抉擇，也參加日本的
文學活動，以及深受日本文學與鄉土文化的影響。

日治時期幾乎沒有靠寫作維生者〔註93〕，在這樣的文學環境下，王昶雄
卻於一九三五年（十九歲）考進了日本大學文學系，意想一圓文學家的美夢，
後來遭父親反對，認為「硬要搞文學，簡直是不切實際。」（1993：自序）基
於現實考量，一九三六年（二十歲）重考進入日本大學齒學系，表面上似乎
棄文從醫，事實上，他還積極參與文學活動，先後加入《青鳥》、《文藝草紙》
等刊物為同仁，自此成為醫事作家的一員，至於這兩種身分在生命中所扮演
的角色，他說：「進入醫校後，他們因體質內那股創作慾念，不但沒有被繁重
的課業所抑阻，反而找到出口，慢慢宣洩出來。兩種身分，兩種生涯，既衝
突又相輔相濟。」（1998：124）在醫學的殿堂外，文學乃成為最佳抒發的出
口，兩者相輔相成；俄國作家契訶夫和吳新榮都曾說過：「醫學是本妻，文學
是情婦」，然而王昶雄則自嘲為不務正業，因為他終生奉守著：「文學為本妻，

〔註93〕文鷗〈遠望臺〉說：「我們臺灣的作家，大多數的生活很窘很迫。」《臺灣文
　　　藝》2卷7號，頁201，1935.7.1。

醫學爲情婦」〔註94〕的信仰。

日本近代文學起始於明治時代，受西方文學的影響，漸漸出現「現代小說」的雛形，及至大正時代（一九一二～一九二六），更加豐富多彩，一九二九年初至日本的王昶雄，即感受到文學發展的自由空間與寫作的蓬勃風氣，使得「奉文學爲本妻」的他可以盡情揮灑，多方學習。尤其得以廣泛涉獵世界文學群著，對其日後的創作提供莫大的助益與影響，譬如他個人特別推崇仰慕的幾位作家，如法國自然主義的奠基者及代言人左拉（Emile Zola，一八四〇～一九〇二），俄國現代派作家的鼻祖杜斯妥也夫斯基（Feodor M. Dostoevsky，一八二一～一八八一）、與寫實主義的推動者屠格涅夫（Ivan Turgenev，一八一八～一八八三），日本理性主義文學的健將芥川龍之介（一八九二～一九二七）、現代文學主義出身的橫光利一（一八九八～一九四七）、中國反諷新文學的開拓者魯迅（一八八一～一九三六）等人〔註95〕，總歸以上這些作家文學主張雖各有異，然其作品不外是傳達人性與時代的深深思索，這也正是王昶雄寫作關懷的焦點。

日本的鄉土文化也對王昶雄帶來相當大的衝擊，「不僅對臺灣文化的發展方向，也對個人的生命歷程，都有其深沉的意義。」（1993：自序）這分覺醒和體認，使他更確立了終生維護發揚臺灣本土文化的志業，〈一九九五年「北臺文學綠映紅」〉曾說：

> 文化是立國的根源，也是社會建設的基石，一個現代化國家，無不竭力維揚其本土文化。臺灣本土文化是面對臺灣未來的蛻變中，首要思索的第一要務，今天臺灣道德墮落，公害橫流，如果本土文化沒有加以關愛，將無法激發出眞摯的鄉土情與同胞愛。（1998：106）

在邁向二十一世紀以高科技爲導向的現代社會裡，王昶雄強調植基文化建設臺灣的重要性。這一分來自濃厚的土地情懷，也正是他個人寫作的動力，光復後的散文作品，如〈求精求變中的歌仔戲──「天鵝宴」宴客札記〉、〈尋

〔註94〕 王昶雄〈吳新榮的志節標誌──紀念塑像該豎立的〉，收錄於呂興昌編訂，葉笛、張良澤漢譯，《吳新榮選集一》，頁10，臺南：臺南縣立文化中心，1997.3。

〔註95〕 張恆豪〈反殖民的浪花〉：「在文學上，王昶雄早年喜讀中國章回小說，後來他推崇法國自然主義大師左拉……還心儀帝俄的杜斯妥也夫斯基與屠格涅夫，……在日本文學方面，他特別欣賞芥川龍之介、島崎藤春和橫光利一等人的作品，……此外，他還私淑中國作家魯迅，……。」原載《暖流》2卷2期，1982.8；經修定後，收錄於王昶雄《驛站風情》，頁313～314，臺北：臺北縣立文化中心，1993.6。

回掌中戲的光輝——「薪傳正統掌中戲偶展」觀後〉、〈與原住民共舞——從「與狼共舞」的道德勇氣觀談起〉〔註96〕，即是對歌仔戲、掌中戲等鄉土傳統藝術，以及原住民文化傳承的關懷。

（二）皇民化時期

一九四二年王昶雄返臺後的生活，已面臨殖民政府如火如荼進行皇民化。他白天扮演牙醫的角色，忙碌於淡水開設的岩永齒科診所，夜晚則一燈熒然，振筆疾書。身處於日本皇民化的壓制下，王昶雄一如賴和的精神，懷抱文學理想與民族感情，道人之所不能道，冒著生命危險以文爲槍。他曾在〈過去是一個新的起點〉敘述殖民時代的寫作心境，說：

> 無論在任何年代，年輕人的活力是充沛的，氣象是蓬勃的，當年，
> 我們爲了爭取民族的自由與藝術的尊嚴，既不爲名，又不爲利，只
> 想從鄉土的素材中，創作出像樣的作品來。我覺得自己的作品應該
> 寫、值得寫，於是心手相應，不論寫得好或不好，下筆千言，一揮
> 而就。頓時令我憶起昔日那種「初生之犢不畏虎」的勇氣。（1993：
> 16）

從王昶雄在戰鼓笳聲中推出敏感的〈奔流〉，可以看出他堅持臺灣文化的民族立場，與甚囂塵上的皇民化運動相抗衡，就是出於「初生之犢不畏虎」的勇氣。

〈奔流〉是王昶雄在日治時期備受矚目的中篇小說，也是戰爭期臺灣小說的代表作。發表時正值日本推行皇民化運動的熾熱期，原稿內容在日帝保安課的嚴格審查，並慘遭增刪後，才得以在一九四三年七月《臺灣文學》第三卷第三號上刊載，亦曾被東京大木書房選入《臺灣小說選》中。至於保安課增刪了那些原貌，攸關「皇民文學」、「非皇民文學」的兩極化解讀關鍵，以及作者創作的本意；加上戰後四種中譯本內容有所出入〔註97〕，使得〈奔

〔註96〕收錄於王昶雄《阮若打開心內的門窗》，頁86、93、310，臺北：前衛，1998.4。
〔註97〕〈奔流〉最早有林鍾隆譯本，收錄於鍾肇政、葉石濤主編，《光復前臺灣文學全集 8——閹雞》（林鍾隆譯），臺北：遠景，1979.7；張恆豪主編，《臺灣作家全集——翁鬧、巫永福、王昶雄合集》（王昶雄校訂），臺北：前衛，1991.2；王昶雄編，《海鳴集》，臺北縣立文化中心，1995.6。另有鍾肇政譯本，收錄於施淑編，《日據時代臺灣小說選》，臺北：前衛，1997.5。前三書譯文雖同由林鍾隆譯，但先後經王昶雄修訂改寫，內容已有出入，呂興昌曾就遠景版、前衛版兩種版本述評，也爲〈奔流〉的眞貌提供重要線索，參見〈文章千古事，得失寸心知——評王昶雄〈奔流〉的校本〉，《國文天地》7卷5期，1991.10。

流〉原貌始終無法呈現，十分在意的王昶雄遲至一九九三年親自撰文說明〔註 98〕，然而似乎沒有獲得正面的迴響。兩極化的討論，從戰前的窪川鶴次郎、黃得時，到戰後的張恆豪、林瑞明、垂水千惠、莊永明、劉勝雄、彭瑞金〔註 99〕等人，其中張恆豪解讀〈奔流〉是「一朵逆流而立的、反殖民的浪花」〔註 100〕，這樣的說法最足以令作者一解心底牢結。事實上，當我們熱烈在爭議〈奔流〉的意識形態之餘，不要忽略了作品本身的文學性，這部小說打開戰爭期臺灣知識分子的心窗，揭露皇民化運動之際、面臨大漢文化和大和文化的糾葛纏鬥，尤其作者師承自然主義大師左拉的人物病態心理剖析法，充分刻劃人物的行為受心理、社會及遺傳的影響，由此我們可以探窺王昶雄與世界文學思潮互動的創作特色。

　　一九三七年，臺灣總督府禁止使用漢文以後，所有文學作品都必須用日文寫作，以配合戰爭期「皇民化」政策的推動，此時王昶雄正值在日本大學齒學系就讀，所以自一九三九年開始寫作後，即清一色是以日文寫作。這位日本語作家戰前不僅有小說、散文、新詩的作品，同時也是個優異的文藝評論和戲劇作家。根據《驛站風情》所附〈王昶雄年表〉列載：王昶雄日治時期中篇小說除〈奔流〉之外，尚有〈淡水河的漣漪〉、〈梨園之歌〉、〈鏡子〉，這四篇小說堪稱是戰前王昶雄嘔心瀝血之作，張恒豪曾就後三篇未經日譯的小說說明大意：「〈淡水河的漣漪〉反映了作者的童年經驗，以淡水到八里的海域為背景，對於水上人家的生活有很生動的描繪，作者藉著小說人物面對來自漳州、泉州的戎克船的遐思，含蓄地表達了對故國風土人情的嚮往；〈梨園之歌〉則以戲班的悲歡聚散為經緯，傳達臺灣民眾在異族高壓下和衷共濟、

筆者今採用《海鳴集》版本。

〔註 98〕王昶雄，〈老兵過河記〉，《臺灣文藝》總號 136 創新 16，1993.5。

〔註 99〕參張恒豪〈「奔流」與「道」的比較〉，《文學臺灣》4 期，1992.9。林瑞明，〈騷動的靈魂——決戰時期的臺灣作家與皇民文學〉，《臺灣文藝》總號 136 創新 16，1993.5。垂水千惠，〈戰前「日本語」作家——王昶雄與陳水泉、周金波之比較〉，《臺灣文藝》總號 136 創新 16，1993.5。莊永明，〈「奔流」的時代見證〉，《臺灣文藝》，總號 136 創新 16，1993.5。劉勝雄，〈從王昶雄小說「奔流」論日據時期皇民文學〉，《福爾摩莎的心窗——王昶雄文學會議論文集》，真理大學臺灣文學系主辦，2000.12.4。彭瑞金，〈從小說「奔流」看戰爭時期臺灣作家的邊緣戰鬥〉，《福爾摩莎的心窗——王昶雄文學會議論文集》，真理大學臺灣文學系主辦，2000.12.4。

〔註 100〕張恆豪〈反殖民的浪花〉，收錄於王昶雄《驛站風情》，頁 327，臺北：臺北縣立文化中心，1993.6。

患難相助的情懷；〈鏡子〉一作，以鏡子為意象，影射兩種不同典型的日本人心態，並且暗示臺灣人的應付之道。」〔註101〕短篇小說則有〈某壯士之死〉、〈小丑的嘆氣〉、〈心中歲時記〉、〈當緋櫻開放的時候〉等十二篇，散文有〈病床日記〉、〈淡江無限好〉、〈鄉思〉等十篇，新詩有〈我的歌〉、〈樹風問答〉、〈自畫像〉、〈喜鵲與烏鴉〉等十七首，評論有〈傳記文學論〉等十二篇，戲劇有〈渴望黎明〉等二篇。這些文章除了發表於《青鳥》、《文藝草紙》、《臺灣文學》，尚刊載在《日本時事新報》、《臺灣新民報》、《興南新聞》、《臺灣公論》、《臺灣藝術》等刊物。從以上王昶雄在戰爭期所寫下的文學作品，可見具有相當分量，遺憾的是大多作品迄今仍未見天日，目前正由李魁賢、許俊雅等學者積極搜尋、整理及翻譯，亟待《王昶雄全集》早日問世。

二、戰　後

（一）跨語時期

臺灣作家自從一九四六年十月二十五日報紙、雜誌日文版廢除以後，已經喪失了發表作品的工具與園地，再經「二二八」的打擊，使許多皇民化時期的作家不再涉足文學。楊逵認為日文的禁止與政治上的打壓，是臺灣文學發展舉步維艱的最大因素：

> 光復以來快要三年了，應要重振的臺灣文學卻還消沈得可憐。這原因其一是在語言上，就是十多年不允許使用被禁絕的中文，今日與我們生疏起來了，以中文就很難充分表示我們的意思了。……其二是政治條件與政治變動，致使作者感著不安、威脅與恐懼，寫作空間受到限制。〔註102〕

這段文字說明了戰後臺灣作家的處境。日文的禁止、對中文操作不嫻熟，以及隨後置身於二二八屠殺、白色恐怖的氛圍中，使得王昶雄不得不遠離文學。

才情煥發的王昶雄歷經長達二十年的沉潛醞釀，一九六五年（五十歲）重拾不鏽的「寶刀」，公諸於世的第一篇散文〈人生是一幅七色的畫〉，用字遣詞精緻練達，令眾文友驚歎、佩服。他曾自述漢文底子早已紮根於私塾及留日的苦讀：

> 至於中文，我在八歲就讀公學校後，課餘時間就到私塾讀漢文，所

〔註101〕同前註，頁 315。
〔註102〕《新生報》，1948.4.7。

> 讀的不外是《三字經》、《千字詩》、《昔時賢文》、四書、五經等等。
> 留學日本期間，經常到內山完造開設的書店看書、買書，都是賣中
> 文書籍。當時我對中國白話文很感興趣，看了不少中文的文學作
> 品。……不過，最重要的還是終戰以後，覺悟到日後必須用中文寫
> 作，因此我就在這方面下死工夫。〔註103〕

由跨越語言的艱辛，持恆筆耕的精神，足見人稱「少年大仔」的王昶雄，他
擁有求新求變，與時俱進的人生觀，他曾說：「獨具慧眼的人，本能地知道
『變』是生命在發揮活力，而能夠跟時潮並進。一方面應把過去的回憶珍藏
於心底，另一方面，要學習如何擺脫過去的桎梏。」（1993：27）可想而知
他永遠煥發年輕人的活力。

（二）組成「益壯會」

文學活動方面，王昶雄參加過無數的社團，其中較為知名的如「臺灣
筆會」，也擔任「北臺灣文學」的主編，以及創設「北臺灣文學研習營」，不
過常被與王昶雄相提並論的是，一九七三年（五十八歲）倡立的「益壯會」
〔註104〕，結合許多戰前戰後臺灣藝文界好友，如戰前作家：巫永福、龍瑛
宗、劉捷、李超然、郭啓賢、陳遜章等人，戰後臺灣筆會作家群：鄭清文、
李魁賢、李敏勇、杜文靖、黃武忠等人，臺灣文史研究者：張恆豪、許素蘭、
張炎憲、吳密察、王昭文等。他們每月聚會，高談闊論，從醫學聊到民間療
法、從文學聊到政治，關懷臺灣人文與鄉土。

三、戰前戰後作品風格比較

王昶雄戰前的文學，雖沒有加入文學運動的主幹隊伍，卻不失其戰鬥
性，小說與新詩一貫地以反映高壓統治者的泯滅人性與罔顧人道為中心主
題，「特別從人權的觀點，譴責日帝殖民體制的種族歧視和差別待遇，期以

〔註103〕莊紫蓉，〈淡水河畔的美麗漣漪──王昶雄專訪〉，《淡水牛津文藝》7 期，頁
　　　　57，2000.4。

〔註104〕有關王昶雄與「益壯會」的關係，參見鍾肇政〈昶老與益壯會〉，《臺灣日報
　　　　副刊》，2000.1.28；轉載《文學臺灣》34 期，2000.4。趙天儀，〈從益壯會說
　　　　起〉，《勁報副刊》，2000.2.11。杜文靖〈思想起「少年大仔」王昶雄「益壯會」
　　　　的一些故事〉，《文訊》172 期，2000.2。曹永洋〈「少年大」與「益壯會」──
　　　　──懷念王昶雄先生〉，《淡水牛津文藝》7 期，2000.4.15。賴永松〈益壯會同
　　　　窗錄〉，《淡水牛津文藝》7 期，2000.4.15。劉捷〈益壯會的新影像〉，《臺灣
　　　　新聞報副刊》，2000.5.2。

喚醒臺灣同胞的自覺,爭取被統治者的基本權益。」〔註105〕這些帶有社會寫實及反思批判的文學,爲戰前留下最眞實的見證,最具體、最鮮活的記錄,具有歷史意義與時代精神。

王昶雄戰後的文學,呈現與戰前不盡相同的風貌。作品型態以散文爲主,作品在談文論藝、品話人生之際,較著重在直扣胸臆的抒情言志。

散文結集問世的有《驛站風情》和《阮若打開心內的門窗》,《驛站風情》分成「藝文」、「時令」、「鄉情」、「遊蹤」、「人物」、「談叢」、「小品」七輯;《阮若打開心內的門窗》則分成「人文」、「人物」、「人生」、「人地」四輯。就內容主題而言,大概可歸納爲以下三大類:一、傳述個人文學觀,強調爲人生、重個性、尙自由、貴創造的創作觀。二、品評藝文人物,自一九二○年至一九九六年之間的畫家、作家、慈善家、民主運動者等,包括賴和、王白淵、陳逸松、張文環、王詩琅、郭水潭、陳秀喜等人,記錄了他們一生執著的理想與堅毅的風範,從人物的生平事蹟,可以看出臺灣光復前後的文學、藝術、政治、社會的輪廓。三、描繪鄉土風物,如「鄉情」(1993:94〜119)輯內,收錄五篇文章,描寫淡水的歷史、人文、風景、民俗等;而在「遊蹤」(1993:132〜193)輯內有八篇文章,分別描寫九分、烏來、苗栗、日月潭、玉山、臺南的風光,可見王昶雄對淡水和臺灣的情深意切〔註106〕。

大體而言,王昶雄散文的特色在於取材堂廡闊大,謀篇嚴謹,行文流麗,風格平實而新穎,令讀者眞切感受作者充沛的感情與豐富的閱歷。王昶雄以一位未曾受過中文教育的日治作家能有此散文成就,誠然令人讚嘆,如前輩葉石濤曾說:「只是偶爾看見他的散文,驚嘆於他寫中國白話文的能力,不知他怎麼學的,那文筆之流暢,絲毫看不出他是跨越日文的老作家。」〔註107〕此外,鄭清文亦稱許他:「在他同輩中,他是中文寫得最好的一位。他能詩能文,用字遣詞,精緻練達。」〔註108〕陳萬益更浩歎道:「從日文、臺文到華文,

〔註105〕見張恆豪〈反殖民的浪花〉,收錄於王昶雄《驛站風情》,頁 315,臺北:臺北縣立文化中心,1993.6。

〔註106〕王昶雄的散文特色與成就,參見莊嘉玲〈王昶雄「記人散文」的特色〉、歐宗智〈留下熱愛生命的足跡——談王昶雄的散文成就〉,收錄於《福爾摩莎的心窗——王昶雄文學會議論文集》,頁 7〜32、33〜42 眞理大學臺灣文學系主辦,2000.12.4。

〔註107〕葉石濤,〈敬悼王昶雄先生〉,《文學臺灣》34 期,2000.4。

〔註108〕鄭清文,〈停雲和飛鳥〉,《臺灣日報副刊》,2000.1.29。轉載《文學臺灣》34 期,2000.4。

無一不精。……戰後受華文教育的世代如我輩，觀其散文集……，其行文之雅善流麗，都要自嘆弗如。」〔註109〕杜文靖亦佩服他：「他的散文、隨筆都以『華文』寫作，文筆流暢在前輩作家中可說數一數二。」〔註110〕

　　另外，新詩、歌詞的數量雖不多，卻也有膾炙人口的佳作，如〈阮若打開心內的門窗〉，創作時期「適值二二八、白色恐怖之後，實施『三七五減租』政策不久，群情騷然，生活窘困，簡直使人生枯燥、生命黯淡無光」〔註111〕，全首歌詞優雅雋永，意境高遠；復由呂泉生配上曲調，成為撫慰心靈、傳唱久遠的歌謠〔註112〕。新詩方面，大多發表於《笠》詩刊，如〈不信童年喚不回〉〔註113〕、〈思鄉情懷〉〔註114〕，抒發懷舊思鄉之情；〈嘶啞的淡水河〉〔註115〕、〈大自然的化身〉〔註116〕、〈在地球上的一角落裡〉〔註117〕，關懷自然生態，呈現真善美愛的理想國度；〈烈士碑前〉〔註118〕，痛惜鄭南榕的自焚，期待臺灣政治曙光的願景。篇篇是生命純摯的表現，無論是傳達小我的私情，或民族的感情，皆具有豐富的想像與奔騰的熱情；不事斧鑿雕琢，樸實無華，別有一番清新而淳厚的深意，是其詩作的特色。

四、在臺灣新文學史上的地位

　　在臺灣新文學史上，王昶雄是繼蔣渭水、賴和、吳新榮之後的醫事作家，然而他不像「監獄文學的驍將」蔣渭水，積極地投入「臺灣文化協會」、「臺灣民眾黨」等政治社會運動團體；也不像「臺灣新文學之父」賴和以及「鹽分地帶文學的領導人」吳新榮，成為臺灣新文學運動的主軸。誠如彭瑞金所

〔註109〕陳萬益，〈心奧底鄉愁〉，《臺灣日報副刊》，2000.1.29。轉載《文學臺灣》34期，2000.4。

〔註110〕杜文靖，〈日日是好日，年年是好年——臺灣文壇前輩王昶雄的生活哲學〉，《文學臺灣》34 期，2000.4。

〔註111〕王昶雄，《阮若打開心內的門窗》〈「阮若打開心內的門窗」情懷〉，頁 19，臺北：前衛，1998.4。

〔註112〕參杜偉瑛〈從「阮若打開心內的門窗」談王昶雄的歌詞創作〉，收錄於《福爾摩莎的心窗——王昶雄文學會議論文集》，頁 99～128，真理大學臺灣文學系主辦，2000.12.4。

〔註113〕王昶雄，〈不信童年喚不回〉，《笠》176 期，1993.8.15。

〔註114〕王昶雄，〈思鄉情懷〉，《笠》171 期，1992.10.15。

〔註115〕王昶雄，〈嘶啞的淡水河〉，《笠》164 期，1991.8.15。

〔註116〕王昶雄，〈大自然的化身〉，《笠》194 期，1996.8.15。

〔註117〕王昶雄，〈在地球上的一角落裡〉，《笠》170 期，1992.8.15。

〔註118〕王昶雄，〈烈士碑前〉，《笠》157 期，1990.6.15。

言，王昶雄加入張文環主編的《臺灣文學》雜誌爲同仁，這可說是他最激烈的文學行動了〔註119〕。

從戰前到戰後，從小說寫到新詩、散文，無論時代如何動盪顛沛，王昶雄那熱血沸騰的心靈，永遠根繫鄉土，關懷同胞。始終堅持強調文學的眞正任務，「是體現人生，啓發人生，使人從文學的境界中獲致一個正確的觀念，這才是文學的最高準則。」〔註120〕這樣的文學理念與使命足爲臺灣新文學精神的表徵，王昶雄堪稱是理想文學家的最佳寫照。

第五節　圖象詩人——詹冰

詹冰，本名詹益川，一九二一年出生於苗栗縣卓蘭鎮，臺灣光復的前一年，在日本完成東京藥專的學業，取得藥劑師執照。一九四七年十月在卓蘭開設存仁藥局。一如王昶雄的文學經歷，他們都是文壇的長青樹，備嘗跨越語言的艱辛，也是二十世紀歷史的見證人。詹冰從二十歲開始寫下第一首「和歌」，一直至今八十二歲，胸中繼續關懷臺灣文學邁向另一個世紀的發展，〈蝸牛〉詩即道出這分詩心的堅持：「不斷地　我要寫詩／寫到不能再動的那一天」（1986：14）

詹冰的生命個體中有一個文學的基因，那就是「詩」。由〈怪病兩章〉一詩，表白詩是他的最愛，不見好詩，有如「患了感動喪失症」（1986：70）。又《實驗室》詩集序說：「藥，可治療人類的身體。詩，可淨化人類的精神。無藥，人類就滅亡。無詩，亦然！」詩既是淨化人心的良藥，因此詹冰懷抱著崇高理想與期許的詩心，無時不刻鞭撻自己說：「詩的提高就是人格的提高。」「詩的前進就是人類的前進。」（〈詩作之前〉1965：48）而在這持續提昇、勇往前進的筆耕過程裡，詩人始終秉持「眞善美愛」的詩觀，透過眞誠的詩篇傳達人生的至美與生命的寶貴。在臺灣醫事作家中，他是勇於試驗的「藥學詩人」；在臺灣新詩史上，他是四○年代的活躍人物，也是開拓創新的「圖象詩人」。

〔註119〕參彭瑞金〈從小說「奔流」看戰爭時期臺灣作家的邊緣戰鬥〉，《福爾摩莎的心窗——王昶雄文學會議論文集》，頁 85，眞理大學臺灣文學系主辦，2000.12.4。

〔註120〕見張恆豪〈反殖民的浪花〉，收錄於王昶雄《驛站風情》，頁 314，臺北：臺北縣立文化中心，1993.6。

一、戰　前

（一）臺中一中時期

詹冰自幼接受日本教育，二十歲時就讀五年制臺中一中（一九三五～一九四〇）時，在作文、美術、書法方面皆表現優異，尤其對詩歌感興趣。一年級時，以一首「和歌」（三十一字構成的日本詩）初試啼聲，博得老師的誇獎。五年級時，改做「俳句」（十七字構成的日本詩），以〈圖書館〉一詩獲臺中圖書館舉辦的徵求俳句獎。這是詹冰對「俳句」情有獨鍾的開始，對日後詩作清雅平淡的風格產生莫大影響：

> 「俳句」是一種高度濃縮過的詩，剛好投我所好，也影響了我的新
> 詩風格。〔註121〕

在日治時期臺灣小詩的創作上，詹冰堪稱是繼楊華之後的代表。經過半個世紀後，一九九〇年詹冰延續早年日本俳句的影響，提倡「十字詩」，與白靈、蕭蕭的「五行詩」，為世紀末的臺灣小詩增添瑰麗而多樣的風貌。詹冰還撰述〈十字詩論〉，並親自實踐寫了〈人生十字詩〉：

> 一、生
> 　　生命誕生誰　　都裸　　體哭泣
> 二、苦
> 　　忍苦再耐苦　　苦盡甘就來
> 三、樂
> 　　不貪怨　　快快樂樂　　過人生
> 四、善
> 　　快樂的人生　　行善再行善
> 五、美
> 　　美是人生的　　味精　　維生素
> 六、愛
> 　　人生要感恩　　樂觀　　　有愛心
> 七、老
> 　　身老心不老　　新年心希望
> 八、病
> 　　在病床上　　反省　　改變人生

〔註121〕詹冰，《綠血球》後記，頁92，臺中：笠詩社，1965.10。

九、眞

　　求眞善美愛　　創造新人生

十、死

　　八十翁　　幾時成仙　　都滿足〔註122〕

他認爲「十字詩」簡潔、留白的兩大優點，有助忙碌讀者的閱讀以及塑造幽遠的意境：

一、簡潔：不少詩有内容重複、意象重疊、文字囉唆的病。什麼都求快速的時代裏，長詩已不吃香，應該力求簡潔，配合現代社會的脈動。二、留白：國畫是講求「留白」的藝術，留白可以增加欣賞者的想像空間。畫家故意留著空白，讓欣賞者用無限的想像完成一幅畫，於是深遠的意境全在其中。所以詩也同樣必須「留白」，讓讀者參與合作完成幽遠的詩境。此外，我感覺「十字詩」中，有勁、張力、乾脆、淡泊、深度等魅力。〔註123〕

這類短詩在詹冰的創作中佔大多數。由此可見，詹冰的詩相當敏銳準確地捕捉濃縮而精鍊的意象，這技巧和他接受「和歌」與「俳句」的訓練，應有密切的關係。

（二）日本東京藥專時期

　　詹冰在留學日本面臨科系選讀時，一如王昶雄的境遇，終究在父命難違下，忍痛放棄文科與美術，進入東京明治藥專（一九四二～一九四四）就讀。他自述道：

在東京起先我常煩惱要投考文科或者理科（醫藥）的問題。有一天決斷地向父親寄出了要求投考文科的信，可是受到父親強烈的反對。沒有辦法，我吞著眼淚考入藥學專門學校。雖然我唸的是藥學，對文學的熱情不但毫無減弱，而且更增強起來。我一隻手拿著試管，一隻手翻開詩集。〔註124〕

本來我想進入日本的美術學校就讀，我爸爸不肯。他要我在醫生和藥濟師兩者當中選一項。我不喜歡當醫生，就選了藥濟師。當時畫

〔註122〕詹冰，〈人生十字詩〉，《笠》215 期，2000.2。
〔註123〕詹冰，〈十字詩論〉，《笠》158 期，1990.8。收錄於《變》，頁 151，臺中：臺中市立文化中心，1993.6。
〔註124〕詹冰，《綠血球》後記，頁 92，臺中：笠詩社，1965.10。

家要維持生活是很困難的。〔註125〕

由以上這兩段話，可以看出留日學醫仍是詩人父親的願望，唯詹冰折衷自我與父親之間的想法，選擇藥專並兼顧對文學與美術的喜好，於一九四三年實驗了文學與繪畫的結合，首次寫了〈Affair〉、〈自畫像〉二首圖象詩，開創了臺灣圖畫詩的寫作。

　　詹冰於一九四三年第一次投稿新詩，以〈五月〉、〈在澁民村〉和〈思慕〉等作品，連續受到日本著名詩人堀口大學（一八九二～一九八〇）的推薦〔註126〕，被刊登在當年七月的《若草》日文詩刊上，一時成爲日本詩壇評論的對象，也成爲臺灣人作家進入日本文壇的代表。東京醫專時期的閱讀十分廣泛，除了各家新詩之外，小說、戲曲、哲學、天文學、社會學、醫學、心理學、動物學、植物學、自然生態、宗教、美術等等博覽群籍，爲詩的寫作灌注營養〔註127〕。這段期間詩人堀口大學與詩誌《詩與詩論》對詹冰的影響最大，曾自述道：

> 尤其重視屬於《詩與詩論》的詩人們的作品和詩論，我研究學習他們的詩法，同時富於『機智』而明朗的法國詩也惹起我的注意和共鳴。〔註128〕

> 外國我較喜歡堀口大學、萩原朔太郎、高村光太郎、村野四郎，這是日本方面。法國的古爾蒙、波特萊爾，我也欣賞。〔註129〕

> 他（堀口大學）受到法國影響很深，寫的詩是法國新詩的表現，可以說是很前進、世界性的詩。我買了很多他的詩集來閱讀，多少會受他影響。〔註130〕

〔註125〕莊紫蓉採訪、記錄，〈詩畫人生──專訪詹冰〉，時間：2000 年 10 月 24 日，收錄於《榮後臺灣詩人獎──詹冰的文學旅遊》，頁 19，財團法人榮後文化基金會：「榮後臺灣詩人獎──得獎人詹冰專輯」，2001.1。

〔註126〕堀口大學的推薦詞是：「率直而感覺很直截了當，而且想說的已充分表現出來。」見莫渝〈簡樸與清純──詹冰論〉，收錄於《詹冰的文學旅遊》，頁 10，財團法人榮後文化基金會：「榮後臺灣詩人獎──得獎人詹冰專輯」，2001.1。

〔註127〕詹冰，《綠血球》後記，頁 93，臺中：笠詩社，1965.10。

〔註128〕詹冰，〈我的詩歷〉，《笠》3 期，1964.8。收錄於《變》，頁 105，臺中：臺中市立文化中心，1993.6。

〔註129〕廖莫白，〈繆思的實驗室──詹冰訪問記〉，《詩人季刊》8 期，1977.7.15。收錄於莫渝編《認識詹冰、羅浪》，23 頁，苗栗：苗栗縣立文化中心，1993。

〔註130〕莊紫蓉採訪、記錄，〈詩畫人生──專訪詹冰〉，收錄於《榮後臺灣詩人獎──詹冰的文學旅遊》，頁 22～23，財團法人榮後文化基金會：「榮後臺灣

又與詹冰同輩的詩人林亨泰在〈笠下影：詹冰〉一文說：

> 於民國十年至二十年代裡，日本詩壇由於春山行夫主編的《詩與詩論》對詩之現代化的鼓吹，給與了日本詩壇的現代化有著決定性的影響，其後，日本詩壇即形成了兩個發展的主流，其一為所謂「前衛的」（即不與日常生活妥協的），其二為所謂的「現代的」（即與日常生活妥協的）。但所謂「現代的」詩人之中，並非全部屬於《詩與詩論》，一些是環繞另一股（並不算一派）獨立的勢力——堀口大學的周圍，而在這一些詩人中，詹冰即是比較傑出的一人。〔註131〕

創刊於一九二八年九月的《詩與詩論》，主要是一分介紹西歐文學「新精神」（L'Esprit nouveau）並提倡「純粹詩」與「知行詩」的季刊雜誌〔註132〕。加上堀口大學知性機智而明朗的法國詩風，經過詹冰的吸收內化，成為戰前詩作具有前衛精神的特點，以及注重視覺觀感的技巧，《綠血球》詩集正體現了這些創作理念。

詹冰一九六五年出版第一部詩集《綠血球》，大部分收錄了一九四三年至一九四六年的日文詩，親自中譯後發表。桓夫在詩集序文中說：

> 詹冰的詩，正如他所自述，是學習日本，modernism 運動的「詩與詩論」所主張的新的主知的追求，並倣效注重視覺的 sur-realisme 的詩人的技巧。所以一翻閱第一輯「綠血球」就知道他的詩對于知性的尊重、感覺的飛躍，客觀的心象與心象的組合，以機智迎接感傷的方向、並具銳敏的諷刺的態度，構成了獨特的詩型。這種具備現代感的心象或意境，機智又輕鬆的感覺到處橫溢著。〔註133〕

這一段話充分掌握了詹冰在光復前的新詩特色，其在詩的表達藝術上進行「俳句」的試驗、「圖畫詩」的開創，「在當時的臺灣詩壇，可謂呈現具有革命性意義的詩風。」〔註134〕同時詹冰也是把「戰前的前衛精神，帶入戰後開花的第一位詩人。」〔註135〕

詩人獎——得獎人詹冰專輯」，2001.1。

〔註131〕林亨泰著、呂興昌編，《林亨泰全集六——文學論述卷3》，頁71，彰化：彰化縣立文化中心，1998.9.30。

〔註132〕參前註書，頁15。

〔註133〕詹冰，《綠血球》序，頁2，臺中：笠詩社，1965.10。

〔註134〕同前註，頁1。

〔註135〕陳千武，〈臺灣新詩的演變〉，《笠》130期，1985.12。收錄於鄭炯明編《臺灣精神的崛起——笠詩論選集》，頁124，高雄：文學界，1989。

二、戰　後

（一）參加「銀鈴會」

「銀鈴會」創始於終戰前三年（一九四二），終止於戰後四年（一九四九），是聯繫戰前至戰後的最後一個文學社團，並兼具有戰前臺灣文學精神的發揚以及戰後傳遞臺灣精神的歷史意義〔註 136〕。詹冰於一九四八年加入「銀鈴會」，並在會刊《潮流》發表多首詩作，先後刊載過〈五月〉、〈在澀民村〉、〈思慕〉、〈我〉、〈夏天〉、〈烈風〉、〈液體的日晨〉、〈新的坐標〉、〈素描〉、〈自言自語〉、〈燈〉等日文詩〔註 137〕。另外，在日文欄廢止之前，亦於《中華日報》的日文文藝欄發表過〈扶桑花〉、〈戰史〉、〈不要逃避苦惱〉、〈才景三題〉、〈私小說〉等詩。

戰後初期，詹冰在臺灣詩史上的重大成就，是會同朱實、張彥勳、林亨泰、蕭翔文等幾位「銀鈴會」的同仁，在臺灣文學因二二八事變而陷入黑暗期，他們凝聚了力量，積極而勇敢地重振旗鼓，繼續支撐起臺灣文學的殿堂。由於有他們的努力，臺灣文學仍然在崎嶇的道路中不絕如縷。

（二）跨語時期

政治上的打壓，使得臺灣的語言世界，在一夜之間日文被禁止，中文成為新的表達工具，跨越時代的作家堪稱是在臺灣使用日語最成熟的一代，可惜失去了繼續使用的機會，使他們有如失語症一般。林亨泰提及當時面臨一夕之間語言轉換的錯愕：

> 有時歷史的輪子會突然加速旋轉，雖然只是一日之差，但是昨天和今天的情形已經完全兩樣子，如民國三十四年八月十四日，一到八月十五日時，其狀況已完全不同了。昨天之前，日本話還彌漫全島，可是，今天以後，便是國語高揚的時代了。使用的語言改變，等於改變了生活的節奏與韻律，也改變了整個社會的脈動。使用的語言改變，生活的律動改變，整個社會的氣息改變，對於詩人來說，是非常重大的變故。當然，有些詩人或許就因此而沉默了，但我們不去談這些，我們應該提一下另一群不屈不撓的詩人，他們不論時代如何改變，語言如何轉換，仍然歌吟不絕。這些詩人在過去、現在

〔註 136〕參阮美慧《笠詩社跨越語言一代詩人研究》，頁 143，東海大學中國文學研究所碩士論文，1997.5。
〔註 137〕參《臺灣詩史銀鈴會論文集》第三輯同仁作品選集，158～177 頁。

都一直不懈地寫作著，就是從日文到中文也仍然繼續創作著，如吳瀛濤、詹冰、桓夫、林亨泰、張彥勳、蕭金堆、錦連等就是。〔註138〕跨越語言的困境，使得詹冰在一九四八《潮流》停刊以後，到一九六四年《笠》創刊之間詩歷空白。

為了學習中文，詹冰特別在一九五四年三月擔任卓蘭中學理化科教師，他說：「我的國文老師是字典和讀於國校的子女。」一九五六年接受桓夫的鼓勵，才用未成熟的國文程度翻譯以前寫的詩〔註139〕，然而翻譯的過程亦歷盡艱辛，他說：「我的母語應該算是福佬話和客語兩種。……至於翻譯時，用臺語構思對翻譯有幫助。」〔註140〕語言是文人創作的靈魂，從日本總督府到國民政府，政治的整肅霸佔臺灣文學的版圖，這正是王昶雄、詹冰這一代文人最大的悲哀。

五〇年代臺灣文壇瀰漫在「反共文學」、「現代主義文學」的迷障中，詹冰唯有轉向散文、短篇小說、兒童文學、歌詞等創作的嘗試，在明朗、淺白的語言中，開拓另一片文學的天地，成就也令人刮目相看。如一九七三年，〈日月潭的故事〉獲教育部兒童文學劇本獎；一九七七年，小說〈生在頭頂上的龍眼樹〉獲教育部兒童文學創作獎；一九七九年兒童詩〈遊戲〉獲洪建全兒童文學首獎，〈母親的遺產〉獲同年聯合報極短篇獎；一九八一年，〈牛郎織女〉，獲中國兒童歌曲創作獎，及出版兒童詩集《太陽、蝴蝶、花》；一九九〇年，散文〈有心栽花花必開〉獲教育部文藝創作獎。其中〈牛郎織女〉於一九八六年四月以兒童歌劇的形式在巴黎公演，創下中國的歌劇作品第一次在國外演出的記錄。

（三）創辦「笠」詩社

六〇年代詹冰在臺灣詩壇上最大的成就是，於一九六四年三月與一批臺灣省籍詩人：吳瀛濤、桓夫、林亨泰、錦連、白萩、趙天儀、薛柏谷、黃荷生、王憲陽、杜國清、古貝，組成「笠」詩社。同年六月具有濃厚鄉土味的《笠》詩刊順利創刊，與一九五三年紀弦主編帶有濃厚現代風味的《現代詩》

〔註138〕林亨泰著、呂興昌編，《林亨泰全集六——文學論述卷3》，頁81，彰化：彰化縣立文化中心，1998.9.30。

〔註139〕詹冰，《綠血球》後記，頁94，臺中：笠詩社，1965.10。

〔註140〕莊紫蓉採訪、記錄：〈詩畫人生——專訪詹冰〉，收錄於《榮後臺灣詩人獎——詹冰的文學旅遊》，頁20，財團法人榮後文化基金會：「榮後臺灣詩人獎——得獎人詹冰專輯」，2001.1。

季刊分庭抗禮，揭開詩壇的另一新局面。

詹冰這群臺灣本土詩人跨越了語言的障礙、跨越了歷史的傷痕，從恐怖肅殺的經驗中重新再出發，積極建構臺灣文學的新版圖與新精神。跨語一代駕馭中文、鍛接語詞的能力曾引發一些人質疑，然而瘂弦特別肯定《笠》詩人跨越語言的成功：

> 《笠》詩刊是本省籍詩人與光復後成長的青年詩人的刊物，其中大量的作品，足以證實那些從日本詩壇出來的本省詩人，學習祖國語文與創作新詩的成功。如林亨泰、錦連、詹冰等，林亨泰稱他們為「跨越語言一代」，這種跨越備嘗艱辛，但意義莊嚴。〔註141〕

又龔師顯宗在〈小論跨越語言的第一世代詩人〉，具體指出跨語一代的創作路向實具指標的作用：

> 第一世代從肅殺恐怖的氣圍中站立起來，跨越語言的斷層，其創作路向實具指標的作用。三十年代他們就參與文藝社團或文學活動，並開始創作，嶄露頭角。一九三七年四月一日，臺灣總督府下令廢止漢文書房，報刊禁用漢文，第一世代便以日文創作，兼具了主體性、現實性和批判性。儘管在戰後受到壓抑、屏棄，但『遺忘語言的鳥』仍企圖發聲，新芽遲早要冒出來。〔註142〕

日治時期醫事作家中以詹冰年紀最小，他在三○年代雖然沒有參與文藝社團或文學活動，一九四八年加入生平的第一個文學團體「銀鈴會」；六○年代與王昶雄及其他來自不同文學背景的「笠」詩刊同仁，共同以「恢復臺灣本身原有的新文學精神的願望」為目標〔註143〕，創作兼具「主體性、現實性和批判性」的詩作。詹冰等詩人創辦「笠」詩社的意義，不只肩負臺灣文學承先啟後的使命感，更以默默堅持理想的精神穿越四十個年代，至今仍屹立不搖地傳遞臺灣詩壇的香火。

三、戰前戰後作品風格比較

戰後，詹冰繼一九六五年出版的第一部詩集《綠血球》，直至一九八六

〔註141〕　弦，《現代詩的省思——當代新文學大系》導言，頁6，臺北：天視，1980.4。

〔註142〕龔師顯宗，〈小論跨越語言的第一世代詩人〉，收錄於《笠詩社學術研討會論文集》，頁310，2001。

〔註143〕陳千武，〈談笠的創刊〉，收錄於《臺灣精神的崛起——笠詩論選集》，頁383，高雄：文學界，1989。

年，才出版第二本詩集《實驗室》；一九九三年出版詩、散文、小說合集《變》，以及《詹冰詩選集》；一九九八年出版詩集《銀髮與童心》。綜觀戰前至戰後詹冰的詩作軌跡，戰前專注於意象鮮明的美感，戰後則歷經語言的轉換，以及厭惡艱澀難懂的詩，詩風轉向淺白易懂的表達。《實驗室》後記曾自述說：

> 我的詩，大部分是屬於實驗性的詩比較多。至今這本詩集我命名為「實驗室」。近年來我詩作努力的方向以淺易明瞭為第一。我想這是對於目前艱澀難懂的詩過於氾濫現狀的一種抗議吧。假如我寫的詩太淺易而不成詩，那能怪我學藝不精功力不夠，並非「淺易」的罪過。不過我相信，詩永遠要「淺易」而使愛詩的人看得懂才行。
> （1986：88）

又在一九八八年〈寫作是一條快樂之路〉說：「因為我們被稱為『跨越語言的一代』，在語言方面吃虧不少。到現在還不能正確流利地使用國文，所以很怕寫比較長的文章。」〔註144〕詩語的稠密度喪失，確實成為跨越語言一代詩人的弊病。

戰前至戰後，詹冰對於圖象詩的創作仍不遺餘力，至於主題仍不離科學詩、兒童詩、親情詩、反戰詩這幾類，以下茲就各類詩的代表作與特色作一敘述。

第一類圖象詩。在臺灣圖象詩的寫作天地裡，詹冰和林亨泰、白萩都是發軔期的圖象詩人，丁旭輝在《臺灣現代詩圖象技巧研究》一書說：

> 直到四○年代的臺灣，由詹冰開始寫作「圖象詩」，經過五○年代林亨泰、白萩的鼓吹提倡，形成一股風潮，其後這種技巧並滲透到現代詩的每個角落，形成更全面而深刻的一種「圖象技巧」，才將隱藏漢字中，由圖象基因與建築特色所共同熔鑄而成的圖象生命，藉著自由排列、自由建行的現代詩釋放出來，成為臺灣現代詩的一大特色與成就。〔註145〕

臺灣現代詩人中，最早創作圖象詩的應屬詹冰。一九四三年他首次寫了〈Affair〉、〈自畫像〉二首圖象詩，之後陸續有〈插秧〉和〈雨〉，皆收錄於《綠血球》中。一九五五年的〈蝶與花〉，一九六六年的〈水牛圖〉、〈三角形〉，一九六七年的〈二十支的試管〉，一九七五年的〈山路上的螞蟻〉，都是圖象

〔註144〕詹冰，〈寫作是一條快樂之路〉，《文訊》36期，1988.6。收錄於《變》，頁97，臺中：臺中市立文化中心，1993.6。

〔註145〕丁旭輝，《臺灣現代詩圖象技巧研究》，頁13，高雄：春暉，2000.12。

詩的佳作。以其中著名的〈水牛圖〉為例：

　　角

　　　　黑

　　角

　　擺動黑字型的臉

　　同心圓的波紋就繼續地擴開

　　等波長的橫波上

　　夏天的太陽樹葉在跳扭扭舞

　　水牛浸在水中但

　　不懂阿幾米得原理

　　角質的小括號之間

　　一直吹過思想的風

　　水牛以沉在淚中的

　　眼球看上天空白雲

　　以複胃反芻寂寞

　　傾聽歌聲蟬聲以及無聲之聲

　　水牛忘卻炎熱與

　　時間與自己而默默等待也許

　　永遠不來的東西

　　只

　　　　等待等待再等待！（1986：18）

本首詩引人入勝之處，不僅在於外表實體形態的描繪，同時兼具內在抽象意
涵的指攝。在外表實體形態的描繪上，橫式著看全詩巧妙的排列成一隻水牛
站立的圖像，「以一個大黑字表示牛頭，不但表示黝黑的本色，還兼有象形的
作用，框中有兩個眼睛，頷下一把鬍子，詩人運用中國文字象形美感的巧妙，
又得一例證。頭上兩隻『角』也是直截了當地以『角』的本義表現，但『角』
本身的象形美感也充分發揮了。此詩第二、四行及第十二、十四行，分別顯
示牛的前後四肢，第六至十行則為略為渾圓的肚形，最後二行，則呈後垂的
牛尾，最末又以感嘆號表示尾毛。」〔註146〕就內在抽象意涵的指攝上，〈水牛
圖〉字面明寫水牛，實寫與水牛息息相關的農民，不畏炎炎夏日，安分守己、

〔註146〕《詹冰詩選集》，頁 62～63，臺中：笠詩社，1993.6。

與世無爭、順應自然的生活態度。

詹冰在〈圖象詩與我〉一文中，認爲圖象詩是「詩與圖畫的相互結合與融合，而可提高詩效果的一種詩的形式。」對於漢字在圖象詩創作上的優點，他說：「我國文字是一種象形文字。最適於做圖象詩的工具。」〔註147〕由此可見，詹冰不僅對漢字圖象特質有深刻的認識，而且透過漢字的具象化表現形式，發揮視覺效果，增加了詩的情境，正是詩人藝術巧思的展現〔註148〕。

第二類科學詩。詹冰原本是藥劑師，也擔任過二十餘年的中學理化教師，這方面的科學訓練，使他很自然地將相關知識融入詩。他在詩觀也如此強調：「詩人該習得現代各部門的學識和教養，傾注其所有的知性來寫詩。」〔註149〕這類作品，如收錄於《綠血球》中的〈曉天〉、〈液體的早晨〉、〈金屬性的雨〉、〈酸性的廟〉、〈春的視覺〉等；收錄於《實驗室》中的〈實驗室〉、〈二十支的試管〉、〈詩人〉、〈透視法〉等。詩人以科學的正確性，謹愼地以最精密的濾器淨現了知性的感覺詩，頗富機智，並有攝涵豐富知識的能力。以結合圖象詩與科學詩的〈二十支的試管〉（一九六八）爲例：

　　　　試管是實驗者的第三隻手
　　　　　　試管中有分子的合唱
　　　　　　試管中有離子的舞蹈

　　　　　　試管中有苦惱的霧狀氣體

　　　　　　試管中有血淚的飽和溶液
　　　　　　試管中有星座的天空夜景

　　　　　　試管中有帶電的花朵

　　　　　　試管中有蜜甜的果實

〔註147〕詹冰，〈圖象詩與我〉，《笠》87 期，1978.10.15。
〔註148〕林燿德對「圖象詩」的定義：「利用文字記號系統的具象化表現形式。」見林燿德《不安海域》，頁 45，臺北：師大書苑，1988.5。
〔註149〕見莫渝〈簡樸與清純——詹冰論〉，收錄於《詹冰的文學旅遊》，頁 11，財團法人榮後文化基金會：「榮後臺灣詩人獎——得獎人詹冰專輯」，2001.1。

試管中有芳春的詩篇

試管中有美麗的定律
試管中有煉金術者的綺夢
試管中有沸點冰點的感情

試管中有溶解的悲哀

試管中有懸浮的寂寞

試管中有悔恨的沈澱

試管中有銀色的問號

試管中有金色的明天
試管中有靈魂的化學變化
試管中有真理的透明結晶
試管上我發現了神的指紋（1986：10）

全詩一段，共二十行，以詩行底部整齊方式排列，上面則高低不等，用以模仿實驗室中試管羅列的畫面；同時也透過試管生動傳達人類情緒的多種變化。圖象詩、科學詩的創作印證詹冰是典型的知性詩人：

> 我的詩作可以說是一種知性的活動。簡言之，我的詩法是「計算」。
> 我計算心象的鮮度。計算語言的重量。計算詩感的濃度。計算造型
> 的效率。以及計算秩序的完美。最後的目標是要創造前人未踏的詩
> 的美的世界。〔註150〕

詹冰主張將情緒予以分析後，再以新的秩序與型態構成詩，創造一個獨特而又具美感的詩境。

第三類兒童詩。詹冰在臺灣兒童文學史上亦佔有一席地位，對於兒童詩亦別有慧心，他說：

> 兒童詩不是初階段的詩。也不是降低格調的詩。寫兒童詩的最大意

〔註150〕同前註，頁7。

象是：要喚醒兒童的詩心……。〔註151〕

我曾認爲兒童詩的作者要有「詩心」、「童心」、「愛心」。可是現在我認爲更重要的應是「無心（虛心）」。這樣才能寫出境界更高的兒童詩。〔註152〕

其兒童詩作深獲文壇重視，不少好詩傳頌著，如〈天門開的時候〉、〈插秧〉、〈遊戲〉、〈雨〉、〈香蕉〉、〈媽媽的香味〉、〈蜈蚣〉、〈山路上的螞蟻〉、〈空氣的實驗〉、〈化石〉、〈酸鹼中和實驗〉等。以詹冰較近的一首圖象詩兼兒童詩〈山路上的螞蟻〉爲例：

螞蟻螞蟻螞蟻螞蟻螞蟻螞蟻
　蝗蟲的大腿
螞蟻螞蟻螞蟻螞蟻螞蟻螞蟻

螞蟻螞蟻螞蟻螞蟻螞蟻螞蟻
　蜻蜓的眼睛
螞蟻螞蟻螞蟻螞蟻螞蟻螞蟻

螞蟻螞蟻螞蟻螞蟻螞蟻螞蟻
　蝴蝶的翅膀
螞蟻螞蟻螞蟻螞蟻螞蟻螞蟻

詩分三段，各以兩列接踵而至的小螞蟻，團結合作抬著蝗蟲、蜻蜓、蝴蝶的龐大身軀；字面上，一列雖然只有六隻螞蟻，然而誠如李魁賢的分析：「『螞蟻』由於筆劃之多，予人的印象不只是一隻螞蟻，而是一群螞蟻。那麼，當詹冰在一個詩行中，把單純六個『螞蟻』接續排下去的時候，不止是六隻螞蟻排成一列而已，簡直就是一大串的螞蟻。」〔註153〕另外，兩列的設計正凸顯螞蟻同心協力的特性。這是一首童趣十足又富教育意義的童詩。

第四類親情詩。一九六七年詹冰在〈詩人〉一詩說：「鉑絲蘸取『愛』的離子／火焰就呈七彩的焰色反應／撒下『眞』的結晶體／火花就流星般飛散

〔註151〕見趙天儀〈認眞誠摯的詩人——詹冰〉，收錄於《銀髮與童心》，頁 245，臺中：臺中市立文化中心，1998.5。

〔註152〕見莫渝〈簡樸與清純——詹冰論〉，收錄於《詹冰的文學旅遊》，頁 8，財團法人榮後文化基金會：「榮後臺灣詩人獎——得獎人詹冰專輯」，2001.1。

〔註153〕李魁賢，《臺灣詩人作品論》，頁 66，臺北：名流，1987。

而閃光／注入『淚』的液體燃料／外焰就花冠般氧化而發熱／無色透明的火焰　靜靜地燃燒著／因此保持了人類的體溫／因此發揚了人類的光輝」（1986：12）其實，詹冰的詩風除了具有前衛、知性的特色外，發揚「眞善美愛」的人類光輝，貫串在戰前、戰後的每一首詩中。在詩中傾注了對親情的小愛以及人類的大愛。親情的小愛方面，如〈天門開的時候〉（1965：50），透過昔日母親爲子女的禱告，表達母親的慈愛以及詩人對母親的追思。〈有一天的日記——懷念二妹春玉〉（1965：49），則是描寫了對逝去妹妹的懷念。親情詩中當屬刻劃夫妻間情愛的詩篇最多，如〈開日〉（1965：73）、〈流入心臟的杯子的液體〉（1986：66）、〈握住妳的手心〉（1986.67）、〈老妻的睡臉〉（1986：69）、〈椪柑〉（1986：71）、〈峨崙廟〉（1986：72）、〈美人太太〉（1986：74）、〈燒香行〉（1993.一：106）、〈清晨的散步〉（1993.一：107）等，洋溢著夫妻執子之手、與子偕老的恩愛。

　　第五類反戰詩。反戰的思想正表現了詹冰對人類的大愛。僅四句的〈戰史〉：「金屬被消費了。／肉體被消費了。／眼淚被消費了。／尤其是女人們的美麗的眼淚。」（1965：66）即表現詩人對生命的惻隱關懷。一九六七年完成〈船載著墓地航行〉一詩，內容回憶一九四四年十一月八日乘「慶運丸」返臺時，置身在一片魚雷、火藥、地獄、死神中的戰爭場面。美軍在日本廣島、長崎先後投擲兩枚原子彈，不只造成數十萬人死亡，原爆引發的後遺症，更使這次慘絕人寰的悲劇延續著。詩人於一九八三年十一月旅行日本，參觀長崎「原爆資料館」後，又寫下〈我不要看！——參觀長崎「原爆資料館」〉：「被原子彈炸毀的建築物照片，／被原子彈熔壞扭曲的鐵器、銅器，／變成小碎片的衣服、傢俱、人骨……。／眞是人類傷心流淚的地方——。」（1986：76）這比天災還殘酷的人禍，實在令人慘不忍睹。另外，〈可怕的天災——義大利龐貝古城——〉（1986：80）、〈歐洲旅遊〉（1986：84）二詩亦流露悲天憫人的胸懷。

四、在臺灣新文學史上的地位

　　綜觀詹冰的文學歷程，其最可貴之處即在於，無論人類萬物如何變化，他堅持唯一不變的原則，那就是：「變成眞、善、美、愛，是最美好的！／我要變成追求眞理的科學家／我要變成多行善舉的善人／我要變成創造美境的美術家／我要變成充滿愛心的詩人」（〈變——我的人生觀〉），滿七十歲

生日作，1993：117）詹冰的詩格一如人格，皆是「眞、善、美、愛」的體現。至於其新詩的特色與成就，誠如二〇〇一年「財團法人榮後文教基金會榮後臺灣詩人獎」〉，評審委員林央敏、莫渝、林建隆、莊柏林對詹冰的肯定獎詞：

> 語言的障礙之外，在創作的歷程中，勇於實驗，作品富於知性與前衛精神，並把這種精神由戰前帶入戰後，開臺灣文學現代主義的門窗。他更進一步成功的將圖象詩的創作理念運用於兒童詩，拓展了臺灣兒童詩的類型。詩人這點勇於創新的精神尤其值得肯定。〔註154〕

詹冰的詩創造獨特的世界，尤其十字詩、圖象詩、兒童詩上的開創與實驗，在臺灣詩史上確實有其不可磨滅的光彩和存在的價值。

小　結

　　從以上五位作家的文學歷程，可知不同的氣質性格、啓蒙教育、思想意識、人生體驗以及時代變化等因素，造就了各人的作品風貌。最明顯的差異，首先是創作文類上的不同，如在舊文學方面，蔣渭水、賴和、吳新榮皆有漢詩文傳世。在新文學方面，蔣渭水、吳新榮以散文、隨筆聞名；賴和、王昶雄以小說最具代表；詹冰則以新詩屹立文壇。

　　其次，便是日文、中文、臺語等多種創作語言的混用，形成語言風貌的差異。如賴和堅持使用中文；蔣渭水、吳新榮則中、日文互用；至於王昶雄、詹冰則隸屬日本語作家。又在蔣渭水、賴和、吳新榮的作品，皆出現雜用日語借詞、音譯詞的現象。這當然是因在日本殖民統治下，年輕知識分子或受日式教育或至日本留學，而日語又以「國語」的定位通行於臺灣，「音借」的現象，便難以避免。另外，賴和、吳新榮行文之際，為求傳神、眞實，亦間用閩南方言詞彙。由於賴氏、吳氏對民間文學、鄉土文獻皆有涉獵，自然對這些饒富古意的語言文獻不陌生。戰後，就「跨語一代」作家而言，面對的最大挑戰和困境就是「語言」。雖然「跨語一代」作家重新活躍文壇大多是在一九六〇年以後。然在這之前，吳新榮、王昶雄已各寫下〈誰能料想三月會做洪水〉、王昶雄〈阮若打開心內的門窗〉，詹冰也與「銀鈴會」其他同

〔註154〕《榮後臺灣詩人獎——詹冰的文學旅遊》獎詞，臺中：財團法人榮後文化基金會，2001.1。

仁於光復初期繼續使用日文寫作，再慢慢轉用中文創作。顯示「跨語一代」
作家仍未遺忘勇敢冒出文學的嫩芽。

第四章 作品的抗日主題

　　從新文學運動的萌芽時期起，臺灣文學都帶有反抗、批判的精神；就連皇民化時期，臺灣作家也企圖在純文學的路線中，消極的抵制政治上的高壓，如吳濁流所說：「在嚴厲的監督之下，冰層下面還是有潺緩流水。」〔註 1〕日治時期臺灣醫事作家中，從蔣渭水的監獄散文，到賴和、王昶雄的小說，吳新榮的新詩，不約而同的以文學作品做為抵抗殖民統治的利器，筆伐來自日本統治者、資本家和臺灣傳統地主的多重壓迫。他們站在社會弱小者的立場，批判殖民體制之下的政治迫害、人權摧殘與經濟剝削，反映臺灣的社會現象、意識形態與時代心聲。本章主旨在探析日治時期臺灣醫事作家筆下的抗日主題，以見其樹立臺灣文學反抗、批判的精神。

第一節　批判警察制度的威權

　　日本統治臺灣的五十年間，在政治機構上的一大特色是「警察制度」的設立，兒玉、後藤時代大幅充實警察的力量，在每個鄉鎮都密佈了警察網，除執行一般公務外，還擔負保甲、鴉片、行政、戶口、刑決、收容、取締、衛生、稅捐、徵役等種類繁多的特別事務，他們權重地方，無所不管，因此被稱為「土皇帝」或「大人」。據一九二二年的統計，在日本帝國的所有領土之中，民眾與警察的比例，日本內地為一二二八：一，朝鮮為九一九：一，而臺灣則高達五四七：一，臺灣地區警察力量之龐大與密度之高，是今日難以想像的〔註2〕。除此，又另設多處法院、監獄、絞首臺，以鎮壓臺灣同胞的

〔註 1〕　吳濁流，《臺灣連翹》，頁 184，臺北：草根，1996.11。
〔註 2〕　參黃昭堂著、黃英哲譯《臺灣總督府》，頁 230，臺北：前衛，1994.4。

反抗；並且施行「六三法」、「匪徒刑罰令」、「保甲條例」、「治安警察法」、「違反警察令」等法令，掌控臺灣同胞的人權自由和生命財產。這些天羅地網的組織遍及全島，其中以警察制度及警察補助機關的保甲，無疑扮演了重要的角色，矢內原忠雄曾有這樣的敘述：

> ……現在（一九一二年）的情形是，凡在臺灣，不靠警察的力量，任何事情都不易實施；同時，有了警察的力量，則無事不可為。這樣，臺灣是在典型的警察政治之下。治安維持與衛生設施，那不用說了；甚至勸業、土木、徵稅及地方一般行政，都由警察執行。根據戶口規則及保甲，取締人民出入，搜索土匪犯罪，監視需要監視之人，牽制臺灣人子弟的日本留學；又如勸誘出賣土地，應募股票公債以及郵政貯金等；再如利用保甲建築道路，都是警察政治的效果。〔註3〕

總而言之，警察制度可說是日本統治臺灣的基礎，而保甲制度則充分具備了「以臺制臺」的功能。日本於一八九八年制定《保甲條例》，甲為十戶，保為十甲；其團員則為家長，甲設甲長，保置保正；其性質是以百戶組織而成的地域鄰保團體，以連坐責任維持地方安寧〔註4〕。根據統計，約有五六‧六一％的臺灣人地主擔任保正、甲長等下層公職〔註5〕，故保正一職同時具有地主階級色彩，其負責事務仍由地方警官指揮監督。一九三五年吳新榮發表〈故鄉與春祭〉，第三個主題「春祭」，內容透過人民從春節祭典的熱鬧中得到自由與解放，引出人民擺脫壓迫者的強烈慾望。在第三段即以保甲制度凸顯殖民統治階層對人民所造成的無奈與無力，詩中說：

> 保正（村長）那傢伙
> 喝酒臉紅通通來回吆喝
> 平日被驅使的打鼓者
> 故意敲得特別響
> 保甲會議誰還來聽
> 今日春祭自由日
> 爆笑、示威和歡聲

〔註3〕 矢內原忠雄著、周憲文譯，《日本帝國主義下之臺灣》，頁195～196，臺北：海峽學術，1999.10。
〔註4〕 參前註書，頁193。
〔註5〕 參涂照彥《日本帝國主義下的臺灣》，頁519，臺北：人間，1993。

　　人們這樣就好了（1981．一：25）

吳新榮特別以保正「以臺制臺」的特殊意義，象徵統治者的權威與專制。一
年之中的春祭成了唯一的自由日，只因為這一天可以完全不理會編派強制勞
役的保甲會議。詩藉著響亮的鼓聲，傳達人民平時累積的鬱憤以及消極的抗
議，充滿苦悶挫折的悲情。

　　警察是日本當局殖民政策的實行者，也是臺灣總督府最主要的控制力
量。他們與臺灣民眾的接觸最直接、糾葛也最多，他們趾高氣揚，欺壓臺灣
同胞的惡行時有所聞。賴和在〈一桿「稱仔」〉中即看透警察的底細，不是
主持正義公理，而是「專在搜索小民的細故，來做他們的成績，犯罪的事件，
發見得多，他們的高昇就快。所以無中生有的事故，含冤莫訴的人們，向來
是不勝枚舉。……舉凡日常生活中的一舉一動，通在法的干涉、取締範圍中。」
（2000．一：47）諸如斂財索賄、欺凌弱小、貪戀美色、執法不公，在賴和
的小說中屢見不鮮。賴和筆伐他們的淫威與濫權，也形同筆伐日本統治的淫
威與濫權。

一、斂財索賄

　　〈一桿「稱仔」〉（2000．一：43-55）中的菜販秦得參，因為巡警索賄不
成，賴以為生的稱仔被折斷，並且以違反度量衡規則定罪。秦得參突遭這意
外的羞辱，空抱著滿腹的憤恨說：「難道我們的東西，該白送給他的嗎？」「什
麼？做官的就可任意凌辱人民嗎？」秦得參深感生存的悲哀，不禁嘆息道：
「人不像個人，畜生，誰願意做。這是什麼世間？活著倒不若死了快樂。」
受盡凌辱，生不如死，乃「懷抱著最後的覺悟」，選擇與巡警同歸於盡。這
篇小說人物形象鮮明，秦得參的憤怒和不平，警察寡廉鮮恥的嘴臉，都躍然
紙上。尤其結尾以淡筆濃寫反抗，倍增殖民暗夜的悲涼。賴和曾深致感慨：
「我們島人，真是一個被評定的共通性，受到強權的凌虐，總不忍摒棄這弱
小的生命，正正堂堂和他對抗。」〔註6〕因此塑造秦得參這位反壓迫、寧死
不屈的形象，如無視刀劍的威嚇，為捍衛人性尊嚴而抗拒邪惡，寫出無產分
子的決心與反抗。

　　警察索賄的例子，也出現在〈不如意的過年〉，警察因索賄貯金湊不上
五千好過年，於是故意對民眾示威，賴和透過以下這段描述：「他唾一空口

〔註6〕見李南衡編《賴和先生全集》，頁243，臺北：明潭，1979。

沫，無目的地把新聞扯到眼前，忽地覺有特別刺眼的字：『綱紀肅正』，他不高興極了。」（2000.一：82）諷刺警察污染司法的神聖。賴和又在〈新樂府〉詩說：「日日多罰金，年末多慰勞，民間有欠帳，不敢對伊討。」（2000.二：118）如實揭露了警察斂財的罪狀。

二、欺凌弱小

　　警察欺凌弱小，連孩子也不放過。〈不幸之賣油炸檜的〉中，清晨時分高聲叫賣油炸檜的孩子，擾亂了警察清眠，遭斥爲小畜生，囚禁一天。在賴和漢詩中也有一首同題的敘事詩（2000.五下：420），其故事內容、發展過程，與小說機杼幾同；孩子堪憐的境遇，烙印在賴和的心裡揮之不去，由此可見。在〈不如意的過年〉筆下，又出現了警察抓不到賭徒，隨便在路旁拉了個孩子出氣的情節，基於做官者不會錯的定理，警察明知兒童有冤屈，仍要施予威聲赫怒，狠打巴掌。警察視民如草芥，殘忍不仁的嘴臉在這兩篇小說中顯露無遺。

　　賴和小說中的鄉間警察，頤指氣使，個個是一副土皇帝的派頭。然而最特別的是在〈補大人〉一篇中，賴和設計了補大人被母親修理的滑稽情節。早晨當大人督責家家戶戶掃街道時，路經自家門口，連喊帶踢門，其母因平時得到特別的庇蔭慣了，不疑有他，當發現是兒子時，即顯現和悅的神情說：「死囝仔！替你娘掃一掃，就不當（不行）嗎？」旁人或拍掌助興喝采，全不體諒他失臉的難堪，甚至嘲笑地說：「侵犯做官的尊嚴，打嘴巴，打！該打！」職權尊嚴盡失的大人，竟一掌打在其母臉上，其母氣極敗壞之下把這個大逆不道的兒子扭送到衙門嚴辦，結尾大人的母親請求群眾主持公義，說：

> 大家！請聽看咧，世間竟有這樣道理？說在家裏纏是我的兒子，到
> 衙門作一箇什麼狗官來，就是什麼……就可用職權來打母親了。
>
> 你們聽見過沒有？世間竟有這樣道理！什麼官吏的威嚴要緊，打母
> 親不算什麼，噫！衙門竟會這樣無天無地……。（2000.一：77）

賴和巧思安排大人母親的控訴內容，嘲謔、諷刺之中抨擊了警察的無法無天，不只欺凌弱小，更傷及至親。

三、貪戀美色

〈惹事〉（2000.一：183-208）則代表了被殖民者另一種悲憤不平的情緒，故事抨擊日本警察欺凌臺灣女性的醜陋邪惡。所謂「一人得道，雞犬升天」，這一位「毒打向他討錢的小販」、「和乞食撕打」的威風警察養了一群雞，老是毀壞鄰人的菜園，但是大家都懾於大人的淫威之下，敢怒不敢言，只能默默忍耐。一次正巧這群雞跑進一間寡婦住的破草厝內，大人為了報復前次誘姦寡婦不成的心頭怨恨，便誣指寡婦為賊。原來大人的醜行劣跡還不止於此，也曾犯下「捻滅路燈，偷開門戶，對一個電話姬（日語，小姐）強姦未遂」，賴和由此控告大人荒唐無恥的劣行惡跡。關於日本巡警凌辱臺灣女性的事件，《臺灣民報》的報導時有所聞，例如一九二七年二月十三日載有大溪郡巡查池田某非禮民女李氏一案，這則報導的最後有這麼一段話：

> 本報每月接著這種投書或見聞，至少也有數件，登不勝登，倒是一
> 件最難收拾的大宗稿子，我們希望警察界的上司官員，稍為正肅官
> 紀，留著一點官場的威光，也許不再磨毀我們的鋼筆吧！〔註7〕

如此眾多的巡警貪戀美色案件，不只反映警界風紀之敗壞，更揭露了殖民者帶有強烈的父權性格，他們視殖民者的女性為土地佔有的延伸，以為佔有女性的身體，無異是對殖民社會領土的佔有〔註8〕。賴和的〈惹事〉以女性隱喻臺灣命運的悽愴，也印證被殖民的女性受迫害的痛楚。

四、執法不公

在賴和的〈蛇先生〉、〈阿四〉、〈赴會〉、〈辱〉、〈惹事〉、〈善訟的人的故事〉等篇小說中，呈現警察變戲法的場面，以及被法律欺壓的人群生命形態。

〈蛇先生〉中平日捕獲田雞維生的蛇先生，對於治療蛇毒的藥草別有心得，基於熱心助人為庄民治療蛇毒，卻被一口咬定犯著了醫師法，經家人以金錢買通官道，卻仍因蛇先生堅持不改口供而慘遭拷打。關於本篇小說的主旨，劉登翰等人所主編的《臺灣文學史》說：「反映了在殖民統治下臺灣人民遭到『法律』與警察交伐的慘境。」〔註9〕更明白地說，這篇小說不只刻劃了

〔註7〕　見沈乃慧〈日據時代臺灣小說的女性議題探析〉（下），《文學臺灣》秋季號第
　　　　16期，頁181，1995.10。
〔註8〕　參陳芳明《左翼臺灣——殖民地文學運動史論》，頁21，臺北：麥田，1998.10。
〔註9〕　劉登翰等編，《臺灣文學史》，頁386，福建：海峽文藝出版社，1991.6。

貪財跋扈的日警，更重要的是揭示了法律之所以虛僞和殘酷的原因，乃根源
於幕後操縱法律的那雙黑手，日人鹽見俊二對於日治時代臺灣警察的任務研
究，即有這樣說明：「當時臺灣的警察，不但對於經濟政策，對於任何政策，
都是首當其衝的『實行者』。」〔註10〕再對照〈蛇先生〉文中所說：

> 法律也是在人的手裡，運用上有運用者自己的便宜都合（日語，關
> 係，方便），實際上它的效力，對於社會的壞的補救，墮落的防過，
> 似不能十分完成它的使命，反轉（反而）對於社會的進展向上，有
> 著大的壓縮阻礙威力。（2000.一：83）

法律與警察本是穩定社會秩序的必要手段，但是法律若由運用者的隨心所
欲，那麼必成爲殖民體制下統治階級的工具，社會永遠不會進步，百姓永遠
沒有幸福，由此益發襯托出被殖民者的悲慘境遇，蛇先生只是其中一例。

其實，身爲社會運動者，賴和深知法律的正面意義，乃在維護百姓的基
本權益與尊嚴，然而，在〈蛇先生〉中憤怒地議論道：

> 因爲法律是不可侵犯、凡它所規定的條例、它權威的所及、一切人
> 類皆要遵守奉行，不然就要犯法，應受相當的刑罰，輕者監禁，重
> 則死刑，這是保持法的尊嚴所必須的手段，恐法律一旦失去權威，
> 它的特權所有者就是靠它吃飯的人，准會餓死，所以從不曾放鬆過。
> （2000.一：92）

以此抨擊代表國家執行法律的警察予取予求，還口口聲言維護法律的威嚴，
實是把法律視如糞土。

法律原本是爲百姓伸張正義公理，卻反而造成老百姓的災難和痛苦，賴
和透過〈赴會〉，讓我們看到當時群眾的共同希望：

> 大眾的知識還很低，不曉得政治是什麼。他們所要望的只是生活較
> 自由點，對這點不須多大施與，官廳可以不用多大的價值，便能得
> 到很大的效果。這只要把對日常生活上的干涉取締放寬一點，大眾
> 便滿足了。（2000.一：66）

基本的人權沒有獲得保障，生活沒有自由，試問日治時期的臺灣同胞生命的
價值意義要擺在那裡？唯有徒嘆奈何！賴和〈辱〉一作，即曾以夜戲「俠義
英雄傳」，說明該戲普爲大眾愛賞，日夜連臺，因爲飽受壓抑之情得以宣洩：

〔註10〕鹽見俊二著、周憲文譯，〈日據時代之警察與經濟〉，收錄於王曉波編《臺灣
的殖民地傷痕》，頁87，臺北：帕米爾，1985.8。

> 我想是因爲這時代，每個人都感覺著：一種講不出的悲哀，被壓縮
> 似的苦痛，不明瞭的不平，沒有對象的怨恨，空漠的憎惡；不斷地
> 在希望著這悲哀會消釋，苦痛會解除，不平會平復，怨恨會報復，
> 憎惡會滅亡。但是每個人都覺得自己沒有這樣力量，只茫然地在期
> 待奇蹟的顯現，就是在期望超人的出世，來替他們做那所願望而做
> 不到的事情。這在每個人也都曉得是事所必無，可是也禁不絕心裏
> 不這樣想。所以看到這種戲，就眞像強橫的兇惡的被鋤滅，而善良
> 的弱小的得到了最後的勝利似的，心中就覺有無上的輕快。（2000.
> 一：129）

作者以細膩的筆法剖析群眾的內心世界，同時也撻伐殖民者對民命的荼毒與人權的摧殘。

　　值得注意的是，賴和在〈善訟的人的故事〉中塑造了徹底維護正義的知識分子林先生，他爲了貧窮的群眾，義無反顧地與法律抗爭到底。故事的禍根來自於志舍霸佔山頂，每門墓地無論貧富都要五錢銀，這是志舍的財源，所謂「馬無夜草不肥，人無橫財不富」，林先生對主人唯利是圖、自鳴得意十分憎恨，正義感促使他想替貧苦人出力，決定向官府告志舍：不應當佔有全部山地做私產，林先生的告狀娓娓申訴人與土地密切的關係，擲地有聲，震撼人心，申訴狀說：

> 人是不能離開土地，離去土地，人就不能生存，人生的幸福，全是
> 出自土地的恩惠，土地盡屬王的所有，人民皆是王的百姓，所以不
> 論什麼人，應該享有一分土地的權利，來做他個人開拓人生幸福的
> 基礎：現在志舍這人，沒有一點理由，占有那樣廣闊的山野田地，
> 任其荒蕪墟廢，使很多的人，失去生之幸福的基礎，已是不該，況
> 且對於不幸的死人，又徵取墳地的錢，再使窮苦的人棄屍溝渠，更
> 爲無理。所以官府須把他占有權利奪起來，給個個百姓，皆有享用
> 的機會，又可以盡地之利，是極應當的事，官府須秉王道的公平，
> 替多數的百姓設法。（2000.一：217）

申訴狀雖彰明正義公理，可是「現在官司是看錢的面上，靠官那有情理好講。」「本來百姓的願望，不能就被官府所採納，因爲百姓有利益的事，不一定就是做官人的利益」，基於以上兩個官府作風的緣由，林先生的告訴終歸失敗，並處以擾亂安寧秩序的罪名。另一方面志舍仗著錢神的能力更變本加厲，不

只要求官府的保護，還僱來流氓巡視山場，凡沒有納錢者絕對不許埋葬，志舍不肯對貧窮人施予同情的惡行，愈使林先生憤慨，遂下定決心不惜犧牲也要打贏這場官司，因爲他深信：「公道還未至由這世間滅亡，大眾的窮苦，蒼天是看到明明白白，一定會同情的，強橫的若眞沒有果報，那樣世間也就可知了！」小說結尾林先生去了福州（遠離志舍的金錢範圍），終於打贏這場官司。

人的心本來是對於弱者劣敗者表示同情，對於強者勝利者懷抱憎惡，可是在這「力即是理」的天下，理的曲直已無暇去考察，很多正義之士蒙上不白之冤，譬如〈惹事〉中那富有俠義心的「我」，一面替那寡婦受殃感到悲哀，一面對那隨便指人做賊、得意橫行的警察倍加憎惡，一一曝露大人的劣跡橫暴，結果犯著——公務執行妨害、侮辱官吏、掮動、毀損名譽等罪狀。在〈惹事〉中，有罪者逍遙法外，受害者慢慢被淡忘，作者空懷抱義憤塡膺。而在〈善訟的人的故事〉中，則樹立反抗人間不義的典範，這樣摒絕暗夜，爭取陽光，爲維護生命尊嚴的道德勇氣，最是大快人心；這篇故事無論是取材自民間傳說，或是作者有意創作，其實都爲「如屠場之羊／砧上之魚／絕望地任人屠殺割烹」（2000.二：109）的群眾主持了天道公理，論斷了是非善惡。

賴和的小說淋漓盡致地刻劃日本警察的種族優越感與邪惡形象，這些文字的控訴也反映了對殖民者高張權力的憤恨不滿。陳芳明曾分析文學裏的警察角色說：

> 在日本警察眼中，臺灣人是不可信任的，並且是不值得尊重的。……
> 文學裏的警察角色，除了做爲資本家鷹犬的象徵之外，同時還代表
> 了殖民主義的權力延伸。殖民者的支配地位，憑藉的是種族上的優
> 越感。在種族界線上，雙元對立（binary）的分野是很顯著的。殖民
> 統治者的一方，是進步的，而且是文明的；被殖民者的一方，則是
> 落後的，尚未開化的。〔註11〕

在臺灣文學史上，賴和堪稱是抨擊警察濫權的高手，在指控統治階層的同時，又以極濃厚的同胞愛描繪臺灣百姓喪失人權、生命尊嚴種種被支配的歷史事實，表現抗日主題的意涵。日治時代另一位有意以警察壓迫民眾爲主要描寫對象的是，與賴和同在彰化成長也是文友的陳虛谷，他在〈無處申冤〉、〈他

〔註11〕陳芳明，《左翼臺灣——殖民地文學運動史論》，頁20，臺北：麥田，1998.10。

發財了〉、〈放炮〉﹝註 12﹞這三篇小說，如同賴和小說鞭撻了警察濫用特權的暴行，指控他們的斂財、淫色、貪食所強壓在臺灣農民身上的凌辱與血淚，皆給予讀者揮之不去的印象。

第二節　譴責資產階級的剝削

日本統治臺灣的步驟，除了在臺灣建立起一整套的殖民地政治機構，實施血腥的統治，再就是採取一系列的掠奪，從土地到一切經濟資源的措施。前者是手段，而後者才是目的。日本殖民者的優越身分，除了表現在警察制度的威權，也建基於資產階級的剝削之上﹝註 13﹞。賴和、吳新榮這兩位醫事作家，他們和楊逵、呂赫若、蔡秋桐等人共同確立了以描寫農民疾苦為主幹的社會寫實風格，雖然筆下的農民形象或有不同，但是他們不約而同的控訴殖民政權的高壓統治，以及見證傳統地主、資本家的經濟剝削。

賴和、吳新榮都是來自農村家庭，並且都有農事的經驗。賴和在〈無聊的回憶〉（2000.二：229）中，曾提及他在公學校畢業之後面對農事的觀念，起初他認為這是：「斯文人不宜做這下賤的事」，因此被家人送到雜貨鋪學生意，年幼的他，深以會講日本話而自傲，然而當他面對警察那不可侵犯的官架尊嚴，他的「內心感到諂媚的羞恥」，進而有「還我本來的面目，依然是一個農民子弟」這樣的覺悟。我們由〈種田人〉一詩，即可見賴和對農民崇高的敬意：「種田的兄弟們啊／汝們是扶養社會的人／是有力量的實力者／大家總依靠著汝們／始纔獲得生活生存／汝們工作很是神聖／地位猶見得偉大」（2000.二：53），賴和在從事社會運動時，其家族也是擁有六甲良田的小地主﹝註 14﹞。同為地主階級的吳新榮，根據《震瀛回憶錄》敘述，由於祖父吳玉瓚的積極經營，不只擁有土地及魚塭，而且吳玉瓚擔任漚汪區長的職位，在將軍庄裏吳家儼然成為具有政經領導地位的家族（1997.三：27）。賴和、吳新榮雖貴為地主家族的成員，然兩人深入農民的現實生活，更引燃其

﹝註 12﹞ 陳虛谷，〈無處申冤〉、〈他發財了〉、〈放炮〉，收錄於葉石濤、鍾肇政主編《光復前臺灣文學全集 1—— 一桿秤仔》，頁 223～244、245～260、261～274，臺北：遠景，1997.7。

﹝註 13﹞ 參陳芳明《左翼臺灣——殖民地文學運動史論》，頁 19，臺北：麥田，1998.10。

﹝註 14﹞ 據林瑞明採訪賴和哲嗣賴燊所得，賴家約六甲的土地在今市區市仔尾一帶，年收租三百石，戰後放領。參林瑞明《臺灣文學與時代精神——賴和研究論集》，頁 37，臺北：允晨文化，1993.8。

內在的人道主義精神,他們兩人共同診斷出日治時期農民生活貧窮痛苦的癥結,尤其針對製糖會社的壓榨、傳統地主的逼租、資本階級的掠奪,特別關注與譴責。

一、製糖會社的壓榨

日本治臺之初,即注意到臺灣的蔗糖,一九○○年之前成功地收奪土地以後,以一百萬圓資金,設立臺灣第一家新式製糖工廠「臺灣製糖株式會社」,便開始有計畫、有組織地以官商並進方式致力於臺灣糖業的近代化。一九○一年,著名的農業學者新渡戶稻造出任總督府殖產局長,並提出「臺灣糖業改良意見書」,主張以「蔗作農業生產過程」的改進和「製糖工業過程」的近代化,作爲臺灣糖業改革的兩大目標。「蔗作農業生產過程」的改進方面,其具體方法爲改良甘蔗品種、栽培法、水利灌溉,以及將不適稻作的田園改爲蔗園、獎勵開墾新蔗園等。「製糖工業過程」的近代化方面,乃是製糖工業近代化和改良壓榨製糖法,一九○二年起,總督府實施資本援助、指定原料採取區域、保護市場等三大措施,支援和保護日本新興製糖大企業。值得注意的是,原料採取區域制度使得日本大資本的製糖會社可任意決定甘蔗收購價格,並控制蔗園和蔗農〔註15〕。「臺灣製糖株式會社」不僅壟斷獨佔臺灣已有的糖業,而且從土地的徵收、蔗農的收成層層剝削,誠如矢內原忠雄在《帝國主義之下的臺灣》所指出的:「以臺灣糖業爲中心之日本資本帝國主義的發展史。」〔註16〕這段話更印證於賴和、吳新榮的作品中。

首先,讓我們來看看吳新榮在《震瀛回憶錄》以及戰前日記,見證製糖會社掠奪農民糖廍與土地的事實。吳新榮的祖父吳玉瓚繼承其父吳彙在將軍庄開設商店,由日常生活用品及香燭紙料,逐漸加賣油、酒、鹽及米殼,甚至自己經營釀酒廠與糖廍,兼具地主與商業鉅子的身分。後來因應原料採取區域限制的規定,凡未改良的舊式糖廍不許收購原料及製糖,吳家花下數百萬資本建設的糖廍,終不敵大資本的新式工場,因而解體(1997.三:20、27)。

〔註15〕 參張勝彥、吳文星、溫振華、戴寶村編著《臺灣開發史》,頁231〜232,臺北:國立空中大學,1996.1。
〔註16〕 矢內原忠雄著、周憲文譯,《日本帝國主義下之臺灣》,頁227,臺北:海峽學術,1999.10。

　　吳新榮在一九三八年二月二十三日的日記中，記載了臺灣拓殖會社強徵
臺南縣沿海地帶的鹽分土地時，漁民內心的憤怒：

> 昨日全郡下的魚塭業者集合，爲「臺灣拓殖會社」被迫提供土地。
> 說是爲了國策，要把魚塭全部變成鹽田。這對南部的住民而言，是
> 一大變革期。……
>
> 過去把土地提供給製糖會社的農民，本來持有蔗農的地位，可是現
> 在卻變成會社的僱用人。同樣的，過去的漁民，現在卻要變成製鹽
> 會社的僱用人。固然我們贊成大事業應爲國有國營，可是若爲少數
> 人的利益而終，則我們大爲反對。（1981.六：66）。

這一段內容提供了日本殖民政府強行購買土地，並奴役農民爲其種植甘蔗的
歷史眞相。日本以強權爲奧援，與資本家勾結，根據「無主地國有化」或濫
用警察職權，威脅利誘強行掠奪土地，使土地所有權絕大部分屬於日本資本
家所控制的新式製糖株式會社〔註 17〕。小說中殖民者強行徵收土地的例子，
亦可見於楊逵的〈送報伕〉〔註 18〕、蔡秋桐的〈四兩仔土〉〔註 19〕。楊逵在
一九三二年問世的成名作〈送報伕〉，因受賴和推薦而刊載於《臺灣新民報》，
這篇小說詳盡描述日本資本家在臺灣蠶食臺灣農民土地的過程。在「陰謀」、
「非國民」、「絕不寬恕」的強迫下，農民不得不出賣他們「看得和自己底性
命一樣貴重的耕地」，主人翁的父親堅持不賣，最後落得家破人亡；「這慘狀
不只是我一家。」說明了當時受害者之眾。一九三六年蔡秋桐在楊逵主編的
《臺灣新文學》上發表〈四兩仔土〉，這篇小說的創作背景乃來自作者擔任「保
正」又身兼「製糖會社原料委員」的實際經驗，蔡秋桐說：「我當時是保正，
兼製糖會社原料委員，與製糖會社有來往，與警察也有聯繫，因此小說內容
鮮有激烈的反抗意識，只是眞實的記錄一些事情而已。作品的主題，大部分
是寫自己心理的矛盾，全都是本地所發生的事情，只是名字更換一下而已，
其人和事皆是眞實的，並沒有特意的去反抗。」〔註 20〕〈四兩仔土〉即眞實

〔註 17〕參前註書，頁 24。
〔註 18〕楊逵，〈送報伕〉，收錄於葉石濤、鍾肇政主編《光復前臺灣文學全集 6——送
　　　　報伕》，頁 5～64，臺北：遠景，1997.7。
〔註 19〕蔡秋桐，〈四兩仔土〉，收錄於葉石濤、鍾肇政主編《光復前臺灣文學全集 2
　　　　—— 一群失業的人》，頁 355～370，臺北：遠景，1997.7。
〔註 20〕黃武忠，〈北港地帶的代表人物－蔡秋桐〉，收錄於《臺灣作家全集——楊雲
　　　　萍、張我軍、蔡秋桐合集》，頁 278，臺北：前衛，1994.10。

地揭露了糖社吞噬農民土地的事實，導致原本地主微薄的收入根本不足以糊口，過著半飢半飽的悲慘生活。

其次，在賴和〈豐作〉、吳新榮〈煙囪〉描述了糖社對蔗農收成的剝削。

賴和在一九四三年發表的〈豐作〉，以一九二五年的二林蔗農事件爲藍本，如實地刻劃蔗農收成被榨取又不敢反抗的無奈，是日治時代暴露製糖會社剝削蔗農手段的代表作。當時新式製糖會社與蔗農的關係，其性質可分爲三種：第一爲會社自營蔗園，耕作者與會社是純然的僱傭關係；第二種是自耕農和會社成立契約種植甘蔗，即係原料供給者；第三種贌耕會社所有地，是會社的佃人，即等於農奴〔註21〕。〈豐作〉裡的主角添福，是第二種性質的蔗農。他在製糖會社競作的鼓勵政策下，加工施肥的勤耕栽培，獲得農會技手、會社技師的肯定，添福也自信這一期必有意外的豐收，而且預計將可以領到超額生產量的獎勵金（甲當十八萬斤以上）；誰知到了採伐期，因米價提高，製糖會社蓄意要壓低蔗農的利潤，臨時發布新定的採伐規則：

> 凡甘蔗有臭心的皆要削掉。
>
> 凡要納入的甘蔗，蔗葉蔗根併附著的塗泥土，須要十分掃除。
>
> 凡被會社認爲掃除不十分的甘蔗，應扣去相當斤量，其應扣的重量，
>
> 由會社認定。（2000.一：172）

由這三項規則不難看出會社對農民錙銖必較、霸道專制的態度。對添福而言，面對會社新定的採伐規則，內心雖不平，但是他依然深信他的甘蔗豐收，會社扣除之餘，還不至於領不到獎勵金，所以當蔗農們包圍會社抗議時，他不敢參加，唯恐重蹈二林事件的陰影，一旦叛逆會社，即被取消得獎勵金的資格。

從以上情節透露了會社剝削農民的手段花樣百出，不只獨斷規定收購價格、等級的斤量，更荒謬的事實是繳交甘蔗的時候，會社用不正確秤量以減少原料的重量，連平素替會社奔走的甘蔗委員，也懷疑起秤量不公道，因爲：

> 兩個甘蔗委員，和一個警察大人，便同時立到磅臺上去，警察大人
>
> 看到所量的結果，自己也好笑起來，三個人共得二十七斤。（2000.
>
> 一：178）

小說如法炮製了二林事件林本源製糖會社溪洲工廠「三個保正八十公斤」的

〔註21〕參蔡培火、陳逢源、林柏壽、吳三連、葉榮鐘等著《臺灣民族運動史》，頁502，
臺北：自立晚報社，1993.12。

笑話，也難怪日治時代臺灣農業社會流行一句俗語說：「第一笨，種甘蔗給會社磅。」然而處於佃農地位的蔗農，對於會社，一方面由於借款的關係，受到經濟的束縛，同時又因佃作契約的關係，必須從事蔗作。契約的主要內容有「服從會社的指揮，從事甘蔗栽培」的義務〔註22〕，因此農民普遍不敢反映不義不公的事，所以各個蔗農雖然私下議論甘蔗無重量的問題，卻沒人敢去根究徹底的原因。

原本滿懷豐收喜悅的添福，在糖社的高壓擺佈下，辛苦付出的勞力成了泡影，懊悔心痛之餘，也只能罵罵髒話：「伊娘咧！會社搶人！」聊以發洩受騙的氣憤。擅於觀照二○年代製糖會社問題的楊雲萍，在一九二六年發表的小說〈黃昏的蔗園〉〔註23〕中，也透過文能、桂蕊這一對蔗農夫婦，描述他們面對糖社的塗炭生靈、嗜血成性的罪惡有不同的反應，文能與〈豐作〉的添福一樣，以怒罵方式作為情緒發洩，他說：「豈有此理，豈有此理！難道我們永遠應該著做牛做馬嗎！不、不、決不！好，看他們能夠耀武揚威到什麼時候啊！」而桂蕊卻認為「命，命，命運！」、「前註的，是前註的！」可知怒罵、認命幾乎成為日治時期臺灣農民的應對之道。賴和的〈豐作〉把筆鋒指向虛假、偽善的糖社，用愚弄和欺騙澆灌著農民的希望和期待，而長出來的只是「受騙」和「三餐不繼」。

生長在嘉南平原的吳新榮，一九三五年發表〈煙囪〉這首詩，主旨乃在揭露家鄉蔗農的血淚生活。詩分三段，對比手法、意象塑造，使全詩具有藝術特色。

> 青青甘蔗園連綿的大平原
>
> 五月風
>
> 涼爽吹來時
>
> 葉尾顫顫
>
> 次第傳著波浪
>
> 一幢白色壯觀的屋宇
>
> 浮現於遙遠的彼方
>
> 黑高的煙囪聳立

〔註22〕參矢內原忠雄著、周憲文譯《日本帝國主義下之臺灣》，頁290，臺北：海峽學術，1999.10。

〔註23〕楊雲萍，〈黃昏的蔗園〉，收錄於葉石濤、鍾肇政主編《光復前臺灣文學全集1——一桿秤仔》，頁177～182，臺北：遠景，1997.7。

　　　　直接碧空

　　　　青－白－黑－碧

　　　　微風與葉波

　　　　那太過於和平的光景

　　　　任何畫家也畫不出來（1981.一：27）

首段呈現出蔗葉隨風搖曳生姿的農村景象，作者著墨於色彩的層次別有意
涵，在「青」蔗「碧」空的天地之間，原本畫面祥和、綠意盎然，卻赫然出
現「白」色壯觀的製糖會社、「黑」高聳立的煙囪，然而這幅圖象不是追求
真善美至境的畫家能臨摹得來，詩至此已意在言外地埋下不和平的伏筆。緊
接著第二節，筆鋒驟然指向批判的主題，刻劃糖社資本家與勞動者的對比。
陳芳明說：「對於左翼詩人如吳新榮者，則在美景的背後揭露醜惡的本質。
階級對立的問題，終於導入詩中。甘蔗汁與人間血的對比，劃清了資本家與
勞動大眾的界線。三〇年代左翼運動者關切的勞資對立、利潤問題與剩餘價
值等等議題，都在這短短的詩行中呈現。」〔註24〕由此可見本詩豐富的意涵。
詩的第二段：

　　　　但一到冬天

　　　　這白色屋頂下

　　　　資本家嗤嗤而笑

　　　　這黑色煙囪上

　　　　喘出勞動者的嘆息

　　　　啊，榨出甘甜的甘蔗汁

　　　　流出腥腥的人間血！

　　　　於是煤煙與砂塵染遍了

　　　　陰慘灰色的平原

　　　　沉悶了天空

　　　　終至腐蝕了人們心胸

　　　　啊，任何畫家也不能畫出

　　　　這歷然光景

〔註24〕陳芳明，〈吳新榮的左翼詩學：臺灣新文學運動的一個轉折〉，收錄於呂興昌
　　　　編訂，葉笛、張良澤漢譯《吳新榮選集 2》，頁 276，臺南：臺南縣立文化中
　　　　心，1997.3。

冬天原本是甘蔗收穫製糖的季節，如今換取的是顫抖與寒慄，因爲糖廠煙囪噴出的煙不是甘潤甜美的豐收與歡笑，而是怵目驚心的血腥與嘆息。詩人透過資本家的笑容與勞動者的嘆息聲，甘蔗汁與人間血這些對比，劃清了資本家與勞動大眾的界線。在最後一段詩中，詩人進一步具體刻劃蔗農淪爲農奴的不堪與怨恨，同時也點出他們意識的覺醒。詩的第三段：

> 不久結帳的日子來到了
>
> 煙囪底下聚集的黑影
>
> 人人手裏兩張白紙
>
> 「領狀證」與「借用證」的金額
>
> 不平又奈何
>
> 哀嘆的妻子
>
> 挨餓的孩子
>
> 指著這白圭的高塔吧
>
> 白色的屋宇是枉死城
>
> 黑色的煙囪是怨恨的標的

延續第二段那陰慘而沉悶的世界，白色的屋宇成爲枉死城，黑色的煙囪成爲怨恨的標的，慘遭經糖社的壓榨與剝削，蔗農最後淪爲「領狀證」與「借用證」等債務的奴隸，矢內原忠雄在《日本帝國主義下之臺灣》一書中提到製糖會社的借款制度，說：「會社對蔗作者，乃以蔗作及其賣與爲條件，先借耕作資金。蔗作者對此則從事責任斤量的甘蔗栽培；……同時，蔗作者且負責以出賣甘蔗所得的代價償還會社的借款本息。」〔註25〕然而事實上因蔗農（包括自耕農與佃農）生活貧窮，所以這筆耕作資金往往寅吃卯糧，帶有生活資金的性質；且甘蔗收購價格低廉，扣掉借款本息之後，往往所剩無幾，以至於必須再向會社借款，以維持次年的生活。年復一年，惡性循環的結果，最後淪爲農奴〔註26〕。

　　從以上賴和與吳新榮作品的思想意識，不難發現他們確實注意到存在於社會內部的階級問題，並且如同楊逵、蔡秋桐、楊雲萍往往以製糖會社做爲日本資本主義掠奪的象徵。

〔註25〕矢內原忠雄著、周憲文譯，《日本帝國主義下之臺灣》，頁283，臺北：海峽學術，1999.10。
〔註26〕同前註，頁290。

二、傳統地主的逼租

田租，是日治時期百分之七十的農民（佃農和半自耕農）〔註27〕的一大負擔。這些農民為了向業主租借一塊田地耕種，必須先付一筆押租金，號稱「鐵租」，不管凶年與否，一概四六分：佃農佔收穫四分，地主拿六分〔註28〕。

佃農繳不出田租的例子，可見於賴和的〈赴會〉，如實地記錄佃農對霧峰大地主林獻堂家（「臺灣議會請願運動」領導者）的憤憤不平，對話內容如下：

> 講文化的？若是搶到他們，大概就會拍拼（拼命努力）也無定著（也
> 不一定）。他們不是講要替臺灣人謀幸福嗎？
>
> 講好聽？
>
> 今日聽講（聽說）在霧峰開理事會。
>
> 阿罩霧（霧峰舊名，意指霧峰林家）若不是霸咱搶咱，家伙（家產）
> 那會這樣大。
>
> 不要講全臺灣的幸福，若只對他們的佃戶，勿再那樣橫逆，也就好
> 了。阿彌陀佛，一甲六拾餘石，好歹冬（年冬）不管，早冬（春收）
> 五，晚冬（秋收）討百，欠一石少一斤，免講。（2000.一：68-69）

字裡行間可感賴和對佃農的同情與關懷，類似佃農繳不出田租的例子，亦見於楊守愚一九三○年發表的小說〈醉〉和〈凶年不免於死亡〉〔註29〕，其中〈凶年不免於死亡〉的農民林至貧禍不單行，最令人印象深刻。他本來一貧如洗，卻又遇到了凶年，因無錢交租，要求地主減輕佃租。地主獲知他無錢交租，就更凶狠地進行逼租，甚至提出告訴，引來了差押官將林至貧的家洗劫查封，逼不得已賣兒女繳田租，造成妻子傷心過度而病死的悲劇。又如張慶堂一九三五年在小說〈鮮血〉〔註30〕中，農民九七忍苦耐勞，因不願受地主五老爺的壓榨，將牛賣掉淪落到城市去當了人力車夫，但卻因肚餓身虛，一天在拉車上坡時控制不住車柄，悲慘地撞死在汽車下。呂赫若在一九三五年發表〈牛車〉〔註31〕，主角楊添丁，本是趕牛車載貨物為主的窮苦的「沒有土地」的

〔註27〕參《臺灣省51年來統計提要》表194，頁513，臺北：臺灣省行政長官公署統計室，1946。

〔註28〕葉石濤，《臺灣文學的困境》，頁7，高雄：派色文化，1992.7。

〔註29〕楊守愚，〈醉〉、〈凶年不免於死亡〉，收錄於葉石濤、鍾肇政主編《光復前臺灣文學全集2——一群失業的人》，頁13～18、3～12，臺北：遠景，1997.7。

〔註30〕張慶堂，〈鮮血〉，收錄於葉石濤、鍾肇政主編《光復前臺灣文學全集4——薄命》，頁317～344，臺北：遠景，1997.7。

〔註31〕呂赫若，〈牛車〉，收錄於林至潔譯《呂赫若小說全集》，頁27～61，臺北：聯

農民，想租田地耕種來改善生活，遺憾的是繳不出押租金，終於迫使他去偷鵝，結果身陷牢獄。從賴和的〈赴會〉到呂赫若的〈牛車〉，這些暗淡無光的生命，終其一生是地主的奴隸，唯有無助地與貧窮苦難搏鬥。

　　除了傳統地主的逼租，賦稅問題也是攸關民生的重大負擔，王詩琅說：「臺人負擔的稅捐，種類繁多，在其末期，國稅多達三十四種，州稅七種，市街庄稅十二種，共達五十四種，此外還有強制購買的公債。負擔的稅類，據統計：自民國九年至民國二十年，每人每年須負擔十元以上，如民國十年竟高達一三‧一一九元。」〔註32〕賴和的〈月光〉、〈冬到新穀收〉、〈流離曲〉、〈新樂府〉、〈祝曉鐘的發刊〉、〈農民謠〉、〈溪水漲〉等詩，都是一首首映照農民在官廳攉稅，地主討租下的艱難悲曲，以〈月光〉為例：

> 欠了頭家租，準是無田作。
>
> 欠了官廳稅，抄封更艱苦。
>
> 牽牛無到額，厝宅賣來補。
>
> 一家五六人，流離共失所。
>
> 景氣講恢復，物價起加五。
>
> 錢又無塊趁，日子要怎度。（2000.二：162）

再看〈冬到新穀收〉：

> 冬到新穀收
>
> 田主撚嘴鬚
>
> 咱厝大小面憂憂
>
> 討租、徵稅鬧不休
>
> 幼子哭妻叫苦
>
> 哭沒有米粥湯
>
> 苦著火食難的渡
>
> ……
>
> 一年這樣忙不休
>
> 囊裡空的洗一樣
>
> 換來苦、悲愁
>
> 唉！咱愁他不愁

合文學，1999.5。

〔註32〕王詩琅，《日本殖民體制下的臺灣》，頁51，臺北：眾文，1980。

> 稅主、田主不許你哀求
>
> 結局當賣了子女
>
> 去換來一枚空領收
>
> ……（2000.二：166）

這兩首敘事詩，道出饑寒交迫的農民，面臨田租、賦稅的逼債，這種屋漏偏逢連夜雨的悲慘生活，走投無路之下唯有賣厝、賣子女來度日。

賴和在〈可憐她死了〉這篇小說，即對無產階級買賣子女的議題有極動人的描述，凸顯了資本主義的剝削下，女性任人宰割的可憐處境。主角阿金的父母為了納稅，忍痛將她賣給阿跨仔官當童養媳，後因阿跨仔官丈夫與兒子成為罷工風潮下的犧牲者，家境顯得更加困窘，從順勤勞、百般溫馴的阿金，為了奉養阿跨仔官促使她答應了阿力的包養，她覺悟地想到：「自己勞力的所得是不能使她的母親享福，可是除了一個肉體之外，別無生財的方法，不忍使她老人受苦，只有犧牲她自己一身了。」這一段文字寫盡貧苦少女的無助與無奈，阿金為了生活，只有屈辱地承受獸性的蹂躪，以及始亂終棄的煎熬。小說結尾身懷六甲的阿金被深淵所吞噬，情節悲慘淒切，寫盡了童養媳的哀惻心懷。作者彷彿悲觀地告訴我們，在這樣貧富懸殊的資本主義世界裡，窮人的苦難如履深淵，是沒有盡頭的。

賴和筆下阿金的遭遇也出現在楊雲萍、呂赫若的小說中。楊雲萍〈秋菊的半生〉[註33]中被媒婆「賣」到郭議員家的農村少女秋菊，在四十多歲的郭議員欺凌玩弄下，又被郭太太痛打，最後落得投水自盡的下場。呂赫若〈暴風雨的故事〉[註34]的罔市，自幼便是貧苦佃農的童養媳，卻遭地主寶財的伺機凌辱，並以收回土地為威脅，恐嚇其不可洩露事跡，最後罔市絕望地上弔自盡。生命固要嘗盡生的真味，與其生的時光蒙受羞辱，不如等待自然的滅亡。「死亡」成了臺灣不幸的農家少女的共同選擇與命運。無論是阿金、秋菊或是罔市，她們的故事並不僅屬於她們個人的生活經驗，而是日治時期一再上演的女性悲劇。她們面臨命運的轉折，都是那麼無可奈何地聽命於人，任人擺佈，從來不曾是自己生命的主人，也從來不知道自己未來的方向，這是造化弄人？還是時運不濟？賴和在文中明確地點出阿金的境遇與命運無

[註33] 楊雲萍，〈秋菊的半生〉，收錄於葉石濤、鍾肇政主編《光復前臺灣文學全集1 ——一桿秤仔》，頁183～192，臺北：遠景，1997.7。

[註34] 呂赫若，〈暴風雨的故事〉，收錄於林至潔譯《呂赫若小說全集》，頁62～90，臺北：聯合文學，1999.5。

關，眞正的罪魁禍首是資本主義：「但在此萬惡極了的社會，尤其是資本主義達到了極點的現在，阿金終是脫不出黃金的魔力，這是不待贅言的。」（2000.一：160）換言之，當這樣的社會結構沒有改變前，窮人的苦難將永無終結，無產女性也將悲歌不輟。賴和這段話，不只挖掘她們的苦難根源，也將有助於我們對資本主義、勞資問題、貧富差距及社會公義有更深刻的思考。

三、資本家的掠奪

日本建設臺灣的目的無疑是爲了殖民地母國的利益，使臺灣成爲日本資本良好的投資地及市場，尤其臺灣在被接受資本主義化及近代國家制度之後，整個經濟發展與社會結構已發生變化，賴和在〈善訟的人的故事〉中則揭露貧富懸殊的差距以及有錢人的威風：「現在是錢的天下，有錢也就有名譽幸福，但是也須有無錢的人，纔見得到錢的威風；無錢的人，是要使有錢的享福快樂，纔有他們生存的使命，神是爲著有錢的人，纔創造他們的。」（2000.一：211）〈歸家〉則談及在不景氣的環境中，赫見「新築的高大的洋房，和停頓下的破陋家屋，很顯然地象徵著廿世紀的階級對立。」（2000.一：24）又〈生與死〉、〈生活〉二詩頗能重現當時階級對立之下的生活片影：「有苦樂懸殊的業佃／有鬥爭不息的勞資／有築路的夫役／有汽車中的紳士／有衣錦的貴婦／有織機畔的女子」（2000.二：128），眞實而深刻。資產階級靠著那不勞而獲的物質，過著奢侈淫縱的日子，還仗著沒有出處的權威肆意凌辱壓迫小百姓；而可憐的勞動者們，卻「把那些血汗所得／供獻做一部的犧牲／培養地橫逆的威權／增長地凶惡的勢力／只嘗著生活的苦痛／喪盡了樂生的希望。」（2000.二：41）賴和對於勞動者在資本階級的掠奪下，無助掙扎於生死邊緣的生命狀態，描繪入微，這也正是廣大社會群眾病痛的究結原因。

吳新榮詩作中也有以資本家掠奪下民生經濟爲議題，如〈故鄉的輓歌〉、〈疾馳的別墅〉這二首詩即爲代表作。〈故鄉的輓歌〉，透過今昔稻米獲利的對比，刻劃出資本主義下臺灣農民經濟被剝削的苦痛，流露出詩人敏銳易感的心思，全詩如下：

> 同胞們呀！
> 你不要忘了你的少年時，
> 在那明月亮亮的前庭裡，

　　看那兄嫂小嬸杵著米，
　　聽那原始時代的古詩。

　　現在呢！
　　各地各庄都有舂米機器，
　　日日夜夜鳴著聲哀悲，
　　啊啊你看有幾人餓快死，
　　你看有幾人白吞蕃籤枝。

　　兄弟們呀！
　　你敢忘了您的後壁宅，
　　蕃薯收成萬斤米千袋，
　　前季自用後季賣，
　　年冬祭季樂天地。

　　現在呢！
　　登記濟證已屬別人的，
　　稅金不納不准你動犁，
　　生死病痛不管你東西，
　　又嚇又罵說這是時世。（1981.一：13～14）

詩中爲何說：「各地各庄都有舂米機器，／日日夜夜鳴著聲哀悲，／啊啊你看有幾人餓快死，／你看有幾人白吞蕃籤枝。」一九二二年，由於蓬萊米培植成功，爲臺灣稻米生產帶來劃時代的進展，自此米、糖兩大經濟作物成爲生產重心與貿易結構。對臺灣農家而言，種植蓬萊米的收益比種在來米及甘蔗來得好，因爲蓬萊米乃供應日本本土以及日軍南進之所需，所以培植成功後百分之八十以上輸往日本。這樣一種收益較高，以出口爲導向的稻米生產方式，加上高額的佃租，農民不得不將自家消費的稻穀拿到市場銷售，自己以蕃薯充饑；造成蓬萊米輸出愈多，農民愈貧窮的情況。〈故鄉的輓歌〉在第一段、第三段敘述以前生活和樂、自給自足的佳境；農家自行碾磨糙米，收穫的萬斤蕃薯千袋米，自用之外，尚有餘量銷售到市場。第二段、第四段則反映現今吃蕃薯籤，乃至餓死的悲劇；在殖民的資本主義操縱下，碾米業的舂

米機代替人工杵米，稻米雖大量增產與交易，卻有「饑餓輸出」之譏。今昔交錯的筆法，更可見詩人對往昔的懷念，同時也由此批判殖民資本主義侵入臺灣的經濟，益使農民無法翻身，造成「生死病痛不管你東西」的悲慘時世。

　　吳新榮在〈疾馳的別墅〉一詩中，藉著描寫搭乘火車的經驗，凸顯出臺灣人被視為二等公民的差別待遇。明白地反映殖民地的階級問題、貧富的差距，以及種族的歧視。詩分三段，內容如下：

> 如此擁擠連腳跟站的地方都沒有
> 我就注意到緊鄰的二等車廂
> 何等雪白的套子套在椅子上
> 到處都空著沒有人坐
> 對於這群婦孺與過勞的我而言
> 隔壁的車廂宛如天堂
> 至少這遠程的三分之一
> 至少這夜間的一兩小時
> 真想到那疾馳的別墅休息一下。
>
> 我忘了這年關的逼迫
> 引率妻和子魚貫而入
> 我像償得了一生的願望
> 又像成了大富翁
> 昂然一個人坐了一個位子。
>
> 然後移目看了四周
> 不意四五個穿和服或燕尾服的人種
> 正驚奇地望向這邊！
> 我突然注意到我古舊的西裝
> 和沾滿污泥的鞋子
> 次一瞬間我悟出偉大的發現：
> 假若這地上沒有……的話
> 就沒有畫了界線的天國
> 隨著夜漸深我們愈感覺寒冷

　　還是三等車廂裏的人較溫暖

　　何況那體臭也令人懷念（1981.一：35-36）

吳新榮慣用對比豁顯題旨，此詩首段以車廂等級的對比：空曠的二等車／擁擠的三等車，兩個車廂象徵著統治者、資產家、無產大眾間對立的關係和差別待遇，雖一門之隔，卻嚴格劃分出天國的界線。對疲憊不堪且攜家帶眷的詩人而言，那二等車廂無異是個天國，於是不顧年關將近的金錢壓力，將妻子帶入二等車廂，昂然坐立在這渴望的天堂，卻不意遭來四周資產家的異樣眼光，詩人在此又運用了服飾上的對比：和服、燕尾服／舊西裝、污鞋，表現資產階級與小資產階級間的對立與矛盾。詩結束時又以寒冷／溫暖的對比：「隨著夜漸深我們愈感覺寒冷」、「還是三等車廂裏的人較溫暖／何況那體臭也令人懷念」，表明詩人感受階級歧視的冷慄到擁抱無產大眾的覺醒過程。

　　從以上第二節的內容可知，賴和與吳新榮的作品中譴責資產階級的剝削，是繼批判警察制度的威權之後的另一個抗日主題。其中對於：糖社／蔗農、地主／佃農、資本家／勞動者等等階級對立，所衍生出經濟民生的問題倍加關照，印證了日本殖民者在經濟制度上的剝削，也反映了殖民地的階級對立以及矛盾衝突。

第三節　揭櫫正義真理的史詩

　　賴和、吳新榮的抗日寫實精神，基本上並非停留於前二節站在「弱小民族」的立場，記錄被殖民者的血淚生活，抗議殖民者的殘酷統治；它其實還擔負解除殖民地的枷鎖，追求被殖民者解放的使命。王敏川在《臺灣大眾時報》創刊辭中曾以資本家剝削的角度詮釋殖民地解放運動的起因，他說：

　　　現時所謂世界強大國，對於殖民地，概是重視其財源，不甘放棄。
　　　由其國的資本家，藉強權的護符，於商業方面，盡量輸入其過剩商
　　　品，壟斷市場；工業方面，利用低廉原料品，和工資的供給，便可
　　　自由在殖民地製造商品；財政方面，建立銀行，以操縱金融，發行
　　　鈔票，以增大資本的流動，其他還有種種的權利，皆入帝國主義的
　　　掌握，這都是填滿了資本家的財囊，致使殖民地民眾窮困得不堪，
　　　因此殖民地的解放運動，便不斷地而進展起來了。〔註35〕

――――――――――――――――
〔註35〕《臺灣大眾時報》創刊號，頁2，1928.3。

王敏川認為解放運動乃日本資本家強權剝削下順勢進展的反抗，相同的道理，在賴和、吳新榮的作品中也出現了這個重要的議題，那就是支持被殖民者為了維持生命尊嚴、追求生活價值所展開的反抗行動。

首先，值得注意的是賴和一系列追求自由人權的新詩，如在〈歡迎蔡陳王三先生的筵間〉（2000.二：23）、〈代諸同志贈林呈祿先生〉（2000.二：34-36）二詩中，登高一呼，鼓舞群眾順應世界解放運動高漲的新潮流，強調二十世紀是追求自由平等與天賦人權的時期，他說：「美麗島上經／散播了無限種子／自由的花、平等的樹／專待我們熱血來／培養起」（2000.二：34-36）又在〈壓迫反逆〉一詩說：「壓迫孕育反逆／反逆產生壓迫／壓迫是人人厭憎／反逆得多數同情／反逆是人類自然的衝動／趨向解放的潛力」（2000.二：55），賴和肯定唯有反抗得到勝利，社會纔能進步改革，在此我們儼然看到他在一九三一年自我剖視的形象：「社會主義的信徒」、「失業的救助者」、「農工的擁護者」（2000.二：263）。

一九三一年十月賴和又發表〈低氣壓的山頂（八卦山）〉（2000.二：144）於《臺灣新民報》，這首詩的創作背景正值新文協面臨被總督府壓制的末期，加上賴和憶及一八九五年臺灣義軍在八卦山的重大傷亡，於是蘊釀了這一首長詩，計分十段，全詩氣氛有如被霾霧充塞的凝重，大半篇幅描述天地風雲變色，無一塊安靜之地，彷彿「世界已要破毀／人類已要滅亡」，然而作者何以說：「我不為這破毀哀悼／我不為這滅亡哀傷」？第三段說：

> 壙漠漠的園圃，
>
> 一疊疊綠浪翻飛，
>
> 啊！這是飽漿的甘蔗。
>
> 平漫漫的田疇，
>
> 一層層金波湧起，
>
> 啊！那是成熟的稻仔。
>
> 種田的兄弟們喲！
>
> 想你們鐮刀早已準備？

林瑞明分析這段詩意是：「以田園即將收割的歡欣，帶出了毀滅與再生的希望，代表農民身分的『鐮刀』，是一種隱喻，表達了賴和在此一階段傾向左翼的社會運動。」〔註36〕身處在沆瀣一氣的土地上，只能繁榮著恥辱和罪惡，

〔註36〕林瑞明，《臺灣文學與時代精神——賴和研究集》，頁256，臺北：允晨文化，

這醜陋的現實使詩人無比憤怒，他發出正義的判決，以鐮刀拂去蒙蔽正義的
塵土，使罪惡低頭而滅亡。在這首詩的最後一段，詩人高吟肺腑，激情的寫
出了痛苦中的希望：

> 人類的積惡已重，
> 自早就該滅亡，
> 這冷酷的世界，
> 留牠還有何用？
> 這毀滅一切的狂飆，
> 是何等偉大淒壯！
> 我獨立在狂飆之中，
> 張開喉嚨竭盡力量，
> 大著呼聲爲這毀滅頌揚，
> 併且爲那未來的不可知的
> 人類世界祝福。

躍動的雄心，奔放的情思，表達了對殖民政權的唾棄，以及對未來不可知世
界的期待。賴和的反抗意識又表現在〈草兒〉一詩：「春要來了——草地上——
—／被牛羊踐踏過的——／草兒——再要發生了。／含蓄著無限生機的草兒
——依依地蓬蓬地——／覺悟似的發出芽來！」（2000.二：28-29）面對日本
的輕蔑踐踏絕不屈服，可貴的是生命底層流注著這一股「覺悟」的力量，不
屈不撓的抵抗精神。令人印象深刻的是，賴和寫於一九三六年的〈鬥鬧熱〉，
他巧心安排一場「香龍戰爭」，輸的一方祇有挨拳頭，含恨地隱忍而已，而優
勝者「本來有任意凌辱壓迫劣敗者的權柄。」「可不識那就是培養反抗心的源
泉，導發反抗力的火戰。」（2000.一：36）字句間暗示弱小民族理應抗爭的意
圖，昭然若揭。誠如吳新榮〈最後的回禮〉所說：

> 非常深厚的恩惠
> 如果來自資本主義
> 我們將不會吝惜
> 最後的回禮
> 把全部生活的
> 負債還清如此而已

1993.8。

> 如有漫罵我們是無法清算的小布爾喬亞的
>
> 那些人就聽吧
>
> 繼承火的人是正直的
>
> 而貫徹正直也是鬥爭的形態（1997.一：74）

面對資本主義強權的護符，吳新榮主張最後的回禮方式就是「貫徹正直也是鬥爭的形態」，這樣的意識對應與賴和如出一轍，難怪陳芳明稱賴和為「臺灣左翼文學奠基者」、吳新榮為「左翼詩學的旗手」〔註37〕，應當都是針對他們在文學中強調擺脫殖民地社會的桎梏，以及富有強烈反抗精神的重要特色而言〔註38〕。

具有濃厚歷史意識的吳新榮，我們可以從他的〈故鄉與春祭・村莊〉、〈農民之歌〉二詩追溯其抗爭意識的由來，不僅來自社會主義思想，更是來自祖先抗爭的歷史傳承，一九三五年吳新榮寫了〈故鄉與春祭・村莊〉，這首詩出現在反殖民運動遭打壓之後，別具深意，全詩如下：

> 被暮色包圍的村落
>
> 是我夢的故鄉
>
> 堡壘就在那不遠的
>
> 竹叢的梢間可以見到
>
> 那訴說歷史與傳統的滿苔壁上
>
> 砲眼已經崩圮
>
> 啊，從前我祖先死守的村莊
>
> 這村莊是我的心臟
>
>
> 而我激跳的心臟沸騰著
>
> 昔時戰鬥的血
>
> 在守衛土地與種族的鐵砲倉裡
>
> 今日掛上搖籃於銃架之間
>
> 吾將安眠於妳的裙裾下

〔註37〕 陳芳明，《左翼臺灣——殖民地文學運動史論》，頁 47、171，臺北：麥田，1998.10。

〔註38〕 陳芳明，〈吳新榮的左翼詩學——臺灣新文學運動的一個轉折〉，收錄於呂興昌編訂，葉笛、張良澤漢譯《吳新榮選集 2》，頁 263，臺南：臺南縣立文化中心，1997.3。

> 母親唱的搖籃歌裡
>
> 應該沒有名利與富貴
>
> 只有正義之歌、真理之曲
>
> 飄入我夢（1981.一：22）

詩人以故鄉爲背景，除了表達對鄉土的擁抱，同時也說明了抗爭意識的血脈相承。故鄉的堡壘、炮眼、鐵砲倉等歷史陳跡，是祖先死守村莊的見證。日本佔領臺灣初期，社會秩序紊亂，流氓、土匪到處蜂起、搶劫，爲了守衛土地與捍護種族，吳新榮祖父吳玉瓚建造了一座四邊開八個銃眼的大銃樓抵抗土匪（1997.三：26）。這一股以先人的鮮血所凝鑄的抵抗精神，正是正義真理的體現，祖孫代代傳承，這不是詩人空幻的夢想，而是他努力奮鬥的理想。再看〈農民之歌〉更明晰寫道：

> 我們的祖先持有一種偉大的東西
>
> 他們相信那東西是一種火
>
> 那火——發自五體，則
>
> 臨大敵而奮戰到底
>
> 爲生活而勞動不息
>
> 最後不忘把那火傳給子孫
>
>
> 我們正是那薪火的繼承者
>
> 通過所有世紀與制度
>
> 這火種永不消失
>
> 然而卻有笨蛋傢伙
>
> 叱喝我們是無智者！
>
> 我們要向你們呼喊：
>
> 讓我們重來一次
>
> 空手握鋤拼拼看。（1981.一：45）

「臨大敵而奮戰到底／爲生活而勞動不息」，正是從歷代祖先身上體現的奮鬥精神。身爲農民的子孫，吳新榮傲然地說：「我們正是那薪火的繼承者」，這火正是面對異族統治與階級不平的反擊。爲了達成世紀偉大的任務，即使挨餓也有鐵般意志，與各地暴虐統治壓制搏鬥。

　　詩，應該是真理的聲音，時代的號角，歷史前進的足音；甚至是心靈的

歌，感情的火，思想的光。賴和、吳新榮把日治時期醫生維護正義、追求眞理的精神，譜寫成詩，吹向來世，引領臺灣同胞追求光明的希望。以下且讓我們來看看幾首揭櫫正義眞理的旗幟，聲援同胞抗暴的史詩。

一、二林蔗農事件──以賴和〈覺悟下的犧牲〉爲例

在一九二七年以前，留學生大量介紹無政府主義、社會主義、共產主義，以及社會改良思想到島內，使得參加農民運動的群眾加強了他們的思想武裝〔註39〕。另一方面，由於一九二一年臺灣近代民族運動發軔，農民受到「臺灣文化協會」所領導的民族啓蒙運動影響，居於弱者地位的臺灣農民，爲爭取應有的權益而逐步發展爲全島性的農民組合，掀起各地的農民運動。譬如賴和針對一九二五年竹林事件的農民集體請願運動，前往 T 市聽文化演講，有一段回憶：

> 一日應 T 地同志的邀請，到那邊去演講。……他們曉得文化會是要替大眾謀幸福，所以抱著絕大的期待，想望能爲他們盡一點力，使生活不受威脅，得有一點保障。（2000.一：274）

竹林事件的起事原因，緣於日本三菱製紙會社於一九〇八年以廉價強奪竹山、斗六、嘉義三郡的竹林及造林，總面積達一萬五千六百餘甲的廣大竹林地域，造成農民生計陷於困難，農民於一九二五年五、六月間由強烈抗議，演變而成的政治問題，當時農民向伊澤總督請願：「我們乃非吃飯不可之類，我們已不能束手待斃，以供作三菱之犧牲矣」〔註40〕，這樣痛切的訴求，請願無效，只有轉而尋求「臺灣文化協會」聲援。竹林事件之後的二林蔗農事件，即開啓了臺灣農民運動的先河。

一向關懷農民生活以及身爲文化協會重要成員的賴和，當時親自體驗故鄉彰化二林的蔗農事件，隨即寫下他的第一首新詩〈覺悟下的犧牲〉，對此農民運動無畏犧牲的鬥士們表達崇高的敬意。有關二林蔗農事件的發生背景，乃肇因於一九二五年十月二十三日，蔗農向製糖會社提出三項要求：一、是在甘蔗刈取前發表甘蔗的收購價格；二、是雙方共同監督甘蔗的秤量（藉以防止會社的計量不正確）；三、是甘蔗收購價格的提高及肥料代價的減低。這

〔註39〕參陳芳明《左翼臺灣──殖民地文學運動史論》，頁 34～35，臺北：麥田，1998.10。
〔註40〕葉榮鐘，《臺灣近代民族運動史》，頁 516，臺北：自立晚報，1971。

是臺灣最初的近代農民爭議。會社對此要求不加理會，逕派苦力進入蔗園，從事刈取。農民與苦力頭及護衛警官之間發生衝突，以致五十餘名組合員以妨害業務執行、妨害公務執行、傷害罪及搔擾罪，遭受檢舉，並受懲役的處分〔註41〕。對於農民組合大會理事李應章（開業醫）等六人，警察卻以煽動搔擾的罪名加以檢舉，並蓄意擴大事件，對平時批評警察的「臺灣文化協會」會員，藉機報復，濫加檢舉。最後經由法院於二林庄實施戒嚴，引發二林事件〔註42〕。賴和以此事件入題，於一九四三年發表小說〈豐作〉，然而在事件爆發當天他已振筆疾書寫下第一首新詩：〈覺悟下的犧牲〉，原稿上載明「十月二十三日」，副標題清楚標示：「寄二林的同志」，全詩共分九段，眞實地反映其徹底抗議殖民的苛斂暴政，其中第二、三節，嘲諷資本家的榨取是對農民的恩澤：

> 弱者的哀求，
> 所得到的賞賜，
> 只是橫逆、摧殘、壓迫，
> 弱者的勞力，
> 所得到的報酬，
> 就是嘲笑、譴罵、詰責。
>
> 使我們汗有得流，
> 使我們血有處滴，
> 這就是說——強者們！
> 慈善同情的發露，
> 憐憫惠賜的恩澤！（2000.二：76）

在那樣早期的詩作裏，賴和就已清楚表現站在弱者的立場，向日本統治者的掠奪提出控訴，就詩的意涵而言，誠屬難得。詩的第五節更徹底地說：「可是覺悟的犧牲，／本無須什麼報酬，／失掉了不值錢的生命，／還有什麼憂愁？」充分反映被殖民者的吶喊與絕望，唯有以死抵抗，義無反顧，無疑是一種覺悟的犧牲。到了第七段則直抒其激憤之情：

〔註41〕 參矢內原忠雄著、周憲文譯《日本帝國主義下之臺灣》，頁296，臺北：海峽學術，1999.10。
〔註42〕 參〈林糖紛擾事件眞相〉，《臺灣民報》79號，頁4～6，1925.11.15。

　　　我們只是一塊行屍

　　　肥肥膩膩留待與

　　　虎狼鷹犬充飢。

爲了凸顯二林事件中農民的反抗行動，賴和運用「強者」與「弱者」兩種鮮
明的意義；一方面是「虎狼鷹犬」，一方面是「行屍弱肉」，以刻畫弱小民族
的處境。臺灣農民在日本殖民統治的掠奪與傳統地主的剝削雙管齊下，有如
俎上肉，任人宰割，二林事件即是高度掠奪下造成的官逼民反的結果。莊淑
芝曾解讀這首詩說：「作者感嘆農民對自身處境的覺悟，他們的人生只不過是
痛苦的剪熬，毫無價值，與其如畜牲一般地苟活，不如拚死抵抗，發洩心中
的抑鬱。他們明知自己的犧牲得不到報酬，甚至還有生命的危險，但是拚死
一鬥，或許還死得痛快些。」〔註43〕詩歌結尾作者詠頌參與事件的鬥士，說：
「我的弱者的鬥士們，這是多麼難能！這是多麼光榮！」深切地感受到一種
啓人猛醒的感情力量和催人奮進的戰鬥力量。

二、霧社起義——以賴和〈南國哀歌〉、吳新榮〈霧社出草歌〉 爲例

　　臺灣同胞的武裝抗日，繼一九○二年林少貓歸順大典騙殺事件、一九一
三年苗栗羅福星事件、一九一五年臺南西來庵事件之後，接著是一九三○年
轟動國際視聽的霧社事件。賴和〈南國哀歌〉、吳新榮〈霧社出草歌〉二詩
的內容皆是爲哀悼霧社事件而作，不過其寫作的時間與形式有些相異之處。

　　就寫作時間而言，〈南國哀歌〉晚於〈霧社出草歌〉。賴和的〈南國哀歌〉，
一九三一年四月二十五日、五月二日刊登於《臺灣新民報》，內容突兀激進，
反殖民的吶喊十分強烈，後半部分在發表時還被禁止刊登。〈霧社出草歌〉是
吳新榮的第一首新詩，事發當時，他遠在日本留學，深受事件的震撼，便在
隔天寫下此詩以聲援原住民。

　　就寫作形式而言，〈霧社出草歌〉標明「唱山歌調」，是以唱山歌的形式
寫出臺語詩，分三段各七言四句，篇幅比〈南國哀歌〉短小，以第一人稱敘
述，深富同仇敵愾的激動。〈南國哀歌〉雖有敘述人稱不統一的瑕疵，前半部
以「他們」，後半部以「兄弟們」「我們」，然而可見透過臺灣人的肺腑，表現
出對於原住民的眞誠關懷。

――――――――――――――

〔註43〕莊淑芝，《臺灣新文學觀念的萌芽與實踐》，頁180，臺北：麥田，1994.7。

就詩題而論，二詩皆以「歌」錄存史實，共同肯定族群爲維護權益以及生命尊嚴所進行的反抗行動，頗具詠歌義烈，光昭史冊的歷史意義。而〈霧社出草歌〉本命名爲〈題霧社暴動畫報〉，呂興昌認爲：「此詩不管題爲〈霧社出草歌〉或〈題霧社暴動畫報〉，都具有強烈的抗爭暗示：『出草』強調正面的攻擊，是忍無可忍的孤注一擲；『暴動』云云，顯然是吳氏在東京閱報所見日本逕以『暴動』看待這次的事件，如此則詩題雖爲反面的暴動，本文卻正面的肯定原住民的抗暴，吳新榮有意挑戰日本觀點的用心，不言可喻。」〔註44〕這段話不只解讀了〈題霧社暴動畫報〉一題的命名，同時可見吳新榮的創作意圖。

就內容詳論，二詩皆提及霧社事件的起因與原住民抗爭的決心。關於事件的起因，〈南國哀歌〉結尾第二、三段說：

> 兄弟們到這樣時候，
>
> 還有我們生的樂趣？
>
> 生的糧食儘管豐富，
>
> 容得我們自由獵取？
>
> 已闢農場已築家室，
>
> 容得我們耕種居住？
>
> 刀鎗是生活上必需的器具，
>
> 現在我們有取得的自由無？
>
> 勞　　總說是神聖之事，
>
> 就是牛也只能這樣驅使，
>
> 任打任踢也只自忍痛，
>
> 看我們現在，／比狗還輸！
>
> 我們婦女竟是消遣品，
>
> 隨他們任意侮弄蹂躪，……（2000.二：140）

〈霧社出草歌〉前二段說：

> 雖然生番也是人，
>
> 日日強迫無錢工：

〔註44〕呂興昌，〈吳新榮「震瀛詩集」初探〉，收錄於呂興昌編訂，葉笛、張良澤漢譯《吳新榮選集二》，頁233，臺南：臺南縣立文化中心，1997.3。

　　　　古早都敢反一過，

　　　　這時敢就去投降。

　　　　搶我田地佔我山，

　　　　辱我妻女做我官；

　　　　高嶺深坑飛未過，

　　　　冬天雪夜餓加寒。（1981.一：3）

二詩清楚道出霧社原住民點燃革命火花的遠因與近因，深刻描述了日警對原
住民的欺凌剝削。遠因方面，長期以來殖民者廉價強制勞役，修築公路、水
渠、舖設橋樑，少數的工資還不時遭到警察的無理侵扣，「日日強迫無錢工」
更是屢見不鮮，當時有人揭露：「令蕃人工作，每日工資二十五錢，但警察只
付給蕃人十五錢，其他則飽入私囊。」〔註45〕日本警察還常誘騙遺棄原住民
婦女，所謂「我們婦女竟是消遣品，／隨他們任意侮弄蹂躪」、「辱我妻女做
我官」，嚴重侵害了當地女性同胞的人格尊嚴。近因方面，則是「搶我田地佔
我山」，原住民不滿日本政府自一九二五年起建立「十五年繼續事業」的森林
計畫，實施遷移原住民，奪取臺灣山地建立了大批樟腦園、茶園、熱帶作物
種植園、咖啡園，開發礦山、砍伐優質木材，進行肆無忌憚的經濟掠奪，使
得霧社居民感到莫大的生存威脅。積聚已久的怒火和仇恨，終於在十月二十
七日爆發了。結果原住民襲殺日本吏民一百餘人，日本軍警大舉出動圍剿，
並使用毒氣彈進行轟炸〔註46〕，原住民起義歸於失敗，退守馬赫坡岩窟，集
體自縊，僅剩二九八人，霧社地區泰雅族人瀕於滅絕〔註47〕，犧牲慘重。蔣
渭水於一九三一年一月以臺灣民眾黨領袖的身分，向國際聯盟發出激烈的電
報：〈抗告日本使用毒瓦斯毒殺臺灣霧社同胞案〉〔註48〕，目的在反對日帝野
蠻無人道的行為，以及嚇阻日帝使用毒瓦斯，因此轟動中外視聽。

　　備受欺凌的民族並沒有在殖民者的淫威前屈服，他們為了自身的生存權
利和民族利益，發揮不屈不撓抗爭的決心，〈南國哀歌〉說：

　　　　人們所最珍重莫如生命，

〔註45〕喜安幸夫，《日本統治臺灣秘史》，頁198，臺北：武陵，1984。

〔註46〕參戴國煇著、楊鏡汀譯〈霧社事件與毒瓦斯〉，《史聯雜誌》8期，頁105～109，
　　　　1986。

〔註47〕參陳孔立主編《臺灣歷史綱要》，頁339，臺北：人間，1996.11。

〔註48〕白成枝編，《蔣渭水遺集》，頁100，臺北：文化，1950。

未嘗有人敢自看輕，

這一舉會使種族滅亡，

在他們當然早就看明，

但終於覺悟地走向滅亡，

這原因就不容易測。

……

兄弟們！來！來

來和他們一拚！

憑我們有這一身

我們有這雙腕，

休怕他毒氣、機關鎗

休怕他飛機，爆裂彈，

……

兄弟們來！

來！捨此一身和他一拚，

我們處在這樣環境，

只是偷生有什麼路用，

眼前的幸福雖享不到，

也須爲著子孫鬥爭。（2000.二：136～141）

〈霧社出草歌〉：

我有一族數二千，

雖然無刀也無槍，

但是天地已寒冷，

眼前那有紅頭兵。（1981.一：3）

賴和與吳新榮都是積極且自覺的，畢竟被殖民者「比狗還輸」，爲了子孫的幸福，雖然沒有刀槍也要放手一搏。詩人爲被壓迫階級的反抗鬥爭留下記錄，以人道主義的精神，肯定臺灣弱勢族群原住民身爲「人」的尊嚴，同情他們悲慘的歷史命運，深信被壓迫階級雖然手無寸鐵，在反抗鬥爭中也能展現震撼的力量。

日治時期的文學作品洞悉霧社事件眞相者，殆僅存這二首，王詩琅說：「霧社事件不但在當時震撼了全臺，使全臺有民族意識，有良心的人振奮激

動，也使統治者日人驚愕失措，且轟動了全世界，意義之大，無可言喻，這一段史實也可以永垂青史的。可是……在省籍作家之文學作品中，到底以這事件為題材有幾篇？它是否曾反映到省籍作家的文學作品裡？可是據筆者所知道的，答案是少得可憐。」〔註 49〕由這段話看來，賴和〈南國哀歌〉、吳新榮〈霧社出草歌〉二詩的歷史價值彌足珍貴。

三、勞工運動──以吳新榮〈五月的回憶〉為例

一九三〇年以來在世界經濟大恐慌衝擊下的臺灣，已陷於痛苦的深淵，有關勞工問題及反映失業悲苦的作品，在克夫〈阿枝的故事〉、孤峰〈流氓〉、以及楊華〈一個勞疬者的死〉等小說中歷歷可見。吳新榮身為留學日本的臺灣人，暫時擺脫臺灣的殖民地環境，獲得較自由的空間，使他有機會接觸左翼思想的書籍，而最重要的是目睹二十世紀初期日本社會經濟結構的劇變，見證了當時蓬勃的農民運動和工人運動，從而以日本社會的狀況來對照臺灣社會。一九三三年五月一日，返臺已經八月的吳新榮，眼見臺灣的社會運動、政治運動飽受殖民當局鎮壓，幾乎全部消聲匿跡，不禁感慨萬千。憶起去年仍在東京，目睹五一勞動節工人遊行的場面，遂有〈五月的回憶〉的詩作，表現了臺、日被剝削階級類似的處境，期待臺灣也能激起相同抗爭：

> 今年的五一勞動節
> 誰說是一盤散沙
> 想起去年的那一天吧
> 為了該來的日子
>
> 沒有太陽的鄉人們
> 早就準備啦
> 救護班
> 擔架隊
> 集會是什麼時候？
> 收容所是在哪裡？
>
> 不久那一天來臨啦

〔註 49〕見許俊雅《日據時期臺灣小說研究》，頁 660，臺北：文史哲，1995.2。

無蓋的汽車
飄揚著紅旗疾驅著
街上的各要地
腰間的洋劍唏拉嘩拉響

患病的同志
受傷的鬥士
這一天都在隊伍裡
英勇的吶喊

被虐待的市民
苦惱著的階級
全都向同樣底目的地
胳膊勾著胳膊前進著

啊，澎湃的大眾
向敵人展現力量的
唯一的日子
戰鬥無可避免

被鐵蹄驅散的
民眾再向城市挺進
看著寫在各個板牆上
明晰的文字就吶喊
○○○○萬歲

一九三二年五月一日
輝煌的東京底勞動節（1997.一：71-73）

這樣的詩雖然語言不假修飾，卻是時代清晰的投影，其間透顯正義的聲音，
啟迪了日治時代的反抗和革命，充分顯示了詩人只願在真理的聖壇之前低
頭，不願在一切物質的權威面前拜倒。透過這首詩，無形中為臺灣農民、工
人注入正義真理的強心劑，也鮮明地道出吳新榮社會主義的關懷面。

第四節 抗議皇民政策的心聲

一九三七年蘆溝橋事變爆發，日本帝國主義爲了完成侵略戰爭，一九三七年九月訂定〈國民精神總動員計劃實施綱要〉，重點即在於：確立對時局的認識，強化國民意識。皇民化運動也在此綱要下展開，企圖把臺灣人的中國意識連根拔起，破壞大漢文化，灌輸大和文化，以及「忠君（天皇）愛國（日本）」的思想。換言之，皇民化運動本質是一種種族的隔離，是一種文化的消滅。

在軍國主義與皇民政策的雙管齊下，臺灣的殖民統治更形苛酷，一則消極地防堵反戰、反皇民化的言動文學的出現，一則利用西川滿主持的《文藝臺灣》積極地誘迫作家爲戰爭協力，參與鼓吹皇民化，如陳火泉的〈道〉、周金波的〈志願兵〉、〈水癌〉等，都是皇民化文學的代表。面對殖民強權的彈壓，一些作家不得不由抵抗文學轉向逃避主義的文學現象，如張文環專注於描寫生活的皮相，龍瑛宗取材於女性的問題，楊逵著眼於農民的疾苦，呂赫若關注家族的變故。當時的臺灣文壇似乎有如尾崎秀樹所論：「臺灣人作家的意識歷程是由抵抗而向絕望，再向屈服傾斜下去的。」〔註 50〕這時期吳新榮的詩作有〈若有支配我思想的人格者〉（1981.六：69）、〈盜心賊〉（1981.一：51）、〈獻給大東亞戰爭〉（1997.一：149）等，表現方式明顯較前階段隱微婉轉，內容也由對外在社會的批判戰鬥轉向個人內在的驚慌徬徨〔註 51〕，但無論殖民體制如何施壓，吳新榮終究不失其堅持正義眞理的原則，他說：「我所相信的是眞理的實行家」（1981.六：69）。至於〈獻給大東亞戰爭〉一詩，表現方式更是幽微曲折，字面上彷彿在歌頌、迎合大東亞戰爭，然細心體味其中的血脈精神，則正是「臺灣中心論」的藝術再創造，寄託希望藉由戰爭能建設臺灣本身的新文化與新秩序的心意〔註 52〕。從這些詩的字裡行間，我們不難體會出在無法反對戰爭、反對體制的時代下，凡是有良知的作家，其創作之際隱寄微言的煞費苦心。

相較之下，王昶雄的〈奔流〉能在這時期以小說形式探掘皇民化運動對

〔註 50〕尾崎秀樹，《舊殖民地文學の研究》，日本：勁草書房，1971.6。

〔註 51〕黃琪椿，〈農村與社會主義思想：吳新榮日治時期詩作析論〉，收錄於呂興昌編訂，葉笛、張良澤漢譯《吳新榮選集 2》，頁 317〜324，臺南：臺南縣立文化中心，1997.3。

〔註 52〕參呂興昌〈吳新榮「震瀛詩集」初探〉，收錄於呂興昌編訂前註書，頁 243〜246。

於民族心靈的摧殘與迫害，它沒有為戰爭協力，也沒有為皇民化謳歌，更顯得勇氣十足，彭瑞金即肯定王昶雄的文學是深具勇氣的抉擇，也是一種邊緣、外圍的戰鬥，他說：

> 王昶雄的文學與張文環、龍瑛宗、楊逵、呂赫若風格不同，相較之下，王昶雄的文學不在整個文學活動的中心，是一種邊緣、外圍的戰鬥，至少他的文學不需要直接面對親官方的御用文學團體或官方文藝主管機關的對抗和監視，但張、龍等人作為戰爭時期臺灣人作家的代表，雖然站在抗衡的主體位置，也無法對戰事、皇民化運動、志願兵、改姓氏、禁穿臺灣服、禁講臺灣話、禁止臺灣信仰、禁止祭祀祖先……這些議題發言。〔註53〕

〈奔流〉採第一人稱「我」（洪醫師）為敘述觀點，主旨乃在於透過洪醫師與病患：伊東春生、林柏年的相處互動，從心靈底層徹底揭露臺灣知識分子在皇民政策之下，面臨大和文化和大漢文化的糾葛纏鬥，進而鼓舞臺灣同胞躍上歷史的舞臺。林柏年是一位新生代、愛國、富有正義感的血性青年，外表看似不開朗，內心卻剛毅倔強，根柢裡的本島人文化觀，立志要「做個堂堂正正的臺灣人」，特別針對老師也是表哥的伊東，其皇民化、甚至不孝行為感到憤怒與抗拒。面對皇民化，洪醫師也曾歷經心靈的矛盾與掙扎，然而最終清晰浮現的是鄉土意識，他希望臺灣隨著歷史的演進而越加成長茁壯，這個希望他寄託在年輕有為又充滿自信的林柏年身上，劍道比賽時勉勵說：「請盡力而為，柏年君！歷史的腳步不論喜歡不喜歡，日漸向著濁流，本島人要躍上真正的舞臺的時期，就要來臨了。」（1995：127）骨氣十足的林柏年不只接受醫師的勉勵，也自我惕勵著：

> 嗯，無論怎樣艱苦，一定堅持下去。本島人每天像三頓飯一般地被罵成怯懦蟲，實在受不了。還有，在打垮那些身為本島人，卻又鄙夷本島人的傢伙的意義上，我也要拼命。（1995：127）

這段話顯然是針對伊東斥責本島學生：充滿劣根性、缺乏遠大的夢想、視野狹窄、膽小如鼠、性情乖僻而說的。林柏年終以勤練的苦訓、剛強的意志，打敗日本人，奪得稱霸的光輝，威武不屈地吹滅了伊東的輕蔑與歧視，也擺

〔註53〕 彭瑞金，〈從小說「奔流」看戰爭時期臺灣作家的邊緣戰鬥〉，收錄於《福爾摩莎的心窗──王昶雄文學會議論文集》，真理大學臺灣文學系主辦，2000.12.4。

脫了被壓迫的卑屈抑鬱的心靈，提昇飛躍時代的志氣。作者王昶雄曾自負的說：「能讓林柏年那種威武不能屈的硬漢粉墨登場，已經堪稱『勇冠三軍』了。」〔註54〕

　　躍上歷史舞臺的同時，小說強調的是要固守臺灣文化的根。作者巧意安排三位主角人物的母親，以及伊東的日本岳母，當有其特別用意，尤其針對伊東孝養日本岳母、棄養生身母親的舉止，作者透過林柏年從日本寄給洪醫師的書信，適巧對伊東作了最徹底的批判：

> 不必為了出生在南方，就鄙夷自己。沁入這裡的生活，並不一定要
> 鄙夷故鄉的鄉間土臭。不論母親是怎樣不體面的土著鄉人，對我仍
> 然無限的依戀。（1995：137）

林柏年依戀母親、鄉土，不只維護了臺灣人的尊嚴，更樹立了不可忘本的典範。故事結尾，洪醫師愈挫愈奮，屢仆屢起的象徵，亦頗耐人尋味：

> 我終於呆不下去地連呼著狗屁！狗屁！而從山岡上跑到山岡下。然
> 後像小孩子似地疾跑，跌了爬起來跑，滑了爬起來再跑，撞上了風
> 的稜角，更用力地一直跑。（1995：140）

正義的憤怒，覺悟的勇氣，形成了結尾沉鬱悲壯的風格。「皇民化」運動就如同一股無情的洪水，浩蕩「奔流」，大部分的同胞只能隨波逐流，無力抵擋；只有少數真漢子，威武不能屈地擁抱大漢之海。洪醫師不阿時流地奔跑，堅忍不撓地想為民族開拓一片生機，與林柏年共同為臺灣躍上歷史舞臺而衝鋒陷陣。

　　一九四一年三月、九月號的《文藝臺灣》分別刊出周金波的〈水癌〉、〈志願兵〉，一九四三年七月王昶雄在《臺灣文學》發表〈奔流〉，比較這兩位牙醫作家的三篇小說，何者為皇民文學即可見真章。以周金波的〈志願兵〉為例，雖然葉石濤對戰時作品大抵皆視為：「沒有皇民文學，全是抗議文學」〔註55〕，卻唯獨對這篇小說逕指：「是一篇皇民文學，但是在決戰下的臺灣文學裡卻是唯一的一篇不折不扣的皇民文學。」〔註56〕葉石濤又說：「〈志願

〔註54〕王昶雄，《阮若打開心內的門窗》〈一九九五年「北臺文學綠映紅」〉，頁110，
　　　　臺北：前衛，1998.4。
〔註55〕葉石濤，《臺灣文學的悲情》〈「抗議文學」乎？「皇民文學」乎？〉，頁112，
　　　　高雄：派色文化，1990.1
〔註56〕葉石濤，《走向臺灣文學》〈臺灣作家與大東亞文學者大會〉，頁102，臺北：
　　　　自立晚報社，1990.3。

兵〉描寫臺灣青年高進六改姓名爲高峰進六,血書志願爲『志願兵』之經過。證實了日本人的奴化政策,在一部分無知的青年中奏效的寫實。」〔註57〕尾崎秀樹也曾分析說:「他(周定波)最後暗示,明貴受了進六的影響而奮勵於皇民化的工作。」〔註58〕而〈水癌〉中的主人翁極力解脫自己以成爲皇民領導階層的一員,他絲毫沒有不安與苦悶。由內容來看,周金波的〈志願兵〉、〈水癌〉無疑是響應皇民政策的文學。反觀王昶雄的〈奔流〉,它記錄了那個時代嚴酷的苦苦掙扎,竭力保持人性和尊嚴的精神歷程,尤其透過林柏年這位青年道出抗議皇民政策的時代心聲,誠然是一分深具骨氣的歷史證詞。

小　結

　　楊逵曾在《文季》雜誌社創刊第一期,發表〈臺灣新文學的精神所在〉〔註59〕,他認爲起自一九二○年至一九四五年間的臺灣新文學,其創作的主軸「自始至終即以抗日、反殖民統治的武力壓迫和經濟壓榨爲前提;以關懷絕大多數被欺凌被掠奪的大眾生活爲骨肉;以爭取民族自決、返歸祖國、建立平等合理的生活爲最終目標。」該文同時揭示臺灣的新文學精神有三:一、「想以文學糾正被殖民統治者歪曲了的歷史,並指出殖民統治者自定法律,陷害愛國志士的卑鄙行爲。」二、「同情苦難的大眾」。三、「與臺灣人的命運,特別是農民的生活有著血肉的關係。」日治時期醫事作家筆下,這些以支持農民、工人、原住民、知識分子抗日爲題的文學,一則貫串了臺灣新文學的創作主軸,一則保存臺灣同胞掙扎奮鬥的記錄和鮮明可鑑的血跡,最重要的是在反映客觀現實生存環境的同時,還鼓舞臺灣民眾掙脫壓制與剝削的枷鎖,去尋求臺灣民眾的「政治的、經濟的、社會的」解放,確立了以土地與人民爲中心的臺灣文學主體性論述。這樣的抗日主題,啓迪了戰後臺灣文學對政治議題、原住民議題的關懷。

〔註57〕葉石濤,《臺灣文學的悲情》〈四○年代的臺灣日文文學〉,高雄:派色文化,1990.1。

〔註58〕尾崎秀樹著、蕭拱譯,〈戰時的臺灣文學〉,收錄於王曉波編《臺灣的殖民地傷痕》,頁217,臺北:帕米爾,1985.8。

〔註59〕楊逵,〈臺灣新文學的精神所在〉,《文季》1卷1期,1983.4。